U0884251

本书由“韩山师范学院教材出版基金”资助出版

基础教育研究系列

中学
化学实验教学研究

ZHONGXUE
HUAXUE SHIYAN JIAOXUE YANJIU

束明华 主编

暨南大学出版社
JINAN UNIVERSITY PRESS
中国·广州

图书在版编目（CIP）数据

中学化学实验教学研究/衷明华主编．—广州：暨南大学出版社，2010．8
（基础教育研究系列）
ISBN 978－7－81135－594－9

Ⅰ．①中…　Ⅱ．①衷…　Ⅲ．①化学实验—教学研究—中学　Ⅳ．①G633．82

中国版本图书馆CIP数据核字（2010）第155921号

出版发行：暨南大学出版社

地　址：中国广州暨南大学
电　话：总编室（8620）85221601
营销部（8620）85225284　85228291　85228292（邮购）
传　真：（8620）85221583（办公室）　85223774（营销部）
邮　编：510630
网　址：http：//www．jnupress．com　http：//press．jnu．edu．cn

排　版：广州市铧建商务服务有限公司
印　刷：湛江日报社印刷厂

开　本：787mm×960mm　1/16
印　张：11．75
字　数：224千
版　次：2010年8月第1版
印　次：2010年8月第1次

定　价：22．00元

（暨大版图书如有印装质量问题，请与出版社总编室联系调换）

前言

化学是以实验为基础的自然科学。实验教学既有助于学生掌握基础知识和技能，又有助于培养学生的科学素养和形成良好的学风。作为未来的中学化学教师，必须了解实验在教学中的地位、作用以及实验、实验教学的研究方法；必须熟练掌握中学教学的基本实验，从而培养演示和指导学生观察的能力，以及改进和设计实验教学的能力。

过去，无机化学实验、有机化学实验、分析化学实验、物理化学实验四大基础实验分工明确，但内容重叠严重。至于中学化学实验教学研究的教材编写，除了多几个中学实验外，与四大基础实验差别不大。实际上，《中学化学实验教学研究》中的实验应既不同于中学化学实验，又不同于大学其他基础实验。它的实验目的不仅仅是帮助学生认识和掌握化学学科的基础知识和基本技能，更重要的是帮助学生掌握中学实验教学的本领。

本教材正是本着帮助学生掌握中学化学实验教学本领的目的，从中学化学实验的分类及要求、中学化学实验设计及实验教学设计、中学化学经典实验及演讲练习、微型实验、手持技术实验、实验 CAI 课件制作等方面进行了全新的编写，期望能强化学生从事中学化学实验教学的技能，提高学生改进及设计化学实验的水平。另外，本教材的编写还立足于地方师范院校的实际，力求能达到如下要求：①加强学生实验演示技能，规范完成实验操作且能有效引导观察；②强化学生实验指导技能，掌握实验改进及实验教学的技法。

在本教材的编写过程中，编者参考了各兄弟院校编写的相关教材、专著和论文，所参考的文献及其作者均一一列在书后的参考文献中。本教材的编写得到了韩山师范学院化学系师生的大力支持与协助，我的同事林曼斌老师编写了第五章的实验 2 和实验 5；黄俊生老师及 2005 级学生陈壮强、柯伟林合作编写了第六章。此外，我要特别提及 2007 级的学生们，他们不仅帮助编写了部分实验，而且帮助验证了本书的所有实验。在第三章中，李锦珠和蔡杰毫编写了第二节，李洁琼和林映芳编写了第三节，郑育娜和黄燕璇编写了第四节，林育璇和张泽玲编写了第五节，徐丹苗和李红编写了第六节，蔡丽兰和李泽婉编写了第七节，郭溜聪和黄跃芬编写了第八节，洪仰纯和苏春林编写了第九节，杨晓婉和陈孜念编写了第十节，陈楚妍和程启佳编写了第十一节，林锦萍和王燕旋编写了第十二节，方秀玲和杜韩纯编写了第十三节，谢少丽和方秋玲编写了第十四节，郑逸萍和林钫蝶编写了第十五节。另外，苏春林和方秋玲对第三章进行了统稿。在此，我对上述人员所付出的努力一并表示衷心的感谢！

由于编者水平有限，书中难免有不足和错误之处，恳请广大读者批评指正。

袁明华

2010 年 4 月于潮州

目　录

第一章　绪　论

中学化学实验教学研究课程是以我们已有的化学知识和技能为基础，着重训练师范生从事中学实验教学的能力，包括演示实验、设计和改进实验、指导学生开展综合实践活动等能力。作为未来的化学教师，首先必须了解化学实验在中学化学教学中的地位和作用，掌握中学化学实验研究的一般方法，具有强烈的安全与环保意识；其次是能规范、熟练地演示中学化学教学中的基本实验，并具有指导学生观察实验的能力；再次，必须具备改进和设计实验的能力，并能充分挖掘实验的教育功能，以满足不断变化的教学需求。

一、中学化学实验的分类及基本要求

（一）中学化学实验的分类[1]

根据实验内容、实验在认识过程的作用、实验的教学形式的不同，中学化学实验有多种分类方法。

1. 基本操作实验、性质和制备实验、形成化学概念和理论实验、联系实际实验和综合设计实验

根据实验内容的不同，可将实验分成基本操作实验、性质和制备实验、形成化学概念和理论实验、联系实际实验、综合设计实验。

（1）基本操作实验。基本操作实验是构成中学化学实验活动的基本要素，主要有：玻璃管的简单加工与塞子钻孔；玻璃仪器的洗涤与干燥；加热与冷却；研磨、振荡与搅拌；溶解、过滤、蒸发、结晶与升华；蒸馏与萃取；仪器的连接与组装；气体的发生、收集、净化与干燥；溶液浓度的配制等。

（2）性质和制备实验。物质的性质和制备实验是学生认识物质及其变化规律的基础。物质的性质包括物理性质和化学性质。有的物理性质可通过感官直接感知，如颜色、状态、气味等；有的物理性质则要通过实验手段才能获得，如密度、熔点、沸点、溶解度等。物质的化学性质则只能通过实验手段获得。在教学活动中，物质的制备实验比性质实验要求更高，它不仅要求学生具有牢固的有关化合物性质的知识，同时还要有较熟练的实验技能。

（3）形成化学概念和理论实验。化学概念和理论是中学化学教学的重要内容，比较抽象，不易被理解和接受。如果在教学过程中能以观察到的实验现象

为基础，再运用抽象思维对这些现象进行加工整理，概括出物质的本质属性和规律，就可以形成化学基本概念和基本理论。这样不仅有利于学生接受比较抽象的概念和理论，而且有助于培养学生运用科学的方法进行思维加工的能力。这类实验包括物质的组成、结构以及定律实验；化学平衡移动原理实验；电离理论实验；元素周期律实验，以及氧化还原反应实验等。

(4) 联系实际实验。联系生产实际的实验有合成氨、接触法制硫酸、石油分馏和裂解等。这些实验（电脑动画、模型或挂图）有助于学生掌握典型化工生产的基本原理、设备和生产流程。为学生以后参加工农业生产或进一步学习科学技术奠定基础。

(5) 综合设计实验。这类实验没有具体的步骤和方法，是学生根据自己的知识水平，独立设计实验方案，并从自拟的实验中得出结论。这类实验对于培养学生的创新精神及实验能力是非常重要的。

2. 验证性实验和探索性实验

根据实验在认识过程中的作用，化学实验可分为验证性实验和探索性实验。

(1) 验证性实验是证明已知结论的实验。它是用于证实或验证所学的化学基本概念、基础理论和化合物知识，也是培养实验技能技巧的一种重要手段。

(2) 探索性实验是未知结论，通过做实验，求证假设是否正确的实验。它让学生通过实验，学习提出问题→研究问题→解决问题的途径，学会设计实验过程，观察实验现象，分析、归纳并独立得出实验结论，这种教学形式符合学生的年龄特征和心理特点，也符合认知规律。

3. 演示实验和学生实验

根据实验主体的不同，化学教学实验可分为演示实验和学生实验。化学新课程淡化演示实验和学生实验的分类，倡导“学生亲自动手完成实验”。本书为讨论问题的方便，主要按实验主体的不同来叙述。

(1) 演示实验是教师在教学过程中为配合化学教学内容的讲授而面向全体学生进行示范操作的一种教学实验。根据演示实验在教学过程中的不同作用，一般还可进一步分为启发性演示实验、巩固性演示实验和复习性演示实验等。

(2) 学生实验是指学生在课堂或实验室中为完成实验课题而亲自动手完成的一种教学实验。

（二）中学化学实验的基本要求

1. 演示实验的特点及基本要求

演示实验的特点是教师的主导性和实验现象的直观性，弊端是学生只观看不动手，且距离实验仪器远的学生可能不易看清实验现象。例如在钠的性质演示实验时，由于钠块体积小且与氧气反应快，后排学生就不易看清钠在空气中发生的变化。

教师要上好演示实验课，应注意如下基本要求：

(1) 有利观察。首先，整个实验装置必须置于全班学生的视野之中，凡与该实验无关的仪器物品不要放在实验装置周围；其次，所选实验的现象必须十分明显，如产生大量气体、大量沉淀或喷泉等，可给学生强有力的感官刺激，有效地引起其注意；再次，采用辅助手段提高可见度，如允许学生轮流到台前观察现象并口述传达给后排学生、利用投影仪提高实验的可见度和清晰度、利用空白实验予以对比等。

(2) 简单匀速。简单是指在不违反科学性的前提下，仪器装置尽量简单，以便把学生的注意力吸引到观察点上；匀速是指实验速度既不能太快也不能太慢，应使学生对每一个动作甚至动作细节都能看清。在老师有条不紊、镇静自如的演示中，可使学生对化学实验产生新奇、愉快和向往，从中获得美的感受、美的熏陶，培养其审美能力。

(3) 安全可靠。演示实验必须确保成功，不允许有伤害事故发生。否则，不但有害师生的身心健康，还会造成学生对化学实验的恐惧心理，进而导致失去学习化学的兴趣和信心。因此，教师在演示实验之前必须认真设计、精心准备、多次试验，充分考虑实验过程中的安全问题，掌握好药品的用量、实验的时机等。如果演示实验不慎失败，要作出合理的分析和解释，并立即重做或在课后补做。

(4) 规范操作。教师的操作应力求准确、规范。例如，手拿滴管的姿势、熄灭酒精灯、夹试管等都应按照规程去做。玻璃器具要清洁透明，仪器药品摆放要井然有序等。这既是安全的需要，也是实验成功的保证，更是对学生的一种示范。

(5) 引导思维。演示实验一般包括：介绍仪器名称、用途、使用方法及装置原理，实验演示，引导观察等。教师应重点引导学生对观察到的现象积极思考，采用演示启发、问题启发、讨论启发等多种方式来激发学生实验的能动性。例如，银镜反应是含醛基化合物的特征反应，化学方程式的书写是难点。而实验中产生的银镜现象对学生有极大的吸引力。既然产生了银，就说明银元素发生了还原反应，因此乙醛必然被氧化，而乙醛的氧化产物只能是乙酸。由于银氨溶液中的银元素被还原，氨分子必然释出，乙酸和氨分子必然结合生成乙酸铵，此外还应有水生成。

2. 学生实验的特点及基本要求

学生实验的特点是动手中学，突出了学生的主体性。在化学教学中，学生实验有具体的表现形式，如实验室实验（或分组实验）、随堂实验（或边讲边实验）、课外实验（或第二课堂实验）等。

（1）实验室实验（或分组实验）的基本要求。

① 实验前准备预习。首先，充分准备器材药品，反复预试，对实验可能出现的问题做到心中有数；其次，按实验难易程度、设备多少将学生合理分组，确保人人有动手的机会；再次，指导学生预习实验，明确实验目的，清楚实验内容，了解实验原理、操作步骤、实验装置和注意事项，为有目的地进行实验打好基础。

② 实验时巡视指导。首先，教师应切记安全重于泰山，注意巡视学生是否操作正确，并多给学生练习与改正的机会。如需教师示范，示范后也应要求学生重做，在纠正错误的过程中向学生说明错误操作可能带来的危害。其次，指导学生观察现象并做好记录。记录的主要内容包括实验题目，所用仪器、药品，操作步骤，观察到的现象和实验数据，对现象的分析解释和结论。当学生观察到反常现象或实验失败而不知如何解决时，教师必须及时给予提示，或从理论方面，或从仪器装置方面，或从操作方面，让学生明了原因，使之重新做实验时获得成功。

③ 实验后交流小结。学生实验结束后，教师要做好小结。小结时既可解决一些重点指导中未能解决的问题，又能全面巩固和发展实验的成果。对实验效果（哪些实验做得好，哪些实验做得不好）与实验操作（哪些操作有错误，哪些试剂用得不适当）等一一进行点评，使学生获得经验教训，明确努力方向。最后，要求学生认真写好实验报告，并布置学生洗涤仪器和整理实验用品，做好清洁工作。

（2）随堂实验（或边讲边实验）的基本要求。

随堂实验又称边讲边实验，是教师讲解与学生动手实验相结合的一种教学方式。该教学法的特点是以教师为主导，学生为主体，让学生亲自动手做实验。实验中可配以多媒体演示实验，使学生通过观察和思考，并在教师的启发下，共同讨论关键性的问题，最后由学生自己总结得出结论。从时间上看，随堂实验可结合教学进程随时穿插进行。它可以安排在课堂教学的开始，作新课的引入，也可以安排在课中，用来建立化学概念或得出化学规律，还可安排在下课前的几分钟，作为复习巩固新课用。从实验场所上看，随堂实验往往安排在教室里即可，不一定要在实验室里进行。由于随堂实验不需要学生写正规的实验报告，因而不会增加学生的负担。

教师要上好随堂实验课，应注意如下基本要求：

① 恰当选择实验内容。随堂实验不是演示实验的随意下放，也不是学生实验的简单提前，其内容的选择应有利于教学组织。其要求所用的仪器简单，操作方便，药品用量少，实验现象明显并且安全可靠（如微型实验）。另外，要注

意完成实验所需的时间，一堂课的实验数量不宜过多。

② 充分做好课前准备。首先，教师应对随堂实验反复预试，掌握药品用量、成败关键；其次，充分估计学生课堂操作时易出现的问题及实验所需的时间，做到心中有数，把握教学进程；再次，做好学生实验材料、试剂的准备工作，并留有适当的储备以供补充和调换。

③ 切实做好实验指导。由于学生对随堂实验常表现出很高的积极性，易出现部分同学不听老师讲解便急于操作而造成实验失败，或在实验过程中商议声过大，影响教师的指导或及时提示等，从而影响教学效果。故随堂实验课前应反复强调：良好的纪律是随堂实验顺利进行的保证。在学生动手之前，教师要明确提出实验目的、要求、步骤、注意事项，必要时可先做演示，而后学生再动手实验。在学生进行实验时，教师要巡视全班的实验情况，针对具体问题对所做的实验进行个别或全班性的指导和帮助，使实验的全过程都在教师的主导下有序地进行；对于进度慢的或操作有误的小组，教师应重点指导，对提前完成实验的小组还可以布置一些思考题或自学内容。在实验做完后，教师要组织学生报告实验现象与结果，共同作出结论性的总结。结论性的总结主要包括两方面：一方面是对本课时教学内容的总结。由于随堂实验教学中学生把精力主要放在实验操作、现象分析及探求结论上，而对于各知识点间的联系则缺少思考。对此，教师应及时把有关知识点归纳、整理，并有机地储存在学生头脑中。要做到这一点，教师需精心设计教学过程，合理安排实验时间，使学生始终处于边实验、边观察、边思考、边总结的主动学习状态中。另一方面是每次随堂实验课后，教师应及时分析本次随堂实验的成功因素或失败原因，指出可改进之处，并及时记录在案，以备日后开展的随堂实验借鉴。

(3) 课外实验（或第二课堂实验）的基本要求。

课外实验（或第二课堂实验）包括综合实践活动和家庭实验。它是基础教育课程改革所强调的一种化学实验形式，主要由学生自己独立设计、规划和完成。实验内容多为与生活、社会、生态环境、资源能源等相关的实际问题，由学生应用所学的化学知识和综合其他学科知识，进行类似于科学研究的实验，尝试去解决这些特定的问题。在活动和实验中体验探究科学的过程，巩固和系统化自己的化学知识体系，培养动手、查阅资料、组织和设计简单实验的能力，并有效地转化成科学素养，感受化学科学知识在实际应用中的广泛和乐趣。

教师要组织好课外实验，应注意如下基本要求：

① 做好选题的设计准备。教师要根据学生的智力水平、对化学知识的掌握程度和操作技能的熟练程度做好选题的设计准备工作。在选题上，应当注重科学性、趣味性和安全性，做到取材容易、制作简便、效果明显；在指导上，应

当抓住关键、突出重点，做到大胆放手，切忌包办代替。为弥补指导力量的不足，可聘请有特长的学生家长、校友及其他社会人士担任指导教师的工作。

② 处理好普及与提高的关系。开展课外实验有双重任务：一方面要面向全体，提高全体学生的科学素养；另一方面要及早发现新苗，由他们去带动大多数人的活动，从而在参与面及成效上有突破。

③ 课外实验要提高巩固率。开展每一项活动都应有确定的目标。不但要有长远目标，而且每学期、每单元都要制订较为详细的计划（包括活动的内容、目的、要求、时间、地点、参加者、活动的方式、组织准备工作、检查措施等）。为了保证课外实验能持续地开展，还必须做好交流、汇总和评价工作。评价的重点不在于成果和水平，而应在于对学生活动过程中情感、态度、探究欲望、创新能力、合作能力等方面的培养。

二、中学化学实验教学研究的内容

中学化学实验教学研究是以中学化学实验为研究对象，集实验研究和实验教学研究为一体。尽管中学化学中的实验都很典型，但也有不完善的地方，特别是随着学习对象的不同、教学理念的更新，对实验作进一步的改进和更新就成为必然。

（一）中学化学实验教学内容

中学化学实验一般包括五方面的内容：基本操作实验、元素及化合物性质实验、建立基本概念和探究原理实质的实验、联系生产和生活的实验、独立设计实验。

(1) 全日制义务教育化学实验内容。

在《全日制义务教育化学课程标准》中，化学实验主要分布在“科学探究”、“身边的化学物质”、“物质构成的奥秘”、“物质的化学变化”和“化学与社会发展”五个主题中（表1－1）。

表1－1　全日制义务教育化学实验内容

主题	实验内容
科学探究	药品的取用、简单仪器的使用和连接、加热等基本的实验操作练习 根据实验目的选择实验药品和仪器 配制一定溶质质量分数的溶液 根据某些性质检验和区分一些常见的物质 使用过滤、蒸发的方法对混合物进行分离 运用简单的装置和方法制取某些气体

（续上表）

主题	实验内容
身边的化学物质	实验探究：空气中氧气的体积分数 实验探究：氧气和二氧化碳的性质 实验室制取氧气和二氧化碳 小组协作设计并完成实验：探究空气中二氧化碳相对含量的变化 根据实验现象推断水的组成 试验活性炭和明矾的净水作用 了解吸附、沉淀、过滤和蒸馏等净化水的常用方法 观察在水中加入少量盐后凝固点和沸点的变化 实验探究：氯化钠、硝酸铵、氢氧化钠三种物质在水中溶解时的温度变化 用简单的方法将衣料上的油污等洗去 配制某种无土栽培所需的无机盐营养液 实验探究：金属的物理性质 用实验方法将氧化铁中的铁还原出来 设计实验：探究铁制品锈蚀的条件 试验某些植物的花朵汁液在酸性和碱性溶液中的颜色变化 使用 pH 试纸测定唾液、食醋、果汁、肥皂水、雨水和土壤溶液等的酸碱性 自制汽水 当地农村常用化肥的鉴别 实验探究：酸碱的主要性质
物质构成的奥秘	加热碘固体，观察发生的现象 分离氯化钠固体与铁粉组成的混合物 通过实验比较空气和水压缩时的体积变化情况 观察并解释浓氨水和浓盐酸靠近时的“空中生烟”现象
物质的化学变化	观察一组化学变化，讨论并归纳出化学变化的一些特征 设计实验：推断孔雀石（或碱式碳酸铜）分解的产物 观察硫酸铜溶液（或二氧化锰）对过氧化氢分解反应快慢的影响 观察铜锌原电池实验 用实验证明：铁粉和硫粉混合加热生成了新的物质 观察并记录实验现象：氯化铜溶液用石墨电极通电分解 观察并记录实验现象：在加热条件下氢气与氧化铜反应 实验探究：酸溶液、盐溶液分别跟金属发生置换反应的规律 小组协作完成当地土壤酸碱性测定的实验，提出土壤改良的建议或适宜的种植方案 实验探究：化学反应中的质量关系

（续上表）

主题	实验内容
化学与社会发展	观察某些燃料完全燃烧和不完全燃烧的现象 实验探究：燃烧的条件 比较原油常见馏分的某些物理性质及其燃烧的情况 用简单的实验方法区分棉纤维、羊毛纤维和合成纤维（如腈纶）织成的布料 设计实验：探究农药、化肥对农作物或水生生物生长的影响 从环保部门（或环保网站）了解当地环境污染情况，参与有关的环境监测活动

（2）普通高中化学实验内容。

在化学课程标准中，化学实验的设置除了以分散形式分布在化学Ⅰ、化学Ⅱ、化学与生活、化学与技术、物质结构与性质、化学反应原理、有机化学基础等课程模块中外，还专门设置了“实验化学”课程模块，以此强化化学学科以实验为基础的特征。主要实验内容见表1－2。

表1－2　普通高中化学课程标准中的化学实验

课程模块	实验内容
化学Ⅰ	收集不同的水样，测定其pH，并用图表或数据等表示实验结果 粗盐的提纯 实验探究：配制一定浓度的溶液，比较不同浓度溶液的某些性质差异 设计实验：探究市售食盐中是否含有碘元素 溶液中Ag^+、CO_3^{2-}、Cl^-、SO_4^{2-}等离子的检验 氢氧化铁胶体的制备 铝盐、铁盐的净水作用 氯气的漂白性 通过实验探究了解钠、铝、铁、铜等金属及其重要化合物的主要性质 根据实验事实了解氧化还原反应的本质 通过实验探究了解氯、氮、硫、硅等非金属及其重要化合物的主要性质
化学Ⅱ	几种金属盐的焰色反应 实验探究：碱金属、卤族元素性质递变规律 结合实验事实认识元素周期律 中和反应和中和热的测定 用生活中的材料制作简易电池 实验探究：温度、催化剂对过氧化氢分解反应速率的影响 设计实验：证明某些化学反应的可逆性 通过实验认识化学反应的速率和化学反应的限度 实验探究：乙烯、乙醇、乙酸的主要化学性质 对比实验：尿液中葡萄糖的检测 淀粉的水解及其水解产物的检验

（续上表）

课程模块	实验内容
化学与生活	实验探究：鲜果中维生素 C 的还原性 食品中的膨化剂 实验探究：抑酸剂化学成分的检验 易拉罐的主要成分 一氧化碳的毒性
化学与技术	用碳酸氢铵和氯化钠制取碳酸钠并对产品进行检验 电路板的化学刻蚀 用淀粉自制吸水材料并进行模拟保水试验 测定土壤的酸碱性，讨论改良酸性土壤和碱性土壤的一般方法
物质结构与性质	熔融盐的导电性 明矾或铬钾矾晶体的生长条件 “相似相溶”规则的实际应用
化学反应原理	实验探究：电能与化学能的相互转化 实验探究：浓度、温度对硫代硫酸钠溶液与稀硫酸反应速率的影响 向用硫酸酸化的草酸溶液中加入酸性高锰酸钾溶液，测定溶液褪色所需时间，讨论溶液褪色先慢后快的可能原因 实验探究：不同催化剂对淀粉水解速率的影响 实验探究：温度对加酶洗衣粉洗涤效果的影响 温度、浓度对溴离子与铜离子配位平衡的影响 用 pH 计测定中和反应过程中溶液 pH 的变化并绘制滴定曲线 测定不同盐溶液的 pH，说明这些盐溶液呈酸性、中性或碱性的原因 实验探究：促进或抑制氯化铁的水解 沉淀的转化
有机化学基础	观察实验：李比希法分析碳氢元素含量的仪器装置与原理 甘油中碳、氢元素的检验 氯丁烷中氯元素的检验 实验探究：比较甲烷、乙烯、乙炔、苯的化学性质 观察实验：苯的溴代或硝化反应，甲苯与酸性高锰酸钾溶液的作用 乙醇的酯化 醛基的检验；乙酸乙酯的水解 苯酚的化学性质及其检验 自制肥皂与肥皂的洗涤作用 实验探究：蔗糖、纤维素的水解产物 酶的催化作用 蛋白质的性质 区别聚乙烯、聚氯乙烯、聚苯乙烯 聚苯乙烯的热降解；酚醛树脂的合成

（续上表）

课程模块	实验内容
实验化学	食用色素的提取和层析分离 用化学方法（或红外光谱法）检验卤代烷中的卤素 用中和滴定法（或气相色谱法）测定食醋中醋酸的含量 酸碱反应滴定曲线的绘制 天平、酸度计等仪器的使用方法 实验探究：制备硫酸亚铁的条件 用氧化还原滴定法或电化学分析法测定污水中的化学耗氧量 比色法测定动物血液或抗贫血药物（或补血剂）中铁的含量 实验探究：硫酸铜溶液与镁、铝、锌等活泼金属反应的产物 设计实验：金属（或塑料）的电镀 设计实验：硫酸亚铁铵的制备及纯度测定

（二）中学化学实验教学的研究选题[2]

（1）化学实验教学原理的研究。

研究实验教学的原理可以为实验教学澄清一些认识，不走或少走弯路。中学化学实验教学原理的研究主要包括实验教学系统的组成、结构和功能，实验教学的目的和要求，实验教学的内容和过程等方面。

中学化学实验教学是一项系统活动。实验教学系统的组成要素是什么，各要素之间有着怎样的联系，整个系统又具有怎样的功能？弄清这些问题，对解决研究实验教学中的其他问题有着重要的指导意义。在实验教学系统中，实验是重要的目的因素，研究实验的最佳条件和成败关键，探索如何控制实验条件、改进实验手段、设计实验程序、寻求代用仪器和试剂等是实验教学研究的热点。

实验教学必须围绕一定的目的进行，服从整个化学教学的需要。具体该如何确定实验教学目的？为实现教学目的，实验教学应遵循什么样的教学要求？对这些问题的探讨也是中学化学实验教学研究的重要内容。

中学化学实验要教给学生哪些内容？是教给学生具体的实验知识，还是把实验作为研究和学习化学的方法教给学生，使学生能够利用实验来解决问题？如何选择和编排实验教学内容？这些问题都有待于研究者进行更深入的研究。

（2）化学实验教学方法的研究。

中学化学实验教学方法既包括教的方法，也包括学的方法。例如，在演示实验教学中，教师是采取讲授和演示相结合的方法，还是先演示后讲授，或者是先讲授后演示的方法；学生如何将观察与思考相结合，实现从感性认识到理性认识的飞跃等。研究实验教学的方法，主要是针对实验教学的特点和现状，改革原有的方法，提出更加合理的方法和策略。

（3）化学实验教学测量和评价的研究。

要切实提高化学实验教学的质量，就必须重视化学实验教学的测量与评价研究，科学地进行化学实验考核，充分发挥实验评价的反馈和激励作用，使师生真正地重视实验，积极地探索和研究实验。目前，与化学教育的其他领域相比，关于化学实验教学测量和评价的理论、方法、技术等方面的研究还处于经验性概括阶段，研究力量也比较薄弱，是一个亟待重视和加强的领域。

（三）中学化学实验教学的研究方法[3]

中学化学实验教学研究属于教育研究活动，因此，教育研究所采用的方法如观察法、文献法、经验总结法、调查法、实验法等也同样适用于中学化学实验教学研究。但中学化学实验教学研究又不完全等同于一般的教育研究，有其特殊性。下面简要介绍几种常用的研究方法，更为详细的介绍可参阅有关专著。

（1）观察法。

观察法是人们在自然（不加控制）的条件下有目的、有计划地对自然现象或社会现象进行考察的一种方法。观察法不同于人们日常生活中的普通观察。前者是按照预定的计划，有目的、有重点地加以选择的观察，并做详细的记录；后者则往往是自发的、偶然的观察，不要求做严格的记录。在学科教育科研中，观察法对观察对象通常不加予任何干预和控制，收集到的资料是处于自然状态下的教师和学生的外在行为表现，所以观察结果比较真实、可信。但观察法往往不能直接揭示出现象的本质，所以常与其他研究法联合使用。观察的途径与方法可因人而异，学校的教师可以利用带学生做实验、指导学生科学探究或开展综合实践活动之便进行观察，并随时做好观察记录。

（2）文献法。

文献法是指对中学化学实验教育的相关文献进行查阅、分析、概括，从而获得对化学实验教育规律性认识的研究方法。文献法不直接参与和接触具体活动，具有简便、突破时空限制、费用低等优点，但同时又有文献不完善性、文献抽样缺乏代表性等不足。

（3）经验总结法。

经验总结法是在不受控制的自然形态下，依据教育实践所提供的事实，分析概括教育现象，使之上升到教育理论高度的一种方法。在长期的化学实验教学中，一线教师积累了丰富的实验教学经验。虽然这些经验大部分属于感性认识，但借助于经验总结能使感性认识上升到理性认识的高度。它对进行化学实验教学研究具有十分重要的意义和作用。

（4）调查法。

调查法是指在教育理论的指导下，运用问卷、访谈、个案研究、测试等方式对研究对象进行调查，收集有关化学实验教学的资料，通过分析调查资料，揭示实验教学本质的一种研究方法。调查法的主要目的是为论证某种假说或说明某个问题而从研究对象那里间接地获得信息，为研究提供事实依据。调查法不受时空限制，调查对象数量也易控制，是化学实验教学研究中使用较广泛的一种方法。

（5）化学实验法。

化学实验既是中学化学教学内容的重要组成部分，又是实现中学化学教学目的的最有效途径和方法。化学实验法是依据某种研究假设，通过人为地控制无关因素，操纵研究条件，从而探讨化学现象中因果关系的一种研究方法。只有对化学实验进行不断改进和创新，化学实验才会充满生命和活力，才能最大限度地发挥实验在化学教学中的作用，使化学实验教学更切合教学改革的潮流，适应素质教育和创新教育的需求。

三、中学化学实验的安全常识

（一）实验室工作规则

（1）进入实验室，须遵守实验室纪律和制度，听从教师指导与安排；不准吃东西、大声说话等。

（2）未写实验预习报告者，不得进入实验室进行实验。

（3）进入实验室后，要熟悉周围环境，熟悉水、电、气的阀门，急救箱和消防用品的放置地点及使用方法。

（4）实验前，清点、检查仪器，明确仪器的规范操作方法及注意事项（教师会给予演示），否则不得动手操作。

（5）使用药品时，要求明确其性质和使用方法，根据实验要求规范使用。禁止使用不明确药品或随意混合药品。

（6）实验时，保持安静，认真操作，仔细观察，积极思考，如实记录，不得擅自离开岗位。

（7）实验室公用物品（包括器材、药品等）用完后，应放归原位；实验废液、废物应按要求放入指定的收集容器中。

（8）爱护公物，注意卫生，保持清洁；节约用水、电、气及器材物品。

（9）实验完毕后，要求整理、清洁实验桌面，打扫实验室卫生并检查水、电、气源是否关闭。

（10）学生在实验记录经教师签名确认后方可离开实验室。

（二）实验室安全守则

（1）了解实验室的环境，熟悉水、电、气的阀门，急救箱和消防用品的放置地点及使用方法；一旦发生事故，须立即报告，及时处理。

（2）不要用湿的手、物接触电源，要及时关好水、电、气源，点燃的火柴用后立即熄灭，不得乱扔。

（3）严禁在实验室内饮食或把食具带入实验室内，不能用手直接接触药品，更不得尝任何药品的味道；不要俯向容器去嗅气体气味，若有需要，应面部远离容器，用手把逸出容器的气流慢慢地扇向自己鼻孔；对于有毒、有害气体（如 H_2S、HF、Cl_2、CO、NO_2、Br_2 等）的实验，必须在通风橱内进行；实验完毕，必须清洗双手。

（4）一定要按规定用量取用药品，特别是反应比较剧烈的实验更要严格控制药品用量；氯气与氢气或甲烷光照反应时要控制药品用量和光照强度，注意选择材料适当的反应器；不得任意混合各种化学药品，也不得研磨某些强氧化剂（如氯酸钾、高锰酸钾、硝酸钾等）以及它们的混合物，以免发生意外；稀释浓硫酸时，应将其慢慢倒入水中，以防迸溅。

（5）钾、钠和白磷等暴露在空气中易燃烧，钾、钠应保存在煤油中，白磷可保存在水中，取用时要用镊子；一些有机溶剂（如乙醚、乙醇、丙酮、苯等）极易燃烧，使用时必须远离明火，用毕立即盖紧瓶塞，放置阴凉处。

（6）注意实验中通入气体与加热反应器的先后顺序和从液体中移出导气管与停止加热的先后顺序；加热试管时，不要使试管口对着自己或他人；玻璃仪器受热时外壁不能附有水，也不可与灯芯接触，要受热均匀，热的仪器不能用冷水冲洗，也不能置于冷的易传热的物体上；严禁向燃着的酒精灯添加酒精，严禁用燃着的酒精灯引燃另一酒精灯，严禁用嘴吹灭酒精灯；使用可燃性气体时，未验纯前严禁接近明火，点燃纯的可燃性气体时要防止回火；实验中的有害尾气必须设法除去，以防污染空气。

（7）不得私自带药品进入实验室，也不能将实验室的药品带出，用剩的药品应交还给老师。

（8）洗涤后的试管等容器应放在规定的地方（如试管架上）干燥，严禁用手甩干，以防未洗干净容器中的酸、碱等液体伤害别人或损坏衣物。

（三）事故的处理方法

在实验过程中不慎发生受伤事故，不要惊慌，应采取适当的急救措施。

（1）酸液沾到皮肤上，立即用大量的水冲洗（若是浓硫酸，必须先用抹布拭去，再用水冲洗），最后再用3%～5%的碳酸氢钠溶液冲洗。

（2）碱液沾到皮肤上，立即用大量的水冲洗，最后再涂上硼酸溶液或1%的醋酸溶液。

（3）酸或碱液溅到眼内，立即用大量的水冲洗（不能用手揉），边洗边眨眼，再用碳酸氢钠溶液或硼酸溶液冲洗后继续用水冲洗。

（4）苯酚沾到皮肤上，立即用酒精清洗，再用水冲洗。苯胺或硝基苯沾到皮肤上，应立即用肥皂水多次清洗，之后再用大量水冲洗。

（5）吸入有毒气体时，应立即离开有毒环境，呼吸新鲜空气，并根据不同情况采取相应措施。若吸入的是氯气、氯化氢气体时，可吸入少量的酒精与乙醚的混合蒸气解毒；吸入甲醇蒸气可口服适量的碳酸氢钠溶液解毒。

（6）若受烫伤，不要用冷水洗涤伤口；伤处皮肤未破时，可抹烫伤膏，也可涂搽饱和碳酸氢钠溶液或用碳酸氢钠粉调成糊状敷于伤处；如果伤口皮肤已破，可涂一些紫药水或1%的高锰酸钾溶液。

（7）被玻璃割伤，先挑去伤口内的玻璃碎片，再抹上红药水，之后进行包扎或贴创可贴，必要时撒些消炎粉或敷些消炎膏，用绷带包扎。

（8）伤势较重者，应立即送医院抢救。

（四）消防常识

（1）火较小时，用湿布、石棉布等覆盖燃烧物即可灭火；火势大时，可用灭火器灭火。活泼金属如钠、钾、镁、铝以及白磷等着火时，宜用干沙覆盖灭火，不宜用水、泡沫灭火器以及四氯化碳灭火。有机溶剂着火时，切勿用水灭火，应使用二氧化碳灭火器、沙子或干粉灭火器等灭火。

（2）在加热时着火，应立即停止加热，关闭燃气总阀，切断电源，将一切易燃易爆物移至远处。

（3）电器设备起火，先切断电源，再用二氧化碳、四氯化碳、干粉或1211等灭火器灭火，不要使用泡沫灭火器，以免触电。

（4）实验人员身上衣服着火，不要惊慌乱跑，应赶快将衣物脱下，用石棉布覆盖或在地上卧倒打滚也可起到灭火的作用。

（5）火灾发生时，应及时拨打“119”报火警。

（五）实验室的三废处理

（1）废气处理。

实验装置中要增加有毒气体的吸收或处理装置。如 Cl_2、H_2S、SO_2、NO_2 等气体可用导管通入废碱液吸收留用，HCl、NH_3 等气体可用导管通入水吸收后留用；CO、CH_4、C_2H_4、C_2H_2 等燃烧后放空，C_2H_4、C_2H_2 等还可经 $KMnO_4$ 氧化后排放；O_2、CO_2 等直接放空。对于实验中无法消除的有毒气体，应在通风橱内进行实验。

（2）废液处理。

实验室的废液不能直接冲入下水道，应倒入指定的废液缸内。若是不含重金属离子的酸碱废液，则可在中和后直接排放。若是单含某一溶质的水溶液要回收，如 Na 和 Na_2O_2 分别与水反应后的溶液、Fe^{3+} 和 Fe^{2+} 离子转化反应后的溶液等。含多种溶质的水溶液，若含难溶性固体或不相溶有机物，先进行分离，然后对水溶液进行分类处理。对于含有重金属离子或汞盐的废液，可加碱调 pH 为 8 ~ 10 后，再加硫化钠处理，使其毒害成分转变成难溶于水的氢氧化物或硫化物沉淀而分离，生成的残渣交有关部门处理。

含有机物的废液，若为单一的有机物应予回收，如溴苯、硝基苯、乙酸乙酯。若是以有机物为溶剂的，如碘的四氯化碳溶液，可用适量碱液洗涤后回收。若是有机物的水溶液，有机物没有毒害作用的，如苯酚溶液，则应加漂白粉氧化处理后排放。

(3) 废渣处理。

干态反应的残渣，成分单一的要回收，如碳酸氢钠、胆矾热分解产物等。含两种或两种以上成分的，视具体情况处理。像二氧化锰催化氯酸钾分解后的残渣，与浓硫酸共热能制取氯气，应该回收。湿态反应生成的沉淀，能利用的要尽可能回收，如银镜反应生成的银可留作硝酸性质实验时用，氢氧化镁、氢氧化铝、氢氧化铜可转化为相应的盐溶液。难以处理的无毒废渣可在指定地点集中深埋，有毒废渣应交有关部门处理。

第二章　中学化学实验设计及实验教学设计

第一节　中学化学实验设计

中国地域辽阔，区域差异比较大。课本中安排的实验对某些学校或学生不一定是最优的，也可能因仪器、药品的缺乏而使某些学校无法按课本顺利地开展实验。这时，就要求我们根据化学实验的目的和要求，运用化学知识和技能，按照一定的实验方法对原课本中的实验原理、仪器、装置、步骤和方法等进行重新安排与规划，也即化学实验设计。

同一个化学实验问题，可以有多种化学实验设计。化学实验设计方案优选的标准是：实验安全、现象明显、易操作、无污染。

一、化学实验设计的原则

（1）目的性原则。目的性原则指化学实验是有计划的实验活动，实验设计要有目的性，故设计者应依据实验目的来设计原理、用品、装置、步骤、方法等。如 CO 的毒性实验，目的是说明 CO 的毒性。方案设计就应将 CO 的毒性反映出来。具体可设计小白鼠中毒实验，通过观察小白鼠前后变化，使学生对 CO 的毒性留下深刻印象；也可设计做 CO 通入新鲜鸡血实验，通过观察鸡血颜色的变化，使学生对 CO 与血红蛋白结合使人体中毒的性质认识更加感性。从而牢记在进行 CO 的性质实验时要对尾气进行处理，以及在日常生活中使用管道煤气时要注意安全，达到知识与技能、过程与方法、情感态度与价值观三方面实验教学的目标要求。

（2）科学性原则。科学性原则是指所设计的实验原理、实验装置、操作程序和方法等必须科学合理，应与化学理论知识和实验方法论相一致。例如，要设计验证氯酸钾中有氯元素存在的实验，就不能采用将其溶解于水，再加硝酸银溶液的方法。因为氯酸钾溶于水电离产生的离子中并没有氯离子。在实验的操作程序上应该先加热氯酸钾固体，使其分解，待无气体产生后，冷却试管至室温，再向试管中的固体混合物加入水使其溶解；过滤后，取少量滤液于小试管中，滴入几滴经硝酸酸化的硝酸银溶液振荡，看到有白色沉淀时，才能证明氯酸钾中有氯元素存在。

（3）安全性原则。作为化学教育工作者，一定要将安全教育贯穿于实验教学的始终，一切实验的创新和改进，都不应以降低安全系数为代价。教材中涉及一些爆鸣实验，这些实验现象明显，有较强的趣味性，可激发学生对化学学科的兴趣，但是爆鸣实验也是一柄双刃剑，如果能设计成一个绝对安全、万无一失的实验，其效果将会更佳。如做氢气与氯气见光爆炸的实验，可将氢气与氯气按体积比 1∶1 收集于薄而透明的聚乙烯塑料袋中，然后用照相机闪光灯或镁光照射，就会取得安全而又理想的效果。又如氢气与氧气的爆鸣实验可用氢氧混合气通入肥皂水中形成肥皂泡，然后用点燃肥皂泡的方法引爆。

（4）简约性原则。简约性原则是指设计的实验方案在保证目的性、科学性和安全性的前提下，装置和操作应尽可能简单、药品易得，且能在较短时间内完成实验。这样可以突出实验观察的重点，避免因装置、操作过于复杂或反应迟缓耗时太长而分散学生的注意力。如 $AgNO_3$，NaBr，HCl 和 Na_2CO_3 四种溶液的鉴别。有的采用常规组合实验方案，列出四组平行实验共计 12 个操作步骤，有的运用分析推理只用 6 个操作步骤就完成了鉴别。相比之下，后一种设计简约了实验程序，减少了药品用量和工作量，在较短的时间内完成了鉴别，符合简约性原则。

（5）绿色化原则。绿色化原则是指在化学实验的设计中，反应的原料、条件、产物、操作以及废弃物的处理都应渗透绿色化学理念，最大限度地降低污染。绿色化是 21 世纪化学科学的一个重要发展方向，也是中学化学教学中应树立的基本化学观念之一。绿色化学倡导从源头上尽可能消除或减少有毒、有害化学物质对环境的影响，要想实现这一目标，必须首先从化学实验设计做起。

二、实验设计的内容[4]

一份完整的实验设计应包括实验目的、实验原理、实验用品（药品、仪器、装置、设备）及规格、实验装置图、实验步骤和操作方法、实验现象及结果记录与处理、注意事项以及参考文献等内容。

（1）实验目的。

“实验目的”是化学实验的灵魂。实验之前，师生都必须明确实验的目的。实验目的的制定，可以侧重“知识与技能”教学目标的落实，可以侧重“过程与方法”教学目标的落实，也可以侧重“情感态度与价值观”教学目标的落实，还可以是优化整合“三维”教学目标的落实。例如，义务教育新课标化学教材中的实验内容“探究稀盐酸和稀硫酸的化学性质”，其实验目的为：① 探究两种稀酸化学性质的共同点；② 通过实验初步学会归纳方法，同时增强勇于探索、合作交流的意识和能力；③ 练习使用试管、滴管，学会固体和液体试剂的取用、振荡、加热和试管内进行化学反应的操作 。又如，“乙酸乙酯的制备及反应条件探究”的实验目的为：① 制取乙酸乙酯；② 探究浓硫酸在生成乙酸乙酯反应中的作用；③ 体验通过实验的方法获取知识的过程。

（2）实验原理。

“实验原理”是化学实验设计的核心，是化学实验能够顺利进行的理论依据。在化学实验设计中，实验原理大多数用化学方程式或一段文字加化学方程式表示。例如，“铜与浓硝酸反应实验”中的实验原理为“$Cu+4HNO_3$(浓) $=\!=\!=$ $Cu(NO_3)_2+2H_2O+2NO_2\uparrow$”；又如，“乙酸乙酯的制备及反应条件探究”的实验原理为“乙酸乙酯是一种有机酸酯，它可以由乙酸与乙醇在一定条件下反应生成，即 $CH_3COOH+CH_3CH_2OH =\!=\!= CH_3COOCH_2CH_3+H_2O$，该反应为可逆反应”。但是，也有少数实验原理是用一段叙述文字表示，这类实验一般不涉及化学反应原理，只是实验方法或者物理方法。例如，“关于两种液体混合后增容的实验探究”的实验原理为“本实验采用密度法，用密度瓶测出乙酸、苯和混合液的密度，然后用分析天平分别称出乙酸、苯和混合液的质量，根据 $V=m/\rho$，计算出乙酸、苯和混合液的体积，用混合液的体积减去乙酸和苯的体积，得混合后液体的增容”。又如，“海水的蒸馏”实验的实验原理为“海水的化学成分复杂，含有较多盐类，如氯化钠、氯化钾、硫酸镁等。通过蒸馏的方法，可以将海水淡化”。

（3）实验用品（药品、仪器、装置、设备）及规格。

“实验用品（药品、仪器、装置、设备）及规格”是顺利地进行化学实验的物质保障。在化学实验中，正确选用仪器和药品是保证化学实验能够顺利完成的前提条件之一。实验设计者根据实验目的和实验原理，以及反应物和生成物的性质和特点、反应条件（一般有常温、加热、加压、催化剂、光和电等条件）等因素，选择所需要的实验仪器和药品，即明确“需要什么东西”。对于一个专业知识扎实、实践经验丰富的实验设计者来说，他在化学实验设计中不仅能够给出所需要实验用品的名称，而且还能注明所选用的实验仪器和药品的规格与用量，若药品是溶液，还能注明溶液的浓度。这种化学实验设计，不但给实验员的实验准备工作带来了极大的方便，还为节省实验用品提供了参考依据。例如，“证明氯酸钾里元素成分的实验设计”中的实验用品为：铁架台（带铁夹）1 副，硬质试管 1 支，木条 2 支，酒精灯 1 盏，蒸发皿 1 只；$KClO_3$ 1g，1% 的 $AgNO_3$ 溶液 10 滴，2% 的 HNO_3 溶液 2 滴，无水乙醇 10 mL，蒸馏水10 mL，火柴 1 盒。

（4）实验装置图。

“实验装置图”是表示化学实验中仪器之间相互连接并形成固定装置，以及药品盛放部位的图示。根据实验原理，以及反应物和生成物的性质和特点、反应条件和已选择的实验仪器和药品等因素，实验设计将化学反应设在哪里发生、进行，物体又是怎样的流向，用简单明了的图示直观地表现出来。在大多数的化学实验设计中都有实验装置图。绘制一个比例合理、结构科学、连接正确、标注规范、线条清晰的实验装置图，不仅能使实验设计者获得绘制（制作）实验装置图技能的训练，而且能为实验操作者正确快速地安装仪器、理解实验步骤提供帮助，还能让实验操作者从美观的实验装置图中获得熏陶和享受。例如，"白磷的制取及其系列实验新设计"中的实验装置图（见图2－1），此图就比较直观、清晰、规范、美观。

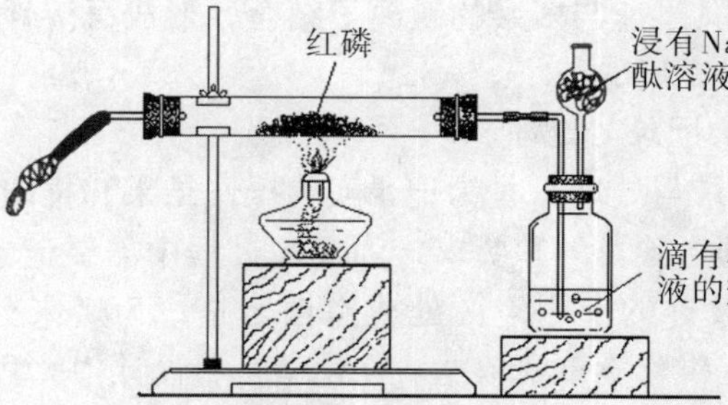

图2－1

（5）实验步骤和操作方法。

"实验步骤和操作方法"（具体的实验）是化学实验设计中的重点部分。化学教学可将化学实验分为验证性实验和探究性实验两大类。

在验证性实验设计中，实验设计者对实验现象、结论是清楚的，因此设计的实验步骤就比较具体、明确、简洁。但对实验操作者来说，对实验设计者所设计的实验步骤就未必理解，对实验现象、结论也未必清楚，而且有的实验操作者"按图索骥"、"照方抓药"去做实验也未必能够得到正确的实验现象和结论。可见，做好验证性实验有许多教育教学功能，千万不要否定或贬低它的作用。比较理想的验证性实验设计形式是"清晰的实验步骤 + 思考着结果结论"。这样的设计方式，使操作与思维同步。例如，"硝酸银与碘化钠反应"的实验步骤为：① 向盛有2 mL 0.5 mol · L^{-1} $AgNO_3$ 溶液的试管中加入1 mL 1 mol · L^{-1} NaI溶液，实验结果为________；② 再向上述试管中加入1 mL 1 mol · L^{-1} NaI溶液，实验结果为________；③ 分析上述实验结果，可得出的结论是________（可用化学方程式表示）。

探究性实验中的实验结果、结论未必都是清楚的。因此，在实验方法设计上力求做到"灵活的探究程式 + 重点的实验探究"。例如，对"硝酸银溶液与碘化钠溶液混合，生成黄色沉淀之后迅速消失”这一现象的原因探究。实验探究步骤可以设计为：① 提出问题。硝酸银溶液与碘化钠溶液混合后生成物沉淀消失的原因是什么？② 假设可能的原因为 $AgI + I^- = [AgI_2]^-$。③ 实验探究。根据假设，实验设计者设计出3套实验方案给予验证。方案1，在碘化钠浓溶液中滴加硝酸银溶液，实验结果为没有发现沉淀生成；方案2，在硝酸银溶液中滴加碘化钠稀溶液，实验结果为发现黄色沉淀生成；方案3，在黄色沉淀中滴加碘化钠浓溶液，并振荡，实验结果为黄色沉淀迅速消失。④ 实验结论。从上述实验探究的结果可以推出，硝酸银溶液与碘化钠溶液混合，生成黄色沉淀之后迅速消失的原因是：硝酸银与碘化钠反应，生成黄色沉淀碘化银（$Ag^+ + I^- = AgI\downarrow$），碘化银又迅速与多余的碘离子结合，形成可溶性的二碘合银离子。可见，上述的假设是正确的。

（6）实验现象及结果记录与处理。

“实验现象及结果记录与处理”是为记录实验操作结果和推出结论而预留的空白处。实验设计者根据实验目的和要求，为实验过程中需要记录的实验现象、实验数据和实验结论而设计的专用空白处或空白表格，为后来分析实验现象、数据，得出实验结论，提供化学事实依据。在化学实验设计中，“实验现象及结果记录与处理”经常与“实验步骤和操作方法”合二为一，称为“实验操作与结果结论”。这样的处理方法，便于实验操作者及时完成实验现象和（或）实验数据的记录、实验结论的得出和实验报告的书写。

（7）注意事项。

“注意事项”是实验设计者对在实施化学实验过程中的关键条件、操作重点和安全要素等加以详细说明、讨论和解释，以引起实验操作者的重视，并把握实验操作的关键点。

（8）参考文献。

“参考文献”是对化学实验设计有参考价值并且引用在化学实验设计之中的一类研究成果，通常引自正式出版的论文或论著。在进行化学实验设计时，实验设计者查阅与该实验相关的文献资料越多，对其启迪会越大，实验方案设计就会越完善、越有新意。参考和引用别人的研究成果，是人类文明进步的标志之一。在化学实验设计中，注明参考和引用别人的研究成果的出处，既是对别人的尊重，承认别人研究成果的价值，又能方便地让其他阅读者知道哪些是实验设计者自己的研究成果，哪些是别人的研究成果，还便于查阅引用的原始文献，同时说明实验设计者具有良好的科学作风和科学态度。关于参考文献的引用格式，可查阅相关文献资料。

三、中学化学实验条件的优选[5~6]

化学实验是条件控制下的观察。任何化学实验都必须在一定的实验条件下进行，就连木炭燃烧这么简单的反应也是在一定的实验条件下进行的。点燃，木炭燃烧；不点燃，木炭则不燃烧；点燃就是木炭跟氧气发生反应的实验条件。实验条件不同，实验的结果也会不同。水在10 ℃时是液态，在100 ℃时就是气态；乙醇跟浓硫酸反应在130 ℃～140 ℃时生成乙醚，在160 ℃～170 ℃时则生成乙烯。实验条件是化学反应的外因，外因必须通过物质的本质属性（内因）才能起作用。乙醇在不同温度下生成不同的物质，是由其内部结构决定的，它既可以分子间脱水生成乙醚，也可以分子内脱水生成乙烯。如果乙醇分子不具有这样的结构，无论怎样改变温度，也决不会生成这两种物质。

因此，只有对化学实验的条件进行严格、有效的控制，才能获得化学科学事实，取得重大发现。

1. 实验条件

从化学实验用具来看，中学化学实验条件主要有三类：

(1) 化学药品。这类实验条件主要包括化学药品的种类、纯度、状态（固态、液态或气态）、形状（块状、颗粒状或粉末状）、质量、体积和浓度等。在化学实验中，经常要对这类实验条件进行控制。例如，用硫酸制取氢气，就只能用稀硫酸，而不能用浓硫酸；用木炭还原氧化铜，木炭应该用粉末状，而不能用块状，炭粉与氧化铜的质量应该有一定的比例，否则将难以得到显著的实验效果。

(2) 化学实验仪器和装置。这类实验条件主要是指不同规格的化学实验仪器及其不同的安装方法。例如，用稀硫酸跟锌反应制取氢气的实验，就可以根据不同的实验目的和要求，采用启普发生器、锥形瓶、双叉试管等不同的实验仪器和装置。

(3) 化学实验操作。这类实验条件主要包括点燃、加热、冷却、振荡、溶解、洗涤、过滤、蒸发、蒸馏等化学实验操作，以及对电流、电压、温度、酸度、时间和压强的控制等。这也是化学实验中经常需要控制的一类实验条件。例如，在化学反应速率实验中，温度就是一个很重要的实验条件。在浓度一定时，改变温度可以发现温度影响化学反应速率的规律性。

2. 实验条件的控制方式

(1) 全面比较法。

化学实验中，实验条件称为因素，用A，B，C…表示；实验条件的变化等级称为水平，用1，2，3…表示。全面比较法就是对影响实验的各种因素的所有水平进行全面搭配组合，并逐一进行比较的实验方法。

［例2.1］ H_2是中学阶段利用固体和液体反应，在不需要加热的条件下利用启普发生器（或简易装置）制备的一种气体。该实验需要找出起微电池作用的

硫酸铜用量（A），稀硫酸浓度（B）和金属锌用量（C）。最适宜的条件以"10 min 内 H_2产率/ %"来判定（见表2－1）。

表21　因素—水平表

水平	因素		
	A：$CuSO_4 \cdot 5H_2O$ /g	B：H_2SO_4/ %	C：Zn /g
1	A_1：0.4	B_1：20	C_1：4
2	A_2：0.5	B_2：25	C_2：5
3	A_3：0.6	B_3：30	C_3：6

显然，每个因素分三个水平进行实验，要全面实验至少需做 $3\times3\times3=27$ 次实验：

$\nearrow C_1$	$\nearrow C_1$	$\nearrow C_1$
$A_1B_1\rightarrow C_2$	$A_1B_2\rightarrow C_2$	$A_1B_3\rightarrow C_2$
$\searrow C_3$	$\searrow C_3$	$\searrow C_3$
$\nearrow C_1$	$\nearrow C_1$	$\nearrow C_1$
$A_2B_1\rightarrow C_2$	$A_2B_2\rightarrow C_2$	$A_2B_3\rightarrow C_2$
$\searrow C_3$	$\searrow C_3$	$\searrow C_3$
$\nearrow C_1$	$\nearrow C_1$	$\nearrow C_1$
$A_3B_1\rightarrow C_2$	$A_3B_2\rightarrow C_2$	$A_3B_3\rightarrow C_2$
$\searrow C_3$	$\searrow C_3$	$\searrow C_3$

如果需对实验精度（即实验误差的大小）作出估计，整个实验至少需重复一次，总共就要进行54次实验。全面比较法的优点是能够发现实验条件对实验结果影响的全貌，并且通过全面比较可以找到最佳实验条件（10 min 内 H_2产率最高者）。缺点是实验次数太多，特别是当实验因素较多，且每个因素的水平数又较大时，实验工作量是惊人的。例如有六个因素，每个因素取五个水平，全面实验的数目是 $5^6=15\ 625$ 次，这在一般的中学是不太容易做到的。

（2）简单比较法。

同［例2.1］。

中学老师的习惯做法是单因素条件实验，即首先人为地固定 A 和 B 的量，变化 C：

$$\begin{array}{l} \quad\quad\nearrow C_1 \\ A_1B_1 \rightarrow C_2 \text{（高的用□表示）} \\ \quad\quad\searrow C_3 \end{array}$$

实验结果发现 C_2 在 10 min 内 H_2 产率最高。然后固定 A 为 A_1，C 为 C_2，变化 B：

$$\begin{array}{l} \quad\quad\nearrow B_1 \\ A_1C_2 \rightarrow B_2 \\ \quad\quad\searrow B_3 \text{（高的用□表示）} \end{array}$$

结果是 B_3 在 10 min 内 H_2 产率最高，再固定 B 为 B_3，C 为 C_2，变化 A：

$$\begin{array}{l} \quad\quad\nearrow A_1 \\ B_3C_2 \rightarrow A_2 \text{（高的用□表示）} \\ \quad\quad\searrow A_3 \end{array}$$

结果是 A_2 在 10 min 内 H_2 产率最高。于是得出结论：最适宜的实验条件为 $A_2B_3C_2$。

简单比较法具有通过较少的实验次数找到较佳的实验条件的优点。其缺点是：① 在这 9 次实验中，实际上有两次是在相同条件下的重复实验，即 $A_1B_1C_2$ 和 $A_1B_3C_2$ 这两种条件的组合各做了两次实验。这样，实际只做了七种不同条件下的实验。② 各因素各水平出现的机会是不均衡的，其中，A_1 和 C_2 各出现 7 次，B_3 和 B_1 各出现 4 次，而 A_2，A_3，C_1，C_3 和 B_2 都只出现 1 次，机会很不均等。③ 简单比较法的最适宜实验范围比较狭窄，代表性较差，用这种方法获得的最佳实验条件具有一定的片面性。

（3）正交实验法。

为了保持全面比较法和简单比较法的优点，克服它们各自的缺点，用较少的实验次数找到代表性较强的最佳实验条件，可以采用正交实验法。正交实验法是用正交表来安排多因素实验，并通过计算、分析来寻找最佳实验条件的一种方法。

① 正交表。

正交表是正交拉丁方的自然推广，它是一些现成的表格（可在实验设计或数学书籍中查到）。每张正交表都有自己的记号，例如：$L_8(2^7)$，$L_{16}(2^{15})$，$L_9(3^4)$，$L_{16}(4^2\times2^9)$，$L_{18}(6^1\times3^6)$ 等。符号 L 代表正交表，L 右下角的数字 8、16、9、16、18 等表示需要做的实验次数；括号内指数的数字 7、15、4 等表示最多允许安排的条件因素的个数，括号内大写的数字 2、3、4 等表示因素的水平数。如 $L_8(2^7)$ 表示要做 8 个实验，每个因素取 2 个水平，最多允许安排 7 个因素；$L_{16}(4^2\times2^9)$ 表示做 16 个实验，其中最多允许安排 2 个四水平的因素和9个二水平的因素。

② 正交表的选用。

Ⅰ. 根据水平数选择正交表的类型：如全是二水平，取二水平的L表（L_8、L_{16}、L_{20}…）；如全是三水平，取三水平的L表（L_9、L_{18}、L_{27}…）；如全是四水平，取四水平的L表（L_{16}、L_{64}…）；如全是五水平，选L_{25}等；五水平以上未列出正交表，可用正交拉丁方。水平数不等的选L_{16}（$4^3 \times 2^6$），L_8（$4^1 \times 2^4$）等。

Ⅱ. 根据因素与水平的数量选择最少实验次数的正交表。

③ 用正交表安排实验的步骤。

Ⅰ. 明确实验目的，确定考核指标；

Ⅱ. 挑因素，选水平，制定因素水平表，选择合适的正交表，确定实验方案；

Ⅲ. 按确定的实验方案实验，求得待测的考核指标的数据；

Ⅳ. 对实验结果进行分析。

④ 正交表的应用示例。

同［例2.1］。

实验目的：希望用正交设计找出利用启普发生器制备H_2的最适宜条件。

考核指标：10 min内H_2产率/％，产率越高越好。

确定实验方案，分析实验结果：

挑因素，选水平，制定因素水平表，选择合适的正交表，确定实验方案。

表2－2　因素—水平表

水平	因素		
	A：$CuSO_4 \cdot 5H_2O$ /g	B：H_2SO_4/％	C：Zn /g
1	A_1：0.4	B_1：20	C_1：6
2	A_2：0.5	B_2：25	C_2：5
3	A_3：0.6	B_3：30	C_3：4

这是一个三因素三水平实验，如果暂不考虑因素间的交互作用，按L_9（3^4）正交表安排实验是合适的。L_9（3^4）最多可研究四个因素，现只考察三个因素。将$CuSO_4 \cdot 5H_2O$浓度A，H_2SO_4用量B，Zn用量C依次安放在L_9（3^4）表的第1、2、3列上，第4列没有安放因素，可以空着或抹掉它。水平对号入座，以便得到下面的实验计划表（表2－3），按表2－3确定的实验方案实验，求得待测考核指标数据的同时，也是实验结果的直观分析计算。

表2-3　实验计划、结果记录及分析计算表

实验计划				实验结果
因素 / 实验号	A（$CuSO_4 \cdot 5H_2O_4$）	B（H_2SO_4）	C（Zn）	10 min H_2产率/%
1	1（0.4 g）	1（20%）	1（6 g）	32.62
2	1（0.4 g）	2（25%）	2（5 g）	40.40
3	1（0.4 g）	3（30%）	3（4 g）	41.07
4	2（0.5 g）	1（20%）	2（5 g）	34.97
5	2（0.5 g）	2（25%）	3（4 g）	36.53
6	2（0.5 g）	3（30%）	1（6 g）	39.19
7	3（0.6 g）	1（20%）	3（4 g）	36.62
8	3（0.6 g）	2（25%）	1（6 g）	45.75
9	3（0.6 g）	3（30%）	2（5 g）	44.53
K_1 = 水平一3次指标之和	114.09	104.21	117.56	
K_2 = 水平二3次指标之和	110.69	122.68	119.9	9次实验指标总和 = 351.68
K_3 = 水平三3次指标之和	126.9	124.79	114.22	
$k_1 = K_1/3$	38.03	34.74	39.19	
$k_2 = K_2/3$	36.90	38.41	39.97	
$k_3 = K_3/3$	42.30	41.60	38.07	
极差 R（在 K_1、K_2、K_3 中，最大数减去最小数的差值）	16.21	20.58	5.68	

实验结果分析：

a. 直接看，可靠又方便。

启普发生器制备 H_2，产率越高越好。直接比较这9次实验的测定值，第8号实验（$A_3B_2C_1$）的产率为45.75%，比其他8个实验的测定值高，很显然，

$A_3B_2C_1$（$CuSO_4 \cdot 5H_2O$ 0.6 g；H_2SO_4 25%；Zn 6 g）是较好的实验条件。这种较好的实验条件是通过实验直接找到的，比较可靠。

b. 算一算，重要又简单。

首先，算出每一因素每个水平下的指标之和 K_1 值。为了避免在做这些加法时发生差错，算出 9 次测定值的总和（$\sum = 351.68$），则各列的（$K_1 + K_2 + K_3$）都应等于 351.68。如不成立，表示有错，应更正。

其次，算出各列的极差 R，即指标随因素水平变化而变化的最大范围。极差大的是重要因素，极差小的是不重要因素。本例中，$CuSO_4 \cdot 5H_2O$ 用量、H_2SO_4 浓度是重要因素，Zn 用量是次要因素。

画趋势图：

计算完极差后，对 3 个水平以上的因素，应该画出用量与实验结果之和的关系图，以便从图形上直接看出实验结果随各因素用量变化而变化的大体关系。

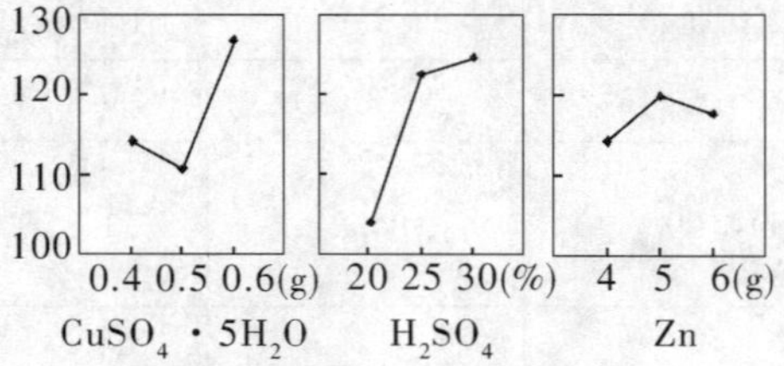

图 2-2 例 2.1 趋势图

可能好搭配：

通过“算一算”及趋势图，有时可以看出，在选定的因素水平表范围内，可能有更好的条件搭配，而这些条件搭配也许是按正交表进行实验时所未曾做过实验的，因此叫可能好搭配。由趋势图还可以展望，选定 H_2SO_4 25%、Zn 6 g，再增大 $CuSO_4 \cdot 5H_2O$ 的用量（比如增至 0.7 g），也许还能在 10 min 内进一步提高 H_2 的产率（当然，需要实验验证）。

［例 2.2］纤维素水解反应是中学化学实验教学中的重要内容。现需要选择四个因素的最宜条件：① 纤维素类型；② 纤维素用量；③ 纤维素水解方式；④ 水浴温度。每个因素考虑 3 个水平，试用正交设计来安排实验。

［解］本研究的纤维素水解实验以形成光亮的银镜作为实验指标，须转化为定量指标。评分标准如下：

100 分：银镜光亮、呈银白色、镜面细密、厚薄均匀、无斑点、无花纹。

90～99 分：银镜光亮、呈银白色、镜面细密、厚薄均匀、稍有斑点或花纹。

80～89 分：银镜光亮、镜面细密、厚薄均匀、略显灰白或灰黑。

70～79 分：银镜光亮、镜面厚薄不均、略显灰白或灰黑。

60～69 分：银镜发乌、镜面稀薄、显灰白或灰黑。

60 分以下：镜面稀薄、银镜效果不明显。

表 2－4　因素—水平表

水平	因素			
	A：纤维素类型	B：纤维素用量	C：纤维素水解方式	D：水浴温度
1	脱脂棉	0.05 g	试管＋玻棒	80 ℃
2	滤纸	0.10 g	烧杯＋玻棒	90 ℃
3	面巾纸	0.20 g	研钵	100 ℃

这是一个四因素三水平实验，选 L_9（3^4）正交表最合适。

表 2－5　实验方案及其结果的直观分析

实验计划					实验结果
因素 / 实验号	A	B	C	D	银镜评分
1	1	1	1	1	70
2	1	2	2	2	80
3	1	3	3	3	85
4	2	1	2	3	92
5	2	2	3	1	70
6	2	3	1	2	65
7	3	1	3	2	80
8	3	2	1	3	83
9	3	3	2	1	64
K_1	235	242	218	204	
K_2	227	233	236	225	$\sum=689$
K_3	227	214	235	260	
k_1	78.3	80.6	72.6	68	
k_2	75.6	77.6	78.6	75	较宜条件 $A_2B_1C_2D_3$
k_3	75.6	71.3	78.6	86.6	
R	2.7	9.3	6.0	11.6	

由表2－5的极差分析，可知影响本实验的因素主→次关系为：水浴温度→纤维素用量→纤维素水解方式→纤维素类型。

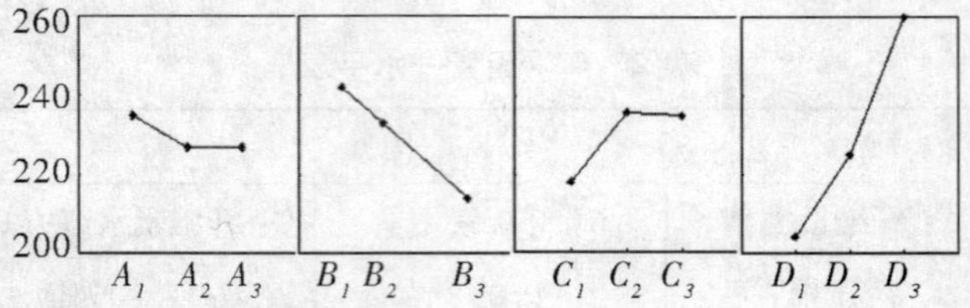

图2－3　例2.2趋势图

从趋势图可见，本实验的最佳实验条件为$A_1B_1C_2D_3$，即脱脂棉、纤维素用量0.05 g、在烧杯中水解、水浴温度100 ℃。由于最佳条件不包括在1～9号实验中，特补做几次验证性实验，片刻就可得到银白色、光亮、镜面细密均匀的银镜，从而证实以上结论正确。此外，通过补做实验可知，本实验操作简单，银镜效果好，重复性好，成功率100%，实验全过程7～8分钟，说明本方法可靠。

四、中学化学实验创新技法[7]

以实验为基础展开化学教学已成为所有化学教学工作者的共识。只有对化学实验进行不断改进和创新，化学实验才会充满生命和活力，才能最大限度地发挥实验在化学教学中的作用，使化学实验教学更切合教学改革的潮流，适应素质教育和创新教育的需求。以下介绍江苏锡山高级中学教研组将创造性理论运用于化学实验创新的若干技法，供借鉴。

（1）组合技法。

组合技法就是将一些相关的化学实验按某种关联因素或特征进行新的组合，构成新的实验方案的实验创新技法。爱因斯坦曾说过："我认为，为了满足人类的需要而找出已知装置的新的组合的人就是发明家。"同样，将已有的化学实验按一些共同特征或功能进行合理组合，使其具有某种新的功能，也是对原有化学实验的一种创新。例如"Cu和浓HNO_3反应的蓝色喷泉实验"（主体设计者：马啸波）。

实验装置见图2－4和图2－5。

实验步骤与现象：如图2－4，在烧瓶中滴加4 mL浓硝酸，并在靠近橡皮塞（预先将石蜡熔融均匀涂抹在橡皮塞上）的长导管上缠上螺旋状粗铜丝，缓缓倒置烧瓶，接上一个盛水的塑料瓶，按图2－5所示装配好。铜与浓硝酸即开始反应，红棕色气体由下而上充满烧瓶，空气被排出，塑料瓶中有气体逸出，逸出的少量气体被收集在气球中。当整个烧瓶充满了NO_2气体时，用手挤压塑料瓶，使少量水进入烧瓶，立即形成美丽的蓝色喷泉。烧瓶中剩余气体的体积约占烧瓶体积的1/3。

上述实验将铜与浓硝酸反应的实验、NO_2与水反应的喷泉实验巧妙地组合在一起。装置简单、仪器少；两个反应连贯性强，一气呵成；操作简便、无污染（少量从水瓶中逸出的NO被收集在气球中）；实验现象明显，趣味性浓；既有定性的展示，又有定量的呈现（生成的NO体积与参加反应的NO_2体积的关系）。在课堂教学中使用该实验，不仅能激起学生强烈的学习欲望，使学生牢固掌握相应的化学知识，而且能形成良好的教学气氛。教师若将该实验置于探究性的教学情境中，教学效果则更佳。

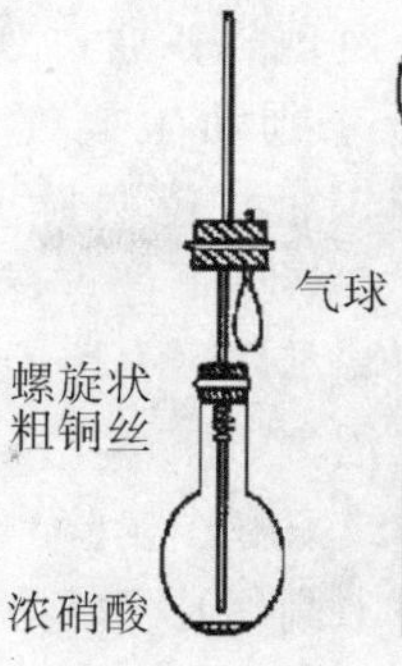

图2－4

图2－5

运用组合法创新化学实验应注意下列问题：① 组合并不是几个化学实验的简单连接和共同演示，经过组合的实验应具有原先实验所不具有的教学功能，能获得1＋1 ＞2的教学效果；② 组合应是在对原先实验进行变形的基础上再将它们进行有机融合，切忌将一些不相干的实验生搬硬套地拼凑在一起；③ 组合的实验应易操作、仪器装置应简单明了，现在有一些通过组合而改进的实验有往“高、大、长”发展的趋势，组合的实验很复杂，特别是其中还使用了一些非常规的自制仪器，分散了学生的注意力。教学时，为讲解仪器装置的功能而花费的时间长，以致不能保证实验教学的重点，这种做法显然不值得提倡。

（2）模拟技法。

模拟技法指用学生比较熟悉的感性实验材料来形象地说明学生平时较难观察到的现象。中学化学中有许多与生产生活实际相联系的教学内容，设计实验来模拟这些内容，使学生在获取鲜明直观的印象的同时，萌发强烈的探究欲望。例如，锡山高级中学的教师们运用下列实验成功地模拟了沼气池产生沼气的过程。

实验原理：废弃有机物（如植物残体）在缺氧条件下被微生物发酵分解，产生的气体即为沼气，其主要成分为甲烷。

实验装置见图2－6。

说明：① C瓶应高于B瓶，以便能产生水压；② A瓶相当于农用沼气池的发酵池，B瓶相当于储气室，C瓶相当于水压箱。

实验步骤：将人尿、新鲜猪粪或牛粪、池沼底部或阴沟里的黑臭污泥、米糠或麸皮按一定比例混合置于A瓶发酵，通过漏斗向A瓶加入适量水，并使漏斗下端插入水中，将B瓶中盛满水，C瓶中盛适量水，按上述装置图将各部分连接好，夹紧弹簧夹，将装置放在温暖处。

观察方法及现象：通过观察 B 瓶和 C 瓶水位高低来判断生成气体的多少，大约一周后，B 瓶水位明显下降，此时松开弹簧夹，在尖嘴管处点燃所得气体，可发现气体能够燃烧，火焰为淡蓝色。

上述模拟沼气池产生沼气的实验适用于课外活动或家庭小实验。

此外，锡山高级中学还成功地利用实验模拟了“温室效应”、“发酵法制酒精”等与生活密切相关的化学现象。

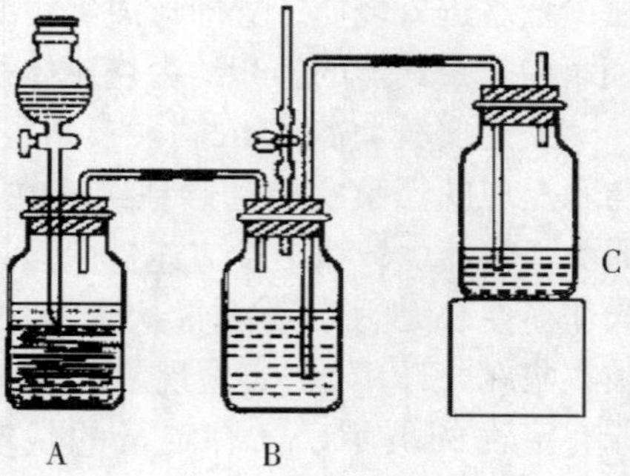

图 2－6

（3）逆向技法。

逆向技法是指沿着事物的相反方向，用反向探求的思维方式对现有的实验设计进行逆向思考，从而提出新的实验设计的创新技法。逆向技法有以下 4 种常见类型：

① 功能反转。从事物的相反功能去设想和寻求解决问题的新途径，从而获得新的实验设计。例如稀释浓 H_2SO_4 时，强调将浓 H_2SO_4 沿器壁缓缓加入水中，且应边加边搅拌。若将水加入浓 H_2SO_4 中，则会造成严重后果。利用一个安全的实验将水加入浓 H_2SO_4 中这一违规操作造成的后果展示给学生，可以提高学生的安全意识。（详见瞿兵发表于 1994 年 2 月《天津教育》“故意错误——一种实验教学的方法”一文）

② 结构反转。从已有实验的相反结构形式上设想和寻求解决问题的新途径。例如在演示完用碳棒（惰性电极）电解 $CuCl_2$ 溶液的实验，引导学生弄清电解原理后，将原实验中阴阳两根电极（此时阴极碳棒上已附着红色的铜）调换再进行电解，一段时间后阳极的碳棒上附着的铜消失。显然将阴阳两极调换后，可以为非惰性电极作阳极时的电解原理的学习设置探索情境。

③ 因果反转。从已有事物的因果关系出发，变因为果地去发现新的现象和规律，寻找新的实验设计。例如很多教师在铁的钝化教学中的做法是：先告知学生铁在浓硝酸中可以被钝化，再用实验来验证（由因及果的验证）。锡山高级中学教研组的做法是：将预先放入浓硝酸中的铁取出洗净，用它来与硫酸铜溶液反应，却置换不出铜，以此来激起学生的认知冲突（由因及果的探究）。

④ 状态反转。根据事物的某一属性（如动与静）的反转来创新化学实验。例如课本中制备溴苯的实验是将溴和苯先加入烧瓶，然后在烧瓶中加入铁粉（即溴和苯静，铁粉动），由于反应物已全部加入烧瓶，加入催化剂后，反应剧烈无法控制，导致溴挥发从导管溢出而达不到预期目的。我们先将铁粉加入烧瓶，将溴和苯的混合液加入分液漏斗，通过分液漏斗的活塞来控制加液速度

(即铁粉静，溴和苯动)，从而克服了原实验的缺陷。

(4) 强化技法。

强化技法是指增加关键的需感知部分的强度（称正强化），排除一些无关或次要的现象（称负强化），以突出研究对象。例如锡山高级中学的教师们在铜锌原电池实验的导线上接入音乐贺年卡中的单元集成片，用悦耳的音乐来强化导线上产生的电流。再例如“溴的挥发性实验”。实验装置见图2－7。

图2－7

实验步骤与现象：将加入少量NaOH溶液的大号培养皿放在一调好的投影仪的载物台上，在其中放入一个小号培养皿，滴两滴液溴在小号培养皿中，迅速将中号培养皿罩在小号培养皿上，很快就可以在投影屏幕上观察到深红棕色的液溴挥发出红棕色的溴蒸气，过一会儿红棕色即消失。

上述实验利用投影仪将溴的挥发现象放大强化，使学生易于观察，装置用NaOH溶液液封，无污染，该实验还为后面讲解溴与NaOH溶液的反应作了铺垫。

(5) 缺点列举技法。

缺点列举技法指把所发现的现有实验的缺点一一列举出来，然后提出改革或革新方法的一种技法。列举缺点就是发现问题，而创新就是要解决问题，每发现一个缺点、提出一个问题，也就是找到了一个创新的课题。世界上没有尽善尽美的东西，化学实验也一样，化学实验在体现某些功能具有优越性的同时，也体现另一些功能可能存在某些缺陷。对化学实验进行观察、研究、分析，发现其缺陷，并在此基础上探索改进，就可以对化学实验进行创新。利用缺点列举技法创新化学实验的一般步骤为：① 选定化学实验（可以是整体，也可以是局部）；② 确定与实验有关的信息种类，如材料、功能、结构等；③ 根据确定的信息一一列出缺点；④ 针对缺点（可以是全部，也可以是其中的一个或几个）研究改进方案。例如课本中的铜与稀硝酸反应的实验是在试管中进行的，其缺陷有：生成的气体会外逸污染环境；生成的无色NO气体不易观察；无色气体变为棕色的界限不清。针对上述缺陷，我们确定改进的实验必须达到以下目的：装置应密封，气体不能外逸；生成的气体应能够富集，便于学生观察NO为无色气体；NO的生成与NO的转化（即生成NO_2）分阶段进行。通过多次研究和实践，锡山高级中学教研组得出下列两种方法：① 反应在注射器内进行。先取下注射器活塞，在注射器内放入一团铜丝，塞上活塞后，吸入适量的稀硝酸，将注射器细管端用橡皮塞密封。反应开始，生成的气体富集在筒内，让学生观察气体为无色后，取下橡皮塞，拉动活塞吸入空气，无色气体即变为棕色气体。

振荡注射器，棕色气体又变为无色气体（NO_2 与稀硝酸中的水反应生成了 NO），若再吸入空气，无色又变成棕色。本实验若采用投影仪放大强化，效果则更佳。

② 反应在分液漏斗和 U 形管中进行。实验步骤与现象：如图 2－8，在分液漏斗下端缠上螺旋状铜丝，U 形管中加入稀硝酸，将 U 形管向左倾斜，塞上带分液漏斗的橡皮塞时，尽可能使管内不留空气。铜与稀硝酸开始反应，生成的 NO 气体富集在 U 形管内，让学生观察后，打开分液漏斗活塞，无色气体被压入分液漏斗中，与分液漏斗中的空气反应即生成棕色气体(上口玻璃塞无须打开)。

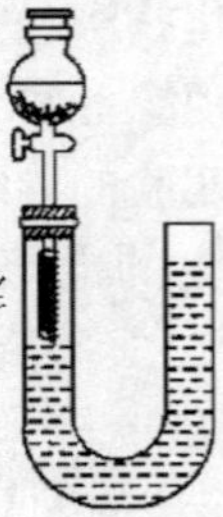

图 2－8

（6）希望点列举技法。

在创造发明中，希望是灵感的源泉。希望点列举技法就是通过列举对课题的希望和理想，使问题的本来目的聚焦。人类很早就希望有顺风耳、千里眼，经过一代又一代人的努力，现在终于如愿以偿，雷达、收音机、电视机就是顺风耳、千里眼。人类的很多创造发明都源于改造世界、发展自身的希望。化学实验的创新也一样，很多在实验创新方面有成就的化学教师，在设计教材中未设置的化学实验时，无一不是抱有将抽象知识转化为形象实验以使学生能够获得鲜明的感性材料的希望。希望点列举技法的一般步骤为：① 定课题；② 列出希望点；③ 制订具体实施方案。例如“铁与水蒸气反应的实验”（设计者：瞿兵，1994 年 3 月发表于《化学教学》），设计者考虑到课本中强调该反应应用“炽热的铁”，且须在“高温”下进行，列出希望点为：能够在实验室条件下进行该反应；生成的氢气应有足够的量供检验和收集；仪器和装置应尽可能简单、操作尽可能简便。经过在实验室里的多次实验，酒精喷灯换成了酒精灯，普通铁粉换成了还原铁粉，将提供水蒸气的装置与反应装置分离（这种情况水蒸气经过导管时易冷藏）换为合而为一（在一支大试管的底部放入一团浸有水的棉花，中部放置适量铁粉，通过加了浸有水的棉花来提供水蒸气，因距离短，水蒸气不易冷凝），从而实现了在实验室条件下完成铁与水蒸气反应的希望，且产生的氢气量足以检验和收集。

希望点列举技法不同于缺点列举技法，缺点列举技法是围绕现有实验的缺点提出的各种改进设想，显然，这些设想不会离开原型。因此它是一种被动型的创新方法。希望点列举技法是从创新者的意愿出发提出的各种新设想，可以不受原型实验的束缚，因此它是一种积极主动的创新方法。

化学实验的创新技法远不止上面所提到的这些，且在实验的创新过程中，所使用的技法并不是单一的，往往是多种技法交融并串的综合应用。化学实验的创新永无止境，各种现代化媒体与化学实验的结合为实验创新提供了广阔的领域，只要我们勤于探索、勇于开拓，一定会有更多、更好的创新实验问世。

五、案例

【案例2.1】有趣的酸碱反应实验[8]

1. 实验一

1.1　实验仪器及药品

200 mL 蒸馏烧瓶（或 250 mL 的锥形瓶）、小气球、250 mL 洗气瓶、橡皮管和弹簧夹、铁架台（铁圈）、漏斗、7 g $NaHCO_3$ 固体、50 mL 1 mol/L 的 HCl、1 mol/L NaOH、0.1% 酚酞指示剂、0.1% 百里酚蓝酸碱指示剂。

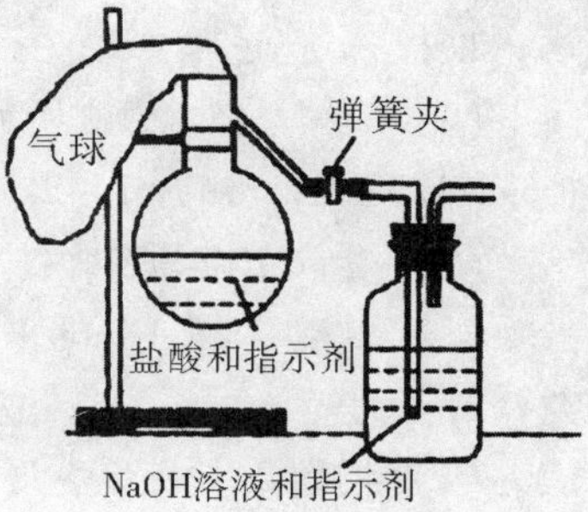

图2－9

1.2　实验过程

（1）在蒸馏烧瓶内加入 50 mL 1 mol/L HCl，滴加 1～2 滴百里酚蓝。

（2）量取 100 mL 蒸馏水加入洗气瓶中，再加入几滴 1 mol/L NaOH 溶液和几滴酚酞试剂（溶液变红即可）。

（3）按图2－9组装好整个装置。

（4）用漏斗装入 7 g $NaHCO_3$ 固体于气球中，再将气球套在蒸馏烧瓶上，并检查装置的气密性。

（5）关闭弹簧夹，将 $NaHCO_3$ 固体缓慢地加入蒸馏烧瓶中，气球渐渐膨胀，一定时间后，缓缓地打开弹簧夹，让气体较均匀地通入洗气瓶，观察实验现象。

1.3　实验现象及其解释

蒸馏烧瓶中发生剧烈反应，有大量无色气体产生，气球逐渐膨胀，红色的百里酚蓝指示剂逐渐变为黄色，反应持续30秒左右。打开弹簧夹后，气体进入洗气瓶，红色酚酞指示剂逐渐变为无色。

离子方程式：$NaHCO_3(s) + H^+(aq) \xlongequal{} Na^+(aq) + H_2O(l) + CO_2(g)$

表2－6　两种指示剂的变色范围

指示剂	变色范围 pH	颜色变化	pK_{MIn}	浓度	用量（滴/10 mL 试液）
百里酚蓝	1.2～2.8	红～黄	1.62	0.1%的20%乙醇溶液	1～2
酚酞	8.0～10.0	无～红	9.1	0.2%的90%乙醇溶液	1～3

（续上表）

2. 实验二

2.1 实验仪器及药品

仪器同实验一；5 g NH_4Cl 固体、50 mL 1 mol/L 的 NaOH、1 mL 1 mol/L 的 HCl、0.1% 酚酞指示剂、酸碱指示剂百里酚蓝。

2.2 实验过程

（1）在蒸馏烧瓶内加入 50 mL 1 mol/L NaOH，滴加 1 ~2 滴酚酞试液。

（2）量取 100 mL 蒸馏水加入洗气瓶中，再加入 1 mL 1 mol/L HCl 溶液和几滴百里酚蓝。

（3）按图 2 -10 组装好整个装置。

（4）用漏斗装入 5 g NH_4Cl 固体于气球中，再将气球套在蒸馏烧瓶上，并检查装置的气密性。

（5）关闭弹簧夹，将 NH_4Cl 固体缓慢加入蒸馏烧瓶中，让气体较均匀地通入洗气瓶，观察实验现象。

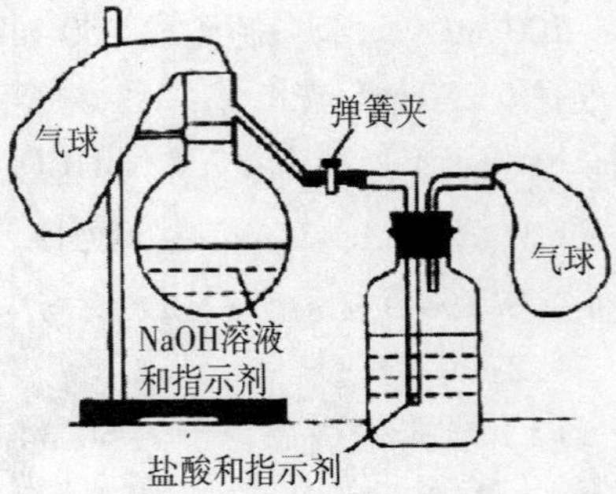

图 2 -10

2.3 实验现象及其解释

蒸馏烧瓶中发生剧烈反应，有大量无色刺激性气味气体产生，气球逐渐膨胀，红色酚酞指示剂逐渐变为无色，反应持续 40 秒左右。打开弹簧夹后，气体进入洗气瓶，红色的百里酚蓝指示剂逐渐变为黄色。

离子方程式：$NH_4Cl(s) + OH^-(aq) = NH_3(g) + Cl^-(aq) + H_2O(l)$

$NH_3 \cdot H_2O(l) + H^+(aq) = NH_4^+(aq) + H_2O(l)$

3. 交流与讨论

这两组实验比以往的酸碱实验有了改进，现象明显，趣味横生，可以在很大程度上激发学生的学习兴趣和探究欲望。在实际的探究过程中，还可以进一步大胆地提出一些很有创新性的问题：

① 在实验一中，生活中有哪些物质能代替反应物呢？

学生很容易想到用大理石、纯碱代替 $NaHCO_3$ 固体，用醋酸代替盐酸溶液。

② 在酸碱反应中，指示剂通过颜色的变化证实了酸与碱确实发生了反应，那么，是否能用其他试剂或方法来代替酸碱指示剂呢？

答案是肯定的，例如在实验二的洗气瓶中，加入 HCl 溶液和几滴 $CuCl_2$ 溶液

（续上表）

（或 $FeCl_3$ 溶液），可观察到一开始无蓝色沉淀产生，一定时间以后才出现蓝色沉淀。在通过做对比实验——将氨气直接通入 $CuCl_2$ 溶液中，证实酸与碱确实发生了反应。

③ 在实验二中，因氨气会带来环境问题，实验中用气球收集，你还能想到其他可行性方案吗？（只要合理可行即可）

如果能这样去引导学生思考解决问题，那么学生的思维能力和探究能力必然会有所提高。

【案例2.2】过氧化钠制备的实验改进[9]

1. 问题的提出

在石棉网上点燃金属钠生成 Na_2O_2 的实验，从人民教育出版社出版的《高级中学课本化学（必修）第一册》第一版、《全日制普通高级中学教科书（必修）化学第一册》到苏教版《普通高中课程标准实验教科书·化学1》，近20年来实验设计一成不变，且实验效果并不理想，主要存在下列问题：

① 金属钠开始燃烧后，一道白烟突然升起，反应很快结束，黄色火焰稍纵即逝，学生可能来不及看到这一现象。

② 反应后留下的产物不多，且淡黄色不明显。

2. 实验改进

在石棉网上做金属钠的燃烧实验，体系过于敞开，导致燃烧过快，产物挥发过多，所以实验效果不理想。如果实验改在蒸发皿或玻璃管中进行，能得到较好的实验效果。

2.1 实验仪器及药品

玻璃管（用废试管代替，Φ15 mm、长度 >100 mm，两端处理平整，两头配橡皮塞）、试管夹、酒精灯、镊子、玻璃片、小刀、滤纸、金属钠。

2.2 实验装置、步骤和现象

(1) 取一小块钠，用滤纸吸去钠表面的煤油，切去外表氧化层，留下黄豆大小的钠，把它放入干燥的玻璃管中（离一端管口 1 ~ 2 cm），用试管夹住另一端，在酒精灯上加热。装置如图2-11所示。

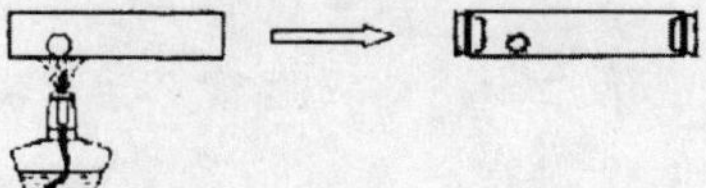

（试管夹省略）

图2-11

(2) 30 s后，钠开始融化，表面由闪亮逐渐变成灰暗，随即开始燃烧，发

（续上表）

出黄色火焰，移动试管，可见大量白烟；燃烧时间可持续10 s以上，现象清晰。燃烧结束后，先观察到灰白色固体，几秒钟后逐渐转变为珊瑚状淡黄色固体。待完全冷却后，用橡皮塞塞紧两端，能保持淡黄色几天不变。

(3) 若未等试管完全冷却，即用橡皮塞塞紧两端，1～2 min后可观察到白色产物。

实验在试管中演示，能使学生看清楚整个实验过程，为了使每个学生看清楚 Na_2O_2 的淡黄色，可以在课前制备几个样品在课内传看，还可以制备出 Na_2O，便于比较 Na_2O_2 和 Na_2O。

【案例2.3】几个创新设计和改进实验的介绍[10]

化学实验对全面提高学生的科学素养有着极为重要的作用。在编写教科书时，虽然精心设计实验方案，积极开发探究性实验，但在课堂教学中，有时实验效果往往不尽如人意。在新课程实施过程中，如何发挥实验教学的多元化价值，需要群策群力、因地制宜地积极设计改进实验。金华市开展的一次化学实验创新设计展示活动，展示了全市化学实验改进、优化、增设以及创新的成果，现将其中5个创新设计和改进的实验介绍给大家。

1. 与实验装置有关的实验设计和改进

实验装置是实验的重要组成部分，从演示实验反应装置的简约性、安全性、绿色化、可重复操作等角度出发，设计和改进原来的实验装置，可提高演示实验的质量。

例1：铜与浓硫酸反应的实验改进

[原实验的缺点] 实验中容易倒吸，反应进程难控制，拆卸装置时易产生污染。

[改进后的实验装置]（如图2－12所示）

[实验操作] 连接好装置，检验气密性，加入相应的试剂。

第一步，加热试管A直到试管B中品红完全褪色。

第二步，熄灭酒精灯后，a管中空气进入试管A中，可防止试管B中溶液倒吸。

第三步，将铜丝上提离开液面。

第四步，用洗耳球从a管口向试管A中大量鼓气，以排尽A中的 SO_2 气体。

第五步，取出铜丝，浸入稀硫酸中，铜丝表面的黑色固体溶解，溶液变为蓝色，即铜丝与浓硫酸共热时被氧化为氧化铜；再取出试管底部的白色固

（续上表）

体放入盛有水的烧杯中，溶液变为蓝色，证明白色固体是无水硫酸铜。由此可推断出铜与浓硫酸反应方程式为：

$$Cu + H_2SO_4（浓）\xlongequal{\triangle} CuO + SO_2\uparrow + H_2O$$

$$CuO + H_2SO_4 = CuSO_4 + H_2O$$

［实验优点］① 插入的导管 a 完全防止了倒吸；② 换班实验时不会产生污染；③ 思考性、推理性强，有利于培养学生的学习兴趣。

例 2：铜与氯气反应实验改进

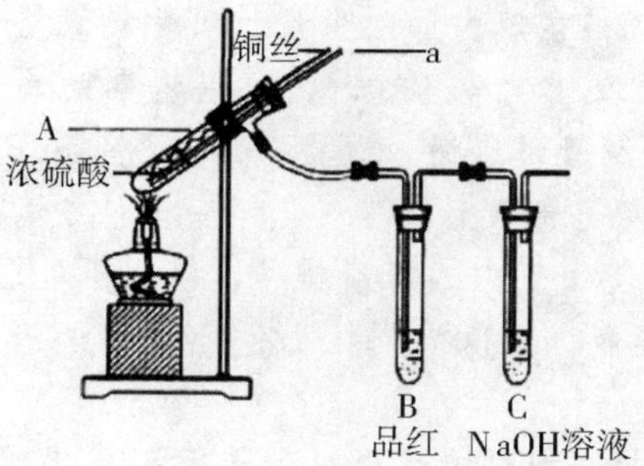

图 2－12

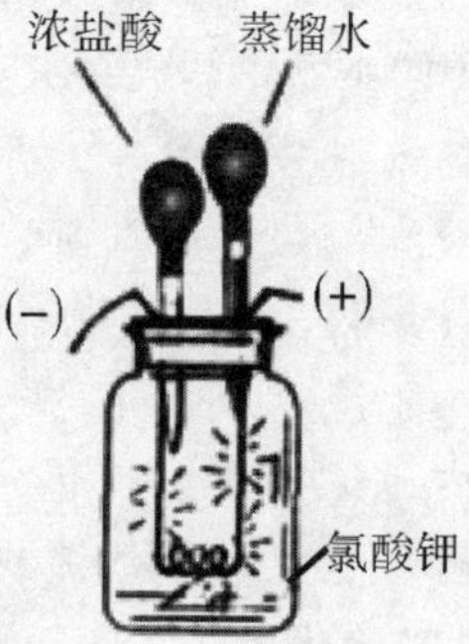

图 2－13

［原实验的缺点］课前要制备氯气，费时且在实验中容易产生污染。

［改进后的实验装置］见图 2－13。

［实验操作］

（1）集气瓶底部先盛放少许氯酸钾（不要用高锰酸钾代替）。

（2）取一根长约 30 cm 的细铜丝，从约 10 cm 处缠在笔套上成螺旋状，另一端也留 10 cm，做成“U”型。如图 2－13 所示，穿过双孔橡胶塞，塞住集气瓶口。

（3）在双孔橡胶塞上，向一孔插入盛有浓盐酸的胶头滴管，另一孔插入盛有蒸馏水的胶头滴管。

（4）把大功率调压变压器或“高中教学用电源”的输出电压调到 12 V 处，正、负极各接一根带“鳄嘴形”铜夹的导线，导线上“鳄嘴形”铜夹各夹住露出橡胶塞的铜丝的两端。此时不能打开电源。准备工作至此完毕。

（5）实验时，先挤下胶头滴管中的浓盐酸，它与氯酸钾接触立即反应，产生氯气。当看到瓶内有淡黄绿色气体后，接通电源，加热铜丝。约 10 秒钟，铜丝在氯气里剧烈燃烧，此时立即断开电源。

后续操作略。

（续上表）

［实验优点］① 不需要事先制备氯气。② 电加热铜丝可使铜丝受热均匀，且整根铜丝同时与氯气反应，使氯气不断产生，反应持续进行，反应现象很壮观（棕黄色烟在瓶里翻腾不息），学生印象深刻。③ 全封闭实验，不污染环境，多余氯气易处理，符合环保要求。 注意要用调压变压器控制好电压，或用大功率“高中教学用电源”。不能用小功率电源，如“学生电源”，因为它的过载保护能力差，易烧坏电源。 **例 3：铜与硝酸反应实验中滴瓶的妙用** （1）铜与稀硝酸反应。 ［实验操作］取一只无色磨口滴瓶，在瓶内加入少量过氧化钠。将一根细铜丝插入胶头滴管中，用胶头滴管吸取稀硝酸，这时，可以观察到滴管中的稀硝酸和铜丝开始反应，这时将胶头滴管迅速插入滴瓶中，（可将整个装置投放在投影仪上）。可观察到铜丝表面有气泡产生，溶液开始变蓝色，滴管内液面开始下降，液面上的气体为无色。待滴管内的溶液排尽，挤一下乳胶滴头，滴瓶内迅速出现红棕色气体。振荡滴瓶，可以看到红棕色气体逐渐消失，滴瓶内出现蓝色絮状沉淀或黑色沉淀。 ［实验优点］① 实验装置简单，操作方便，可以反复使用；② 现象明显，能清楚地观察到一氧化氮是一种无色的气体，当它与滴瓶内的富氧空气接触迅速生成红棕色的二氧化氮；③ 取材容易，且节约药品；④ 全封闭环境实验，过氧化钠遇水产生的氢氧化钠能较好地吸收反应产生的有害气体，不污染环境。 （2）铜与浓硝酸反应。 ［实验操作］取一只无色磨口滴瓶，在瓶内加入一小片铜。用胶头滴管吸取 30% 的氢氧化钠。往滴瓶中加入 2 ~ 3 mL 浓硝酸，然后将滴管迅速插入滴瓶。可以观察到滴瓶中的浓硝酸和铜片开始反应，产生大量红棕色气体，反应后溶液呈蓝绿色。将胶头滴管中的氢氧化钠挤入滴瓶中。振荡滴瓶，可以看到红棕色气体逐渐消失。滴瓶中出现蓝色或黑色沉淀。 ［实验优点］① 实验装置简单，操作方便，现象相当明显；② 该装置可以随时使反应停止；③ 反应后的尾气吸收效果明显，不污染环境。 注：例 2、例 3 的几个实验均在封闭容器中进行，故制取 Cl_2、NO、NO_2 等气体时，不宜求多，只要能观察到颜色，即可进行下一步实验。 （3）与活动、探究有关的实验设计和改进。 新课程强调学生的活动与探究，这就给学生分组实验的准备提出了更高、更多的要求，以适合学生进行分组实验。设计装置简单、操作方便、药品用量少、取材容易、环境污染少的实验显得迫切需要。

（续上表）

例 4：不用加热的纤维素水解实验

[原实验的缺点] 小火微热，不容易控制，易出现棉花脱水炭化现象；二次加热实验操作复杂、费时。

[改进后的实验操作] 取一支小试管，放入一小团棉花，滴加 3 ~ 4 滴水，然后加入 7 ~ 10 滴 98% 的浓 H_2SO_4。利用浓 H_2SO_4 遇水稀释时释放的大量热量使得纤维素发生水解，溶液呈亮棕色。向以上溶液中加入过量的 NaOH 中和，再加入 3 滴 2% 的 $CuSO_4$ 溶液。由于 NaOH 和浓 H_2SO_4 反应放出大量的热量，使得反应产生的 $Cu(OH)_2$ 立刻被还原成 Cu_2O，出现砖红色沉淀。

[实验优点] ① 整个实验过程一气呵成，非常流畅，实验成功率很高；② 全封闭两次利用反应热，不用加热，节约药品，节约时间，简化了实验，符合绿色化学的指导思想；③ 该方法也可以用于淀粉的水解、蔗糖的水解。其原理相同，都是以适量的水加入淀粉或蔗糖中，然后加入浓 H_2SO_4，以此代替课本中相应浓度的 H_2SO_4，同样利用浓 H_2SO_4 遇水稀释时释放的大量热量进行水解反应，利用中和热进行斐林反应。这些反应对 H_2SO_4 的浓度要求不高，较容易操作。

3. 与反应原理有关的实验设计和改进

对有些现象不明显或所需时间较长的实验，从反应物角度进行替换，可达到很好的效果。

例 5：焰色反应实验的新做法

[原实验的缺点] 由于铂丝能蘸取的溶液很少，焰色反应很快消失，学生不易看清，特别是用蓝色钴玻璃观察钾的焰色更困难。

[改进后的实验操作]

(1) 把滤纸切割成 2 cm × 8 cm 的纸条，把各种盐用水与甲醇按 1∶2 比例配制成饱和溶液。

(2) 把滤纸浸透盐溶液，用镊子夹持含有不同盐溶液的滤纸在酒精灯火焰上点燃，能观察到相当明显的现象。

[实验优点] ① 准备简单、操作简便；② 没有酒精灯火焰的干扰，现象明显，观察范围广，不用蓝色钴玻璃就可明显观察到钾的紫色焰色。

【案例 2.4】酸碱反应实验的综合设计[11]

1. 紫色卷心菜液试剂

实验目的：制作检验酸碱性溶液的试剂。

实验原理：用热水使菜叶的色素溶解出来，此溶液若加酸会变红，加碱会变绿，因此，卷心菜溶液可作为酸碱指示剂。

仪器和试剂：带盖的玻璃瓶、筷子、蒸馏水、新鲜的紫色卷心菜。

实验步骤：

(1) 把卷心菜的叶子撕成细细的碎片放入玻璃瓶内。

(2) 把蒸馏水烧开后，倒入放有卷心菜的玻璃瓶内。

(3) 把玻璃瓶静置，直至玻璃瓶降至室温，然后，把溶液过滤到另一只瓶内，叶子丢弃不用。

(4) 将卷心菜的溶液保存在冰箱里。

2. 制作卷心菜液试纸

实验目的：制作能检验物质酸碱性的试纸。

仪器和试剂：滤纸、卷心菜溶液（前面所制）、铝箔纸、碗、剪刀、塑料袋、杯子。

实验步骤：

(1) 往碗里倒进 1 杯卷心菜溶液。

(2) 把滤纸浸泡在溶液中。

(3) 把数张浸泡过卷心菜溶液的滤纸放在铝箔纸上晾干。

(4) 将滤纸裁成宽约 1 cm 的纸条，放在塑料袋内保存。

3. 用自制的卷心菜试纸检验物质的酸碱性

实验目的：用卷心菜液试纸检验物质的酸碱性。

仪器和试剂：卷心菜液试纸、铝箔纸、白纸、滴管、醋、氨水。

实验步骤：

(1) 测量酸碱性。

① 白纸下垫张铝箔纸，把试纸放在白纸上。

② 在试纸上的一端滴 2 滴醋，另一端滴 2 滴氨水，观察现象。

(2) 检验果汁的酸碱性。

① 在铝箔纸上放一张白纸，白纸上放一大张卷心菜液试纸。

② 用铅笔在白纸上依次写上要检验东西的名称。

③ 用滴管依次在试纸上滴入氨水、柠檬汁、葡萄汁、橘子汁及腌渍物汁。

④ 观察这些要检验的汁液在纸上的颜色变化。

（续上表）

4. 酸雨检测

(1) 将空饮料瓶制成雨水简易收集器。

(2) 采集雨水样品，观察状态，测定降水量及雨水的pH。

5. 抗酸性实验

实验目的：试验多种抗酸剂功效（或胃药）。

仪器和试剂：3支塑料滴管、小型塑料杯、稀盐酸、甲基橙溶液、液体抗酸剂。

实验步骤：

(1) 用滴管滴10滴稀盐酸到一只塑料杯中。

(2) 用另一支滴管加10滴抗酸剂到另一个塑料杯中。

(3) 在笔记本上画好表（如表2-7），记录盐酸和抗酸剂的颜色。

表2-7

物质	原来的颜色	加指示剂后的颜色
稀盐酸		
抗酸剂A		
抗酸剂B		
抗酸剂C		

(4) 在每个塑料杯中各加2滴甲基橙溶液，记下看到的颜色。

(5) 检测其他种抗酸剂。

[点评] 过去，酸碱反应实验由教师配好各种酸碱指示剂，准备好各种供试材料，如酸碱试纸、各种酸碱性溶液，供学生去验证课堂上所学的理论；现在，学生用日常生活中常见的醋、氨水、紫色卷心菜、柠檬汁、葡萄汁、橘子汁、雨水、胃药等代用品做实验，然后得出结果，使学生感到化学就在身边。本案例是以学生为主体，让学生主动参与、亲身实践，学生可以根据自己的爱好和兴趣，进行自我设计、自我组织、自我评价。实验设计符合科学性、趣味性、可行性、简约性、安全性等原则，实验设计能从化学科学的发展、社会需求、学生个性发展三个方面进行整体构思，这样做有利于培养学生的学习兴趣、激发学生的学习动机，增长对新知识的探求欲和探索未知领域的创造欲。

第二节　中学化学实验教学设计

“凡事预则立，不预则废”。实验教学工作也不例外，它是化学教学的重要组成部分。实验教学设计是化学实验顺利进行的重要保障，教学设计是运用系统方法与技术分析、研究教学问题和需求，确立解决它们的途径和方法，并对教学结果作出评价的系统计划过程。化学实验教学设计与实施要服从和服务于化学教学的总体安排。化学实验教学的设计主要是化学实验教学目标与化学实验教学组织方式的设计。完整的实验教学设计一般包括教学目标、教学内容、教学情景、学习任务和学习活动、学习活动组织与评价、评价与反思教学过程及效果等几个环节。

一、化学实验教学目标的设计[6]

化学实验教学目标是化学实验教学的出发点和最终归宿。化学教学目标的设计，首先要明确化学实验教学目标的内容构成，其次要明确化学实验教学目标的水平，最后要做好教学目标的表述。

(1) 化学实验教学目标的内容构成。

按照科学素养的构成要素，可以将化学实验教学目标划分为三个维度，见图2－14。

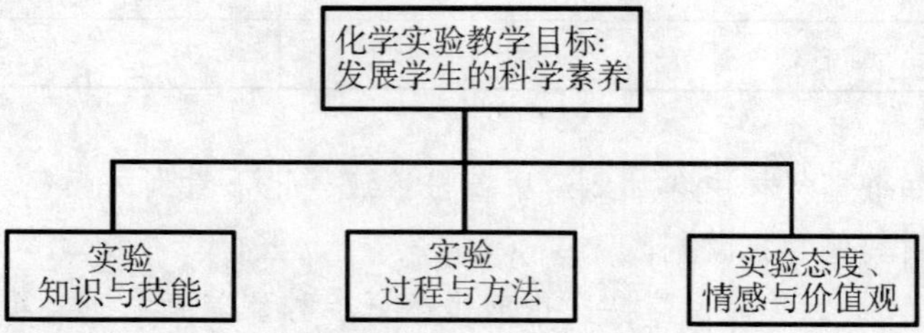

图2－14　化学实验教学目标的内容构成

实验知识与技能是指化学实验事实知识、化学实验仪器和药品知识、化学实验安全知识以及基本操作技能、仪器和药品的选择技能和综合运用技能。

实验过程与方法是指科学探究的过程与方法。它包含两方面：① 探究过程，一般包括提出问题，收集资料和事实，整理加工资料和事实，得出结论，交流与应用等环节；②探究方法，一般包括观察方法、实验方法、资料和事实的处理方法、科学逻辑方法（如比较、分类、归纳、概括等）、假说方法和模型方法等。

实验态度、情感与价值观是指学生在化学实验教学中对实验活动的一种内在反应倾向，它是通过学生的外显行为表现出来的。实验情感是学生在化学实验教学中所形成的一种对实验活动的情感指向或情绪体验。这种情感指向或情绪体验，既可能是满意的、喜欢的，也可能是讨厌的、反感的。根据学生在实验活动中的行为表现，可将实验态度划分为自觉型实验态度、兴趣型实验态度和被动型实验态度。实验价值观是学生在化学教学活动中所形成的对实验价值最基本的看法。

（2）化学实验教学目标三个维度的水平及含义见表2－8、2－9、2－10及2－11。

表2－8　实验知识目标水平

水平	含义
了解	包括再认识或回忆知识，识别、辨认事实或证据，举出例子，描述对象的基本特征等。所用的行为动词主要有知道、记住、认识、了解、说出、列举、描述、找到等。
理解	包括把握内在逻辑关系，与已有知识建立联系，进行解释、区分或扩展，提供证据，收集、整理信息。所用的行为动词主要有看懂、辨认、识别、区分、能表示、比较、理解、解释、说明、判断、预期、分类、归纳、概述等。
应用	包括在新的情境中使用抽象的概念、原则，进行总结、推广，建立不同情境下的合理联系等。所用的行为动词主要有评价、优选、使用、解决、检验、证明、应用、设计等。

表2－9　实验技能目标水平

水平	含义
初步学习	在教师指导下（讲解或示范操作）进行实验操作。该层次的操作主要表现为机械模仿，规范性和协调性较差，参与意识不强。
初步学会	在教师指导下，能够正确地进行操作。该层次的操作表现为学生动作基本规范、协调，基本能做到会拿、会放、会接、会调、会测。

表2－10　实验探究能力的构成要素及目标水平

构成要素	目标水平
发现和提出问题的能力	能从生活经验和已有的化学知识中，经过启发或独立思考发现有实验探究价值的问题；能用口头或书面的形式比较清晰地表述所发现的问题。

（续上表）

构成要素	目标水平
猜想和假设能力	能主动地或在他人的启发下，对化学实验问题的可能结论大胆提出猜想或假设；能对假设所依据的事实或证据的可靠性进行初步的论证。
实验设计能力	能根据所要解决的化学实验问题，独立或与他人合作设计简单的化学实验方案；能对实验方案的可行性进行初步的论证。
控制实验条件能力	在实验中能进行简单的实验条件控制。
收集证据能力	能运用多种方式和方法对物质及其变化进行观察和记录；能将观察与思考相结合；能对所获得的证据运用化学术语、表格、线图等进行处理。
得出结论能力	能运用比较、分类、归纳和概括等方法得出结论或对猜想、假设进行解释。
反思与评价、讨论与交流能力	能对结论的可靠性进行简单评价；能对自己在化学实验活动中的表现进行反思；能比较规范地独立撰写化学实验报告并主动与他人讨论交流实验结果。

表2－11　实验态度、情感与价值观目标

对生活和自然界中的化学现象有好奇心，并试图通过简单的化学实验来探究其中的道理。 能体验到化学实验探究活动的乐趣和活动成功的喜悦。 能积极参与化学实验操作活动，并善于和他人合作，主动交流各种化学实验信息。 能客观、准确地观察和记录化学实验现象，实事求是地完成化学实验报告。 有过提出具有新意的化学实验设计方案的体验，并主动地进行可行性论证。 在化学实验中能注意节约和合理使用药品，注意保持实验仪器的干净和实验桌面的整洁。 能从可持续发展的角度认识化学实验绿色化和爱护环境的重要性。 能感受化学实验在仪器、装置、现象等方面的化学美。

（3）化学教学目标的陈述。

一般来说，课程目标的陈述包括四个基本要素，即行为主体（audience）、行为（behaviour）、行为条件（conditions）和表现程度（degree），我们取这四个要素的英文名称的第一个字母，把利用这四个要素陈述课程目标的方法简称为“ABCD 法”。

学生是化学实验教学的主体，化学实验教学目标陈述的主体应该是学生而不是教师。因为教学目标是对学生预期应该主动获得的全部经验的描述。

【案例2.5】化学实验教学目标的陈述方式

方式1："初步学习观察……"、"能解释……"、"能设计……"、"能体验到……"等。

方式2："培养学生的科学态度……"、"激发学生的实验兴趣……"等。

方式1陈述的主体是学生；方式2陈述的主体是教师，因而这一陈述不能作为化学实验教学目标，只能作为教师化学实验教学的一项任务。

【案例2.6】化学实验教学目标的比较

目标1：通过对镁条的观察和简单实验，体验化学实验在研究物质性质上的作用。

目标2：能在教师的指导下，初步学习根据实验目的来选择实验药品和仪器，并能安全操作。

目标3：通过溶液的导电性实验，了解化合物可以分为电解质和非电解质两大类。

上述目标1和目标2条件表述清楚明确；目标3中条件表述不明确，因为与电解质、非电解质概念有关的实验还应有熔融状态下的导电实验，只有溶液导电性实验是不能建立上述概念的。

【案例2.7】化学实验教学标准的比较

目标1：全体学生能够正确画出实验室制取氧气的装置图。

目标2：90%的学生能设计出一种以上鉴别铁粉、铝粉和石墨粉的实验方案。

标准是达到目标的最低标准。对行为标准的陈述应该具有可检测性。上述目标均清楚地表述了学生学习要求达到的程度。

二、化学实验教学组织方式的设计[12]

(1) 演示实验教学设计。一般分四个阶段：① 选择实验教学的具体目标，确定方向；② 选择能够达到这些目标的教学策略，作为教学策略的一部分，必须选择内容和总的步骤；③ 必须选择能实现上述教学策略的手段和方法；④ 必须选择适当的手段和方法来评价和检查所做的工作。具体说来，演示实验的教学设计应经过选题、实验教学目标的制定、实验方案的设计（包括局部设计和总体设计）、方案评价（包括试教与修改定型）等阶段。

(2) 探究实验教学设计。探究实验教学模式的基本教学程序为：问题—实验一讨论，即按“问—做—议”的程序去组织教学。在问题与实验两个环节之间往往还增加一个“实验设计”环节，即用具体的实验去解决问题。在“实验—探究”模式中，“实验”是手段，“探究”是核心，显然，这种对实验教学功能全面开发的教学模式，是一种以学生发展为目标的探索性、发现性学习的实验教学模式。探究性实验按学生的主体活动程度可分为引导探究和开放探究两种模式。它的一般过程是：① 提出问题。在阅读、观察、调查中对自然现象、生活现象或实验现象产生好奇，发现或提出一些有探讨价值的问题。② 假设与猜想。在已掌握的化学实验和实践经验的基础上对所提出问题的可能性答案作出猜想与假设。③ 设计实验。针对探究的目的和条件，设计可行的操作步骤，达到预期目标。④ 实验操作，获取实验事实与证据。正确操作，科学记录实验现象及数据，并在实验中注意观察与思考的结合。⑤ 分析结论。将收集到的现象与数据用化学知识加以分析、处理，得出结论并与假设相比较，对与猜想不一致的现象加以解释。

（3）CAI 课件与化学实验教学设计。运用或不运用现代化教学手段，教学效果大不一样。运用计算机辅助化学教学，教师需要获取制作课件的素材、制作课件以及对课件进行评价。更重要的是，在一定的教育教学理论指导下，将课件和素材融入教学过程，发挥计算机技术的优势，更加充分地调动学生学习的主动性、积极性和探究精神。在实验教学中，经常遇到很多实验不能如愿以偿，有的因受仪器、药品的限制，一些实验想做而不能做；有的实验得不到预期的结果，实验现象不明显；有的实验不适于课堂演示，更不适于学生实验等。CAI 课件应用于实验教学可以解决上述困难，也可以培养学生的实验设计能力。

（4）利用网络进行化学实验教学设计。利用网络进行化学实验教学可使传统的课堂教学更具开放性。教师利用网络设计化学实验教学的主要程序为：① 收集资料，制作课件。这项工作在课前由教师完成，教师根据教学设计的要求，尽可能多地搜集与学习任务有关的各种资料，然后分门别类，将搜集的资料用 Frontpage 软件，做成超文本链接功能的 web 页面或用 Authwarer 软件制作所需的课件，并把制作的课件安装在网络教室的主机上。另外，还必须收集一些与学习任务相关的化学网站的地址，以及与学习任务有关的栏目，以便学生查找。② 提出任务，自主探究。教学的开始阶段，教师创设问题情景，提出任务，介绍课件的使用方法；然后，引导学生利用网上资源自主探究，开展讨论，完成教师提出的学习任务。③ 汇报成果，补充评价。待大部分学生完成学习任务后，教师通过计算机网络切换，让全班学生观看部分学生的屏幕内容，并且请该部分学生予以解释说明，其他学生评价补充。④ 归纳总结，巩固练习。待学生讨论结束后，教师再通过网络把设计好的归纳总结切换到学生的屏幕上，和学生一起归纳总结。最后，学生通过网络选择适合自己的问题情景，利用获得的新知识解决新问题，通过计算机得到反馈信息和提示，进一步巩固所学的知识。

三、案例

【案例2.8】加热高锰酸钾制取氧气

一、教材依据

义务教育课程标准实验书化学（人教版）九年级上册第二单元课题3 制取氧气（一）。

二、设计思想

课题3中制取氧气是初中化学的重点内容，也是学生初次接触的气体制取实验。实验室的氧气常用三种方法制取：① 分解过氧化氢溶液；② 加热分解氯酸钾；③ 加热分解高锰酸钾。课题分4课时，前3课时分别演示一个实验并讲解相关知识，后1课时为学生实验。本课时是演示加热高锰酸钾制取氧气，实验步骤较多，老师应边讲解边演示实验，特别是实验注意事项要逐一强调，让学生不仅知道该怎么做，还要让他们深刻理解为什么这样做，不这样做会造成什么后果，最后对整个实验做适当的小结和归纳，并提供一些适当的学习方法给学生做课后复习，以巩固本课的教学成果。

三、教学目标

(1) 知识与技能：了解实验室制取氧气的主要原理和方法；初步了解通过化学实验制取新物质的方法。

(2) 过程与方法：学会边观察实验边讨论的方法，在实验中提出问题、分析问题、解决问题。

(3) 情感态度与价值观：保持对化学实验的浓厚兴趣，增强学习化学的自觉性和积极性。

四、教学重难点

氧气的制法和实验操作中的注意事项。

五、实验器材

酒精灯、试管、铁架台、单孔塞、导管、水槽、集气瓶

六、教学方法

演示实验及观察讨论。

七、教学设计

1. 复习引入（复习课题2的知识点）

物理性质：在标准状况下，氧气的密度比空气略大，不易溶于水。

化学性质：氧气的化学性质比较活泼，能支持燃烧，有助燃性；氧气在氧化反应中提供氧，有氧化性。

2. 过渡

通过学习我们知道了氧气是一种化学性质比较活泼的气体。那么实验室是怎么制取氧气的呢？请同学们翻开课本第37页，这节课我们一起来学习氧气的制法。实验室制取氧气的常用方法有三种：① 分解过氧化氢溶液；② 加

（续上表）

热分解氯酸钾；③ 加热分解高锰酸钾。

酒精灯、试管、铁架台、单孔塞、导管、水槽、集气瓶

本课以加热高锰酸钾为例来学习实验室制取氧气的方法，另外两种方法下一节课再介绍。

3. 实验原理

高锰酸钾 $\xrightarrow{\triangle}$ 锰酸钾＋二氧化锰＋氧气↑

$2KMnO_4 \xrightarrow{\triangle} K_2MnO_4 + MnO_2 + O_2\uparrow$

（暗紫色固体粉末）（固体）（黑色固体）（气体）

实验前将少量高锰酸钾盛放在表面皿中，让学生观察其颜色和状态，强调其是粉末状。

4. 指导学生观察课本第39页图2－17，介绍气体的发生装置和收集装置

发生装置：酒精灯、试管、铁架台

收集装置：单孔塞、导管、水槽、集气瓶

5. 实验步骤（参看课本第40页的实验步骤）

① 检查装置的气密性。

师：为什么要先检查装置的气密性？

生：为了防止装置漏气，收集不到气体。

师：如何检查装置的气密性？（请同学们参看课本第40页图2－18，先讲解课本中的图和相关的文字，再让学生讨论并回答）

生：将试管与带导管的塞子连接好，先把导管插入水中，再用手紧握试管，观察水中的导管口是否有气泡冒出。如果装置不漏气，里面的空气受热膨胀，导管口就会有气泡冒出。松开手，使它冷却，导管中的水柱就会上升。如果导管口没有气泡冒出，说明装置漏气，要仔细查找原因，改进装置，直至不漏气才能进行实验。

② 装药品：往试管中装入高锰酸钾并在试管口放一团棉花，用带导管的单孔塞塞紧试管。

师：为什么要在试管口放一团棉花？

生：为了防止加热时高锰酸钾粉末进入导管。

③ 倾斜固定试管。

师：试管应如何倾斜？为什么要这样倾斜？

生：试管口应略向下倾斜，以防止加热固体时放出的水蒸气冷凝回流到试管底部炸裂试管。

（续上表）

(联系对比：与液体加热时作比较)

④ 点燃酒精灯，先预热试管，再对准药品加热。

(不要马上点燃，先预演和提问)

师：为什么要预热试管?

生：为了防止试管受热不均而炸裂。

师：如何预热试管?

生：应使酒精灯火焰在试管下方来回移动，使试管受热均匀。

⑤ 用排水法收集氧气。

师：为什么可以用排水法收集氧气?

生：因为氧气不易溶于水且不与水发生反应。

师：如何用排水法收集氧气?

生：将盛满水的集气瓶连同玻璃片一起倒立在盛水的水槽中（瓶口要在水下)，待导管口有气泡连续均匀地冒出时，再把导管口伸入集气瓶中收集氧气。当集气瓶口有气泡冒出时，说明集气瓶里的水已经排完，氧气已经集满。

师：为什么要待气泡连续均匀地冒出时才能收集?

生：为了先排尽装置中的空气，使收集到的氧气纯净。

⑥ 收集完毕后，先撤离导管，再熄灭酒精灯。

师：为什么要先撤管后熄灯?

生：为了防止水槽中的水沿导管倒吸入热的试管内，炸裂试管。

⑦ 验证收集的气体是氧气。

师：如何验证收集到的气体是氧气?

生：将带火星的木条伸入集气瓶中，木条复燃，证明瓶中的气体是氧气。

⑧ 要待热的试管自然冷却后再拆洗。

(若时间充足还可引导学生讨论试管中残留的物质是什么)

6. 小结氧气的制取过程：查→装→定→点→收→离→熄

用谐音字记忆法：“茶庄定点收利息”

(默读后再逐个强调注意事项，避免学生死记口诀)

7. 练习巩固：课本第43页习题2的第（3）小题

8. 布置作业：课本第43页习题3

八、板书设计

（续上表）

板书内容如下：

加热高锰酸钾制取氧气

1. 实验原理

高锰酸钾 $\xrightarrow{\triangle}$ 锰酸钾＋二氧化锰＋氧气↑

$2KMnO_4 \xrightarrow{\triangle} K_2MnO_4 + MnO_2 + O_2\uparrow$

（暗紫色固体粉末）（固体）（黑色固体）（气体）

2. 发生装置：酒精灯、试管、铁架台

收集装置：单孔塞、导管、水槽、集气瓶

3. 实验步骤

① 检查装置的气密性；

② 装药品；

③ 倾斜固定试管；

④ 点燃酒精灯，先预热试管，再对准药品加热；

⑤ 用排水法收集氧气；

⑥ 收集完毕后，先撤离导管，再熄灭酒精灯。

氧气的制取过程：查→装→定→点→收→离→熄

用谐音字记忆法："茶庄定点收利息"

［点评］本教学设计将授课顺序作了适当的调整，体现了设计者的精心准备与细致安排，同时较好地体现了教学的三维目标，有利于教师主导作用的发挥。作为中学首个气体制备实验，学生一般会有浓厚的学习兴趣；设计者能边讲边实验，围绕"加热高锰酸钾制取氧气"的实验主线进行启发式教学，注意事项逐一强调，不仅让学生知道怎么做，而且让学生理解为什么这样做。授课方式虽然传统但符合教学实际。

汕头龙湖区新津中学庄伟文（韩师化学专业2002级学生）提供，衷明华点评

【案例 2.9】以实验为基础的“硫酸的氧化性”教学设计[13]

一、教学目标

(1) 明确实验观察的内容，了解实验的操作要点，认识浓硫酸的强氧化性。

(2) 感受实验是研究化学的基础，实验是最高法庭。

二、教学重点与难点

教学重点：浓硫酸的特性

教学难点：浓硫酸的强氧化性

三、教学实验准备

200 mL 烧杯、试管、大试管（配有带玻璃导管的橡皮塞）、胆矾、蔗糖、铜片、浓硫酸、蒸馏水、品红溶液

四、教学过程

1. 创设情景，引出主题

[提出问题] 现有两瓶没有标签的无色液体，已知是浓硫酸、浓盐酸，如何鉴别？

[学生活动] 学生思考回答。

[教师活动] 总结学生的回答，然后老师再向学生推荐一种方法。

[演示实验] 在试管中放入一些胆矾，再加入少量浓硫酸，振荡。

[学生活动] 观察固体和溶液的颜色变化：固体的颜色逐渐变白，溶液颜色没有变化。

[师生活动] 对实验现象进行解释；说明浓硫酸具有吸水性；解释吸水性的概念及作用（常用的干燥剂）。

[过渡] 展示蔗糖样品，给出化学式 $C_{12}H_{22}O_{11}$，并说明不含水分子，然后提问它与浓硫酸作用会发生什么样的变化。

[演示实验] 在 200 mL 烧杯中放入 20 g 蔗糖，加入适量的水，然后再加入 15 mL 浓硫酸，迅速搅拌，并将一根玻璃棒插入其中。

[学生活动] 观察现象：蔗糖逐渐变黑，体积膨胀，形成疏松多孔的海绵状黑色物质，有刺激性气味气体生成。

[教师活动] 为什么会发生这样的现象呢？我们通过以下几个问题的探究来加以说明：

① 加入的水有什么作用？

② 黑色的固体是什么物质？它是怎么产生的？

③ 固体为什么会膨胀？（白雾也可说明反应放热产生水蒸气）。

④ 有刺激性气味的气体是什么？它是从哪儿来的？

（续上表）

2. 启发诱导，探究本质

[演示实验] 在大试管中放入 2 g 蔗糖，再加入约 5 mL 浓硫酸，迅速搅拌，然后塞上带玻璃导管的橡皮塞，将玻璃导管的另一端插入盛有品红溶液的试管中。

[学生活动] 观察实验现象：品红溶液褪色。

[教师活动] 气体能使品红溶液褪色，说明有二氧化硫产生。二氧化硫中的硫元素应该来源于哪里？

[学生活动] 应该来源于浓硫酸，从化合价分析，应该是浓硫酸的还原产物。

[师生活动] 这个实验中不仅体现了浓硫酸的脱水性，同时还体现了浓硫酸的氧化性。既然浓硫酸被还原为二氧化硫，那么什么物质被氧化了呢？

[学生活动] 炭被氧化了，是还原剂。

[教师活动] 如果炭是还原剂，它的氧化产物应该是什么？

[学生活动] 二氧化碳。

3. 设计实验，建模促学

[学生活动] 根据以上分析，可以得出炭与浓硫酸反应的产物可能为 SO_2、CO_2 和 H_2O。你能否设计合理的实验方案，对你推测的反应产物进行检验？

[学生活动] 学生以四人为一小组，讨论探究方案。

[师生活动] 小组代表发言，其他同学补充，老师总结，肯定学生设计方案中的可取之处，指出其中可能存在的问题，师生一起讨论形成以下实验方案，用实验装置图 2－15 表示。

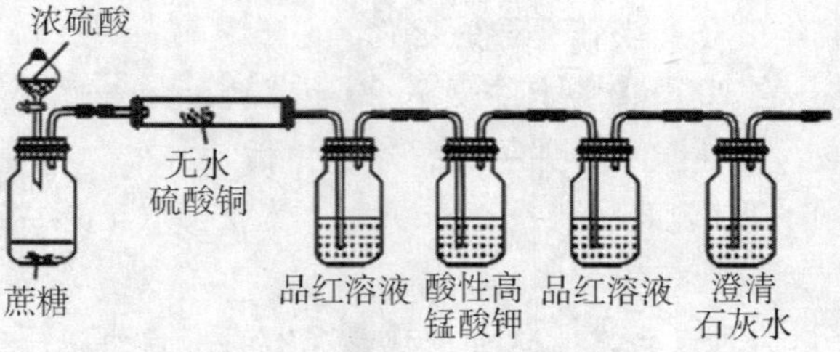

图 2－15　实验装置图

[教师活动] 在炭被氧化的过程中，还有没有其他的产物？（思考）如有，只能是一氧化碳。如何确定？

[师生活动] 讨论、得出探究方案。指出在中学化学阶段，对此反应中的碳的氧化产物只考虑二氧化碳，事实上也有一氧化碳产生。

（续上表）

4. 引申迁移，完善体系

[教师活动] 炭是一种非常稳定的非金属单质，能被浓硫酸氧化，说明浓硫酸具有强氧化性，那么金属单质能被浓硫酸氧化吗？

[演示实验] 在试管里放一长铜丝，注入少量浓硫酸，观察是否反应。然后塞上带有玻璃导管的橡皮塞，将玻璃导管的另一端插入盛有品红溶液的试管中，观察实验现象。

[学生观察] 在加热条件下，铜与浓硫酸发生反应，溶液呈蓝绿色，有能使品红溶液褪色的气体产生。

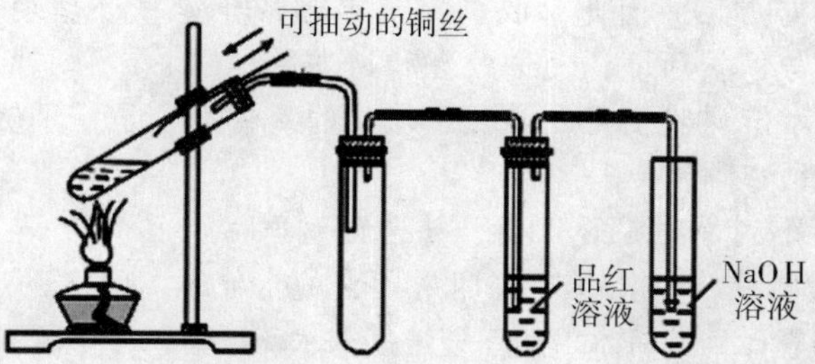

图 2－16　铜与浓硫酸反应实验装置图

[教师活动] 浓硫酸被还原为二氧化硫，那么铜被氧化后可能变成了什么物质呢？

[学生活动] 硫酸铜。写出该反应的化学方程式。

[教师活动] 反应后，试管底部有固体，其中可能含有硫酸铜，如何确认？

[师生活动] 讨论交流：把试管里的溶液和固体倒入盛有适量水的烧杯中，观察溶液的颜色；倒去试管里上面的液体，向试管中加入适量的水，观察溶液的颜色。

[学生活动] 根据反应情况，讨论装置中各部分的作用是什么。

[教师活动] 不活泼金属铜能与浓硫酸反应，那么铁、铝等与浓硫酸反应情况会是怎么样？

[播放课件] 冷的浓硫酸使铁、铝钝化。钝化的应用：由于铁、铝钝化后具有保护作用，故可用铁、铝制容器盛装浓硫酸。

小结：浓硫酸具有强氧化性，能与许多还原性物质反应，在氧化还原反应中浓硫酸一般被还原为二氧化硫。因为浓硫酸具有强氧化性，因此也具有强的腐蚀性，在使用时要特别注意安全。

（续上表）

5. 知识应用，联系实际

[教师活动] 展示硫酸用途的图片，并请学生思考以下三个问题：

① 硫酸的用途是由什么决定的?

② 得到什么体会?

③ 如何用辩证的观点来看待硫酸的用途?

[师生活动] 硫酸是重要的化工原料（硫酸的产量曾被用来衡量一个国家化工发展的水平），也是实验室里必备的重要试剂。在工业上可用于制化肥、农药、炸药、染料、盐类等；还可用于精炼石油、金属加工前的酸洗及制取各种挥发性酸等。任何事物都有两面性，对化学品使用不当或误用甚至滥用，会给人类带来严重后果，因此，我们一定要形成正确、合理使用化学物质的意识，注意安全与保护环境，促进社会和谐发展。

课堂总结：本节课我们主要学习了硫酸的氧化性，了解了硫酸的用途。

6. 巩固反馈，理性升华

(1) 请判断下列做法是否正确，并请说明理由。

① 若浓硫酸洒在皮肤上，应立即用大量的水冲洗。

② 浓硫酸稀释时，应将水沿器壁慢慢倒入浓硫酸中，并不断用玻璃棒搅拌。

(2) 10 月 7 日，北京通州发生轿车与罐车相撞，罐身破损，罐内装载的 13 吨 98% 的硫酸全部漏光。假如你是当时的现场指挥员，该怎么办?

参考答案：

① 拨打 110 报警。

② 疏散现场群众，在现场划出警戒范围。

③ 处理泄漏硫酸：挖沟疏导、土埋、用黄土吸附、用生石灰中和、用少量水冲洗，严禁火种。

④ 对污染区域进行处理：生石灰中和。

五、课后作业

(1) 问题探究：铜和浓硫酸反应后试管底部的灰白色固体，除了硫酸铜之外，还有哪些物质?

(2) 方法：查阅资料、教师指导、设计探究方案。

六、板书设计

板书内容如下：

$$\text{用途} \leftarrow \text{硫酸} \rightarrow \text{氧化性}\begin{cases} C + 2H_2SO_4\text{（浓）} \xlongequal{\triangle} CO_2\uparrow + 2SO_2\uparrow + 2H_2O \\ Cu + 2H_2SO_4\text{（浓）} \xlongequal{\triangle} CuSO_4 + SO_2\uparrow + 2H_2O \\ Fe\text{、}Al \xrightarrow{\text{冷、浓 } H_2SO_4} \text{钝化} \end{cases}$$

【案例 2.10】“二氧化碳的实验室制法”教学设计[14]

一、教学目标

学会自行归纳、整理思路的方法，使学生建立自信心，培养创新精神，并体验成功的快乐。使学生逐步掌握实验室制取二氧化碳的原理、实验装置和药品、收集和检验方法等。学会对比的方法以及了解物质的性质决定制法。

二、重点难点（略）

三、教学用具（略）

四、教学方法

探究式教学。

五、教学过程

[引课] 上课之前，大家一起做一次深呼吸。

[一步步设问] 刚才吸入了什么气体？(O_2)

吸入的氧气从哪里来？(空气中来)

[提出问题] 如果实验室中需要 O_2，能否从空气中直接获取？如不能，那应该怎样制取氧气？

[学生活动] 回顾实验室制取氧气的原理。课件提示选择气体制取装置和收集方法的依据，让学生根据所学知识在屏幕上选择合适的实验仪器。回顾实验室中制取氢气的原理、装置图和检验方法。

[课件交互显示] 实验室制氧气和氢气的原理、装置图和检验方法（图表略）。

[分析归纳] 通过对 O_2、H_2 制取方法的回顾，请同学们总结气体的实验室制法的思路和方法。

① 研究其实验室制法的化学反应原理。

② 研究制取该气体所采用的实验装置。

③ 研究如何检验制得气体为所要制的气体。

[师生活动] 再一次深呼吸。

[设问] 我们吸入了氧气，呼出了什么气体？(CO_2)

[提出问题] 由于人类、动植物的呼吸，以及煤等燃料的燃烧，空气中含有一定量的 CO_2。现在，我的问题是：如果实验室中需要 CO_2，能否从空气中直接获取？

[生答] 不能。

[设疑] 那实验室中应该怎样制取 CO_2 呢？这就是本节课我们要一起探讨的内容。

（续上表）

［讲述］根据实验室制取气体的思路、方法，我们来研究实验室制 CO_2 的方法。

［投影一］实验室制取二氧化碳的化学反应原理

在实验室里，我们选用大理石（或石灰石）和稀盐酸来制取二氧化碳

$CaCO_3 + 2HCl = CaCl_2 + H_2CO_3$

$H_2CO_3 = H_2O + CO_2\uparrow$（碳酸不稳定）

总的方程式是：$CaCO_3 + 2HCl = CaCl_2 + H_2O + CO_2\uparrow$

［投影二］实验室制取二氧化碳的装置

［学生观察］大理石、稀盐酸样品

［分析］反应物
- 大理石（$CaCO_3$）——固体
- 稀盐酸（HCl）——液体
- （固＋液——不需加热）

反应条件：常温下进行。

［启发］与制取什么气体类似？

［提问］根据实验室制取 CO_2 所用药品的状态、反应条件及气体的性质，应选用哪些仪器制取 CO_2？

［课件交互显示］课件中，多种实验仪器让学生选择。

［选择仪器，展示实物］结合实物和课件演示，让学生自己分析各种仪器的优劣，并最终作出合理选择。

反应装置：锥形瓶（或平底烧瓶）——装大理石

长颈漏斗——装盐酸

［启发］作为反应装置，大试管、圆底烧瓶等都可以。

［思考］为什么不能用普通漏斗？

［动画演示］用普通漏斗的后果，使学生理解使用长颈漏斗的原因。

［知识扩展］简介液封及其在生活中的运用。

［设问］制得了 CO_2 气体后，我们怎么收集它呢？

［分析］根据 CO_2 的溶解性和密度可知：CO_2 可溶于水——不能用排水法。相同状况下，CO_2 密度比空气大——可用向上排空气法收集。

［动画演示］向上排空气法收集 CO_2。

［投影三］实验室制取二氧化碳

（续上表）

[教师指导，学生分组操作]

1. 操作步骤

① 检查装置的气密性。

② 装药品（固体）、连接仪器。

③ 加入稀盐酸。

[提问] 怎样检验生成的气体是 CO_2 气体？

④ 用澄清石灰水检验生成的气体。

⑤ 收集气体。

⑥ 验满。

[思考] 怎么检验集气瓶中已装满 CO_2 气体？

[讲述] 通过用燃着的木条放在集气瓶口观察火焰是否熄灭来判断。

[进一步设问] 能不能将燃着的木条放入集气瓶内？

[动画演示] 不能用稀硫酸和大理石制备二氧化碳的原因。

2. 下面实验室制取二氧化碳的装置图有哪些错误？为什么？

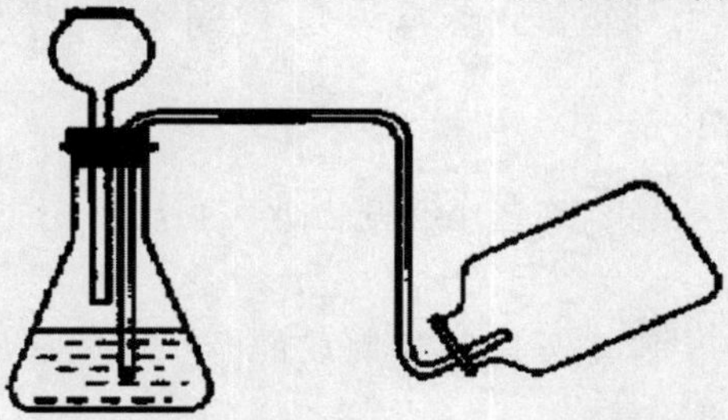

图 2－17 实验室制取二氧化碳装置图

[小结]（略）

[拓展] 介绍分液漏斗，并与长颈漏斗比较。

[启发] 对现有装置的缺点进行分析。（通过分析，使学生自发地萌生对现有装置进行改进的愿望）

[发散思维] 请同学设计制备二氧化碳的可随时反应或停止的装置。

（先让同学们思考，若能设计出合理方案，则对其进行点评。若没有合理的设计方案，可用课件展示两种具有代表性的方案，启发学生的思路。）

（提示一般思路：固动液不动，液动固不动；只要脑筋动，仪器任你用。）

[作业]

（1）P_{96} 第 3、5 题

（2）至少设计出一种制备二氧化碳的简易装置，并分析其可行性。（同时鼓励学生利用课外活动时间到实验室中根据自己的设计组装实验装置）

（3）研究性学习。

通过观察、查阅报刊资料、浏览互联网研究液封的原理及其应用。

【案例 2. 11】二氧化碳的实验室制法[15]

一、教学分析

二氧化碳的实验室制法是继氧气的实验室制法之后的又一气体制取方法，学生可以通过对高锰酸钾制氧气和双氧水制氧气实验室制法的比较、分析，自己动手进行实验，探究出二氧化碳的实验室制法，培养学生的科学探究能力。

二、教学目标（略）

二、重点难点（略）

三、教学用具（略）

四、教学方法

合作探究式教学。

五、教学过程

1. 创设情境，提出问题

师：请同学们看老师这里，我这里有一个馒头，现在把它掰开，你看到了什么现象呢?

生：有许多小孔。

师：请同学们猜一猜，这些小孔是由什么物质形成的?

生：二氧化碳。

师：二氧化碳在实验室里是如何制取的呢？这节课我们就来探究二氧化碳的实验室制法。

[板书] 二氧化碳的实验室制法

2. 合作探究，构建新知

师：首先，我们来探究二氧化碳实验室制法的原料，老师给同学们准备了一些药品，请同学们猜想实验室制取二氧化碳的原料可以有哪些药品组合呢？同学们看大屏幕：

碳酸钠粉末	块状石灰石
稀硫酸	稀盐酸

师：首先咱们从碳酸钠粉末入手，看有哪些药品组合呢？请同学们分组讨论一下。

生：(讨论)

师：请各小组派代表汇报一下你们的讨论结果。

生：(自由回答)

（续上表）

师：已有同学设计了4组药品，还有吗？

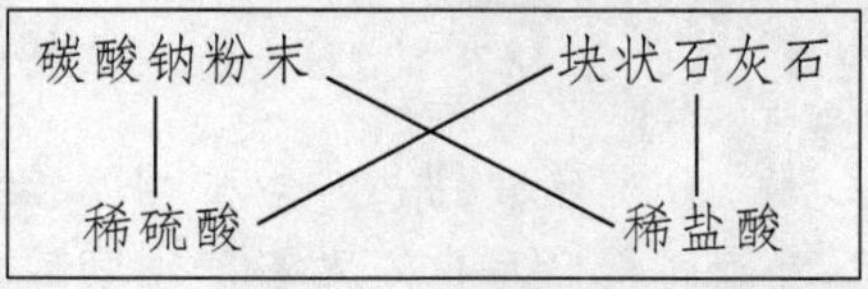

师：下面请同学们亲自动手进行实验探究，究竟哪一组药品会更适合实验室制备二氧化碳呢？

师：同学们做实验时要注意，每组4位同学做实验，其他同学观察并记录实验现象。所做实验要与试管标签一致。液体量应控制在2 mL左右，做完实验后，4支试管按顺序排好，观察比较实验现象。实验后试管内的药品先不要倒掉。下面开始实验。

生：（实验）

师：（巡视并指导）

师：这4组实验中你们分别看到了什么现象？

生：（自由回答）

师：你认为哪一组药品更适合实验室制取二氧化碳？先看1、2组。同学们讨论后回答。

生：（自由回答）

师：粉末状碳酸钠与稀硫酸、稀盐酸反应时的接触面积大，反应太快，不易收集。再来看3、4组，哪一组更合适呢？为什么？

生：（自由回答）

师：大理石和稀硫酸反应生成的硫酸钙微溶于水，附着在大理石表面，使大理石和稀硫酸隔绝，反应就停止。因此实验室制取二氧化碳的最佳原料是块状大理石和稀盐酸。

[板书] 原料

师：同学们再来看大屏幕，提示中我们提到大理石、石灰石的主要成分都是碳酸钙，因此制取二氧化碳的最佳原料是块状大理石或石灰石和稀盐酸。在这里我们强调用稀盐酸，能否用浓盐酸呢？

师：同学们看老师这里，这是一瓶浓盐酸，打开瓶盖，注意观察，瓶口形成白雾说明浓盐酸易挥发，挥发出的氯化氢气体有刺激性气味，如果我们用浓盐酸来制取二氧化碳，会造成什么后果呢？

生：制得的二氧化碳有刺激性气味，说明二氧化碳中混有氯化氢气体，不纯。

（续上表）

师：通过刚才的实验，你知道实验室制取二氧化碳的反应条件是怎样的呢？

生：常温。

［板书］条件

师：我们知道大理石或石灰石的主要成分是碳酸钙，与盐酸相互接触即开始反应，注意反应后生成了什么？下面请同学们写出石灰石和稀盐酸反应的化学表达式。请一位同学在黑板上写，其他同学在笔记本上写。

生：

［板书］$CaCO_3 + 2HCl \longrightarrow CaCl_2 + H_2O + CO_2\uparrow$

师：我们一起写出文字表达式。

［板书］碳酸钙＋盐酸——→氯化钙＋水＋二氧化碳

师：通过前面我们对氧气实验室制法的学习，同学们请思考，气体的发生装置是由什么决定的呢？

生：由反应物的状态和反应条件决定。

师：那我们实验室制二氧化碳的发生装置与我们学过的哪套装置相同呢？

生：发生装置同双氧水制氧气。

［板书］装置

师：你的理由是什么呢？

生：反应物为固体和液体，在常温下制气体。

师：下面老师给同学们提供了几种仪器，那么实验室制取二氧化碳应选择怎样的发生装置呢？我们看大屏幕：首先我们先来认识一下这些仪器（见图2－18）。

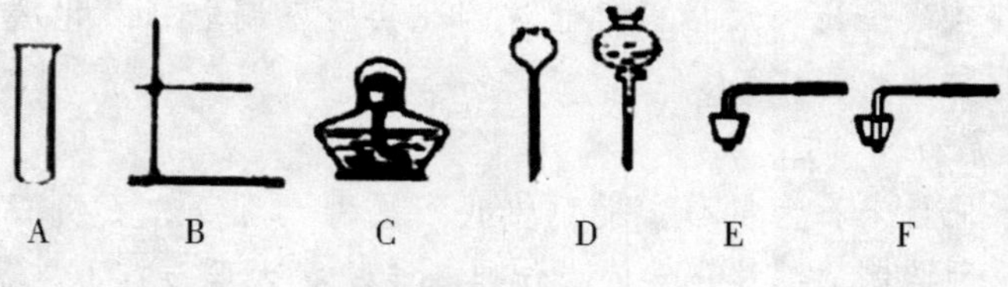

图2－18

认识仪器后，下面请同学们分组讨论，然后回答如果我们想用最简单的装置制备二氧化碳，应选择哪些仪器呢？

生：（分组讨论后自由回答）

师：（展示，见图2－19）

（续上表）

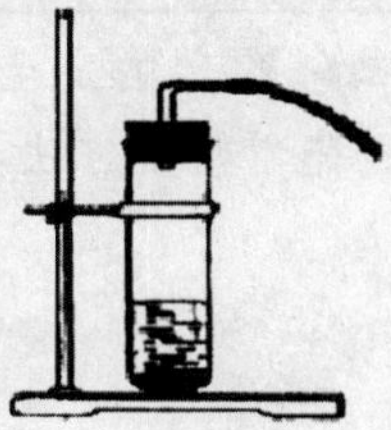

图 2－19

师：我们还可以用哪些仪器来代替试管作为反应容器呢？
生：烧瓶、锥形瓶。
师：如果我想随时添加液体应如何改进呢？
生：（自由回答）
师：（展示，见图 2－20）

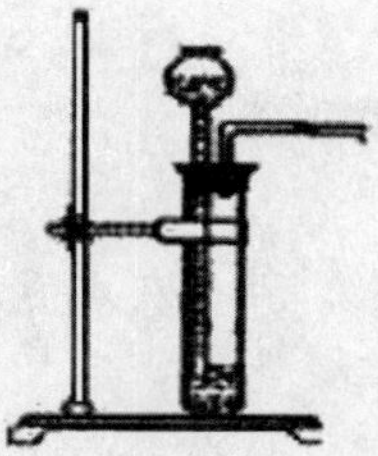

图 2－20

师：如果我们想随时控制反应的发生和停止，应如何改进呢？
生：（自由回答）
师：（展示，见图 2－21）

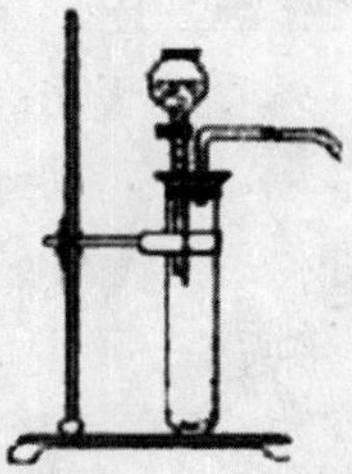

图 2－21

师：在日常生活中，可以用什么来代替分液漏斗呢？
生：注射器。

（续上表）

师：我们已经知道了制取二氧化碳的发生装置，接下来我们探究二氧化碳的收集、验满、检验方法。首先看收集方法。

[板书] 收集

生：用向上排空气法收集。

师：你的理由是什么呢？

生：二氧化碳能溶于水，而且密度大于空气。

师：同学们看大屏幕，如果我们用试管来收集，如何验满呢？

[板书] 验满

生：将燃着的木条放在试管口，若木条熄灭证明已收集满。

师：如果我把燃着的木条伸入到试管内，可以吗？为什么？

生：不可以。要想验满只能在管口检验。

师：使燃着的木条熄灭的气体一定是二氧化碳吗？

生：不一定，例如氮气。

师：那如何检验是否是二氧化碳气体呢？

[板书] 检验

生：将气体通入澄清石灰水，若石灰水变浑浊，则证明是二氧化碳。

师：也就是说检验是否是二氧化碳需用二氧化碳的特有性质。

师：好了，下面咱们就根据实验桌上的用品以最简单的装置为例，制取、收集、验满并检验二氧化碳。

先看大屏幕：请一位同学读一下。

温馨提示：实验室制取、收集、验满、检验二氧化碳的步骤：
① 检验装置的气密性；② 先装固体再装液体；③ 塞塞；
④ 固定；⑤ 收集；⑥ 验满；⑦ 检验。

师：在做实验之前，同学们先看桌面上，老师给你们准备了大试管、带导管的胶塞、带铁夹的铁架台、检查气密性的烧杯、用来收集气体的试管、用来检验气体的试管、澄清石灰水、块状石灰石、稀盐酸。块状石灰石取3～5块，稀盐酸浸没固体即可，开始实验。

生：（开始实验）

师：（巡视并指导）

3．迁移应用，解决问题

师：刚才我们已经知道$CaCO_3$和Na_2CO_3都能与稀盐酸反应产生二氧化碳，实际上$CaCO_3$、Na_2CO_3除了能与稀盐酸反应外还能与其他酸反应产生二氧化碳。

（续上表）

而 Na_2CO_3 就是我们平时做馒头用的纯碱，面团发酵后部分产生酸与纯碱反应就能生成二氧化碳，所以馒头里会有许多小孔。

4. 归纳总结，心中有数

师：好了，本节课的知识已经学完了，通过本节课的学习，你有哪些收获呢？你可以从知识、实验操作、探究能力方面回答。

生：（自由回答）

5. 拓宽视野，培养能力

师：为了拓宽同学们的视野，老师特设了实践活动与探究。我们家水壶中的水垢主要成分是什么呢？我们又如何除去它呢？请同学们课后查阅资料或上网检索，下节课我们一起来交流好吗？下课！

【案例 2.12】“盐类的水解”探究式教学设计[16]

一、教学内容设计

本节主要内容有盐类水解的概念、规律，以及盐类水解的应用。在教师指导下学生亲自进行探究式的实验与分析，深入理解盐类水解的概念和意义。因为在学习盐类水解之前，学生已经学习了化学反应速率、化学平衡、强电解质和弱电解质、弱电解质的电离、水的电离和溶液的酸碱性等内容。在此基础上，依靠探究式学习，其认知结构完全可能通过同化和顺应达到新的平衡。

二、教学目标设计

1. 知识技能

使学生认识盐类水解的原理，能归纳出影响盐类水解的主要因素，进而举例说明盐类水解在生产和生活中的应用。

2. 过程与方法

（1）学生通过对探究学习过程中实验现象的观察、讨论、归纳、呈现，培养实验观察能力、对实验现象的描述能力和使用化学术语的技能；通过对实验现象的整理、分析、推理、归纳，从中培养实验分析能力和实验探究能力。

（2）学生通过对盐类水解的学习，体验到探究学习的过程，理解探究学习的意义，认识探究学习的基本过程与方法，初步形成探究学习的能力。

3. 情感、态度和价值观

（1）学生通过探究盐类水解的奥妙，发展学习化学的兴趣与热情，体验

（续上表）

探究学习的艰辛与喜悦，感受化学世界的奇妙与和谐。

(2) 在分组实验中培养合作学习的能力，学会欣赏和评价他人，学会与他人分享感受，体验与他人交流的重要性。

三、教学过程设计

1. 设置阶梯式问题，对学生进行探究思路引导

问题1：酸的溶液显酸性，碱的溶液显碱性，那么反过来，显酸性的溶液一定是酸的溶液吗？显碱性的溶液一定是碱的溶液吗？

问题2：盐的溶液是否显中性呢？

问题3：要证明盐的溶液是否显中性，最好的办法是什么？

问题4：试总结盐的水溶液的酸碱性和形成盐的酸和碱的强弱的关系。

2. 学生实验

测定并记录下列盐溶液的酸碱性（pH值）：

$NaCl$、Na_2CO_3、NH_4Cl、$NaHCO_3$、CH_3COONa、$(NH_4)_2SO_4$

3. 学生汇报实验结果，师生共同探究

从实验结果可知，盐的溶液不一定显中性，这与学生的认识产生冲突，激发了学生的好奇心和探究欲望。教师可提示学生从已有认识结构中提取相关知识，如水的电离、弱电解质、化学平衡和离子反应条件等来积极地思考，让学生逐一分析上述盐溶液酸碱性产生的原因，并根据形成盐的酸和碱的强弱将上述盐分类，进而学会判断盐的水溶液的酸碱性，如 Na_2CO_3 为强碱弱酸盐，其水溶液呈碱性；而 $(NH_4)_2SO_4$ 为强酸弱碱盐，其水溶液呈酸性。

4. 得出结论

根据实验和分析，得出盐类水解概念的核心：盐与水发生作用，盐的水溶液的酸碱性是由形成盐的酸和碱的强弱决定的。

5. 提出问题，引导学生进一步实验探究

问题1：比较同温同浓度 NaF，CH_3COONa，$NaCN$ 三种溶液的 pH 值大小，相同吗？为什么？

问题2：加热 CH_3COONa 溶液，随温度升高溶液的 pH 值会变化吗？为什么？

问题3：实验室配制 $FeCl_3$ 时需加入一些 HCl，这是基于什么原理，为什么？

问题4：提纯混有少量铁盐的无机盐时，常采用升高温度的方法，这是为什么？

6. 学生活动

学生组成课堂学习小组进行实验讨论、交流，初步了解探究学习的步骤，

（续上表）

建立探究学习的模式。在活动中注意培养学生团结协作的精神，让他们学会倾听他人意见、欣赏和鼓励他人。

7. 引导学生归纳、总结，得出结论

分析并归纳出上述各个问题的原因，指出这些因素对盐的水解有何影响。要求各组选出一名同学用简洁的语言总结出盐类水解的规律和影响因素：生成盐的弱酸或弱碱愈弱，盐的水解程度愈大，另外，温度、浓度等外界因素也能影响盐的水解。

8. 设置新问题，引导学生深入探究，培养其迁移能力

所谓迁移，是指学生通过发散性思维，对已有知识进行扩展和延伸，从而达到一个新的高度的过程。

问题1：在实验室里如何配制 Na_2S 溶液?

问题2：推测等浓度的 Na_2CO_3 和 $NaHCO_3$ 溶液 pH 值的相对大小，并说明原因。

问题3：试分析 $MgCl_2 \cdot 6H_2O$ 和 $MgSO_4 \cdot 7H_2O$ 晶体受热后的产物，并说明原因。

问题4：试解释明矾［$KAl(SO_4)_2 \cdot 12H_2O$］能够吸附水中的杂质，可以作为净水剂使用的原因。

学生若能在新的情景中解决问题，即学会了迁移，对盐类水解的应用就有了较深的理解，进而对盐类水解的概念、规律和影响因素形成较为完整的认知结构。

9. 结合生产和生活实际，提出问题

问题1：用纯碱洗涤油污物品时，为什么热的碱水去污效果更好?

问题2：医院里治疗胃酸过多的病人时，为什么常用小苏打（主要成分是 $NaHCO_3$)?

问题3：在给农作物施肥时，铵态氮肥能与草木灰（主要成分是 K_2CO_3）同时使用吗?

问题4：泡沫灭火器里装有 $Al_2(SO_4)_3$ 和 $NaHCO_3$ 的饱和溶液，那么利用泡沫灭火器是如何把火熄灭的?

结合实际，提出问题，这样可以使学生感受到盐类的水解和我们的生活息息相关，更增加了学习的浓厚兴趣。教师及时引导学生进行思考，得出答案，培养他们运用知识解决生活中现实问题的能力。

（续上表）

四、教学反思

在探究学习过程中，教师的组织和指导作用是不可或缺的，教师要在探究活动策略与方法的制定方面起到启发、指导、示范和咨询的作用；在探究活动的组织中起主导作用；在活动的操作层面上起示范作用；在学习活动过程和评价方面发挥指导作用，在学生感受到自主学习的适度兴奋基础上，引导学生有效地参与探究学习活动。

因此，在本节课的教学设计中，教师要及时进行提示和引导，避免学生盲目重复的探究，既节省时间，又能完善学生的认知结构。

例如，在本节课的教学设计中，如果不进行探究思路引导，学生从简单的实验现象（几种盐溶液的 pH 值）就很难得出盐类水解的概念。又如，在进行盐类水解的规律和影响因素的探究时，教师可以及时提供 HF、CH_3COOH、HCN 溶液酸性强弱的资料等。

另外，还要意识到学生个体之间的差异及基础的不同，对于一些学生可能很容易就完成的学习过程，对另一些学生可能就会相对困难。因此，不能千篇一律地要求所有的学生都能按时完成这种探究式学习的过程，必要时还要对他们进行额外讲解。

当然，探究性学习的形式是多种多样的，本节只是在这方面的初步尝试。在今后的教学中，我们要不断完善，使学生的科学素养不断提高。

【案例 2. 13】氯气——多媒体教学设计[17]

一、设计目的

通过多媒体计算机方便、灵活、快捷的图文声像显示功能，以及演示实验的真实场景，充分发挥教师的主导作用。

充分利用计算机多媒体丰富而强大的表现力，最大限度地激发学生的学习兴趣，增强其学习的主动性，从而提高学习效果。

二、教学目标

（1）了解氯气的物理性质和用途；了解氯气的化学性质，掌握由其结构推测性质的学习方法。

（2）通过教学“氯气与水的反应”（氯水的组成教学），培养学生分析问题、解决问题的能力和创造性思维。

（3）培养学生热爱生活、爱好和平的思想情感。

（续上表）

三、教学重点

氯气的化学性质。

四、教学手段

讲授、演示实验，运用多媒体计算机及大屏幕投影设备。

五、教学准备

教师制作多媒体课件、准备实验用品、印发课堂练习及课后学习反馈。

学生做好适当的预习。

六、教学过程

[导入] 俗话说“物以类聚，人以群分”。同样，在我们学习研究的化学元素之间也存在着类似的现象，例如……

[多媒体投影] 展示氟、氯、溴、碘、砹原子结构示意图，让学生观察、寻找它们的共同之处，然后讨论回答。

[讲解] 它们的电子层最外层都有7个电子，表明它们在参与化学反应时都易得到1个电子而达到稳定结构（8个电子），我们把氟、氯、溴、碘、砹五种元素称为卤族元素，简称卤素。其中，砹是放射性元素，在自然界不能稳定存在，在中学阶段暂不讨论。在这一节课里，我们首先学习氯气的性质和用途，进而通过氟、溴、碘与氯气性质的比较研究卤素结构和它们在性质上的相似性与递变性。

[板书] 第一节　氯气（第一讲）

[多媒体投影] 德国化学家哈伯头像。

[播放录音] 有关哈伯发明合成氨为人类作出巨大贡献、同时又开创毒气（氯气）战先河而受到人们谴责的资料。要求学生听录音、看图像，回答问题。

[多媒体投影]（1）谈一谈听完资料后的感受。

（2）掌握先进科学技术的人应为人类做些什么？

（3）通过前面的学习，你了解了氯气的哪些物理性质？

学生充分讨论后总结出氯气的物理性质。

[板书] 一、氯气的物理性质

[引导] 氯原子最外层有7个电子，在参与化学反应时易得到1个电子而达到8个电子的稳定结构，因此表现出非常活泼的化学性质，请根据学过的知识进行推测：氯气可与哪些物质发生化学反应？

[板书] 二、氯气的化学性质

（续上表）

推测一：氯气可与金属发生反应？

［实验］① $Cl_2 + 2Na = 2NaCl$

② $Cl_2 + Cu = CuCl_2$

观察实验现象，重新定义“燃烧”的概念。

推测二：氯气可与某些非金属反应？

［实验］① $Cl_2 + H_2 = 2HCl$

② $3Cl_2 + 2P = 2PCl_3$　$Cl_2 + PCl_3 = PCl_5$

通过实验验证学生的推测，当学生的推测被验证是正确的之后，伴随着轻快的音乐，上述疑问句变为肯定句，并有一个快乐的小人头出现。

推测提示：氯气与水可以反应吗？

［介绍实验用品及方法］（略）

［投影显示实验］在培养皿的下盖中加入25 mL品红溶液，取0.2 g固体高锰酸钾置于表面皿中，表面皿置于培养皿下盖中，迅速加入1 mL盐酸后立即盖上培养皿的上盖，将反应装置放在投影仪上。30秒钟左右，品红溶液的颜色即可褪去。

［对比试验］把干燥的品红固体投入盛有氯气的集气瓶中，品红不褪色。

学生讨论上述两个实验，推测氯水的组成，并用实验加以验证。

［学生实验］（1）用石蕊试剂检验氯水的酸碱性。

（2）加入硝酸银溶液确定盐酸的存在。

［分析］既然氯分子、盐酸、水分子都没有漂白作用，那么氯水里必然有一种具有漂白作用的新物质，这种物质就是次氯酸。

$Cl_2 + H_2O = HCl + HClO$

［介绍］次氯酸及其漂白作用。

［小结］氯水的组成（与液氯相对比）。

［启发学生］通过氯水的组成结构，分步写出氯气与碱溶液的化学反应方程式，然后加以总结。

$2Cl_2 + 2Ca(OH)_2 = CaCl_2 + Ca(ClO)_2 + 2H_2O$

［简介］漂白粉的成分、有效成分及漂白原理。

本节总结（略）

课堂练习（略）

课后作业（略）

【案例2.14】探究“烟酒不分家”的危害[18]

一、教学目标

（1）了解香烟中的有毒物质。

（2）学会通过设计实验检验香烟中的一些有毒物质并探究其对人体的危害。

（3）体验科学探究过程。

（4）通过对香烟烟雾中有毒物质的检验，认识到吸烟对人体的危害，增强健康意识、卫生意识和环保意识。

二、相关材料

1. 背景材料

香烟烟雾中含有2 000多种有毒物质，其中致癌的有40多种。香烟烟雾中的尼古丁、醛类、CO等有毒物质含量较高，对人体危害很大。尼古丁易被酒精吸收，并随酒精进入人体血液中，使血液变褐色；CO与人体血液中的血红蛋白结合成一氧化碳血红蛋白，使血液失去输氧能力，血液颜色变暗红色或深褐色，并导致人体各器官组织缺氧，造成中毒。

参考资源：中国吸烟与健康网，http：//www. cash - prc. com（2003/07）

中学应用化学网，http：//yyhx. my163. com（2003/07）

2. 实验材料

仪器：六孔井穴板、九孔井穴板（如图2－22）、尖嘴玻璃管、洗耳球、胶管、多用滴管。

药品：95%酒精，鲜鸡血（或其他动物血），$HgCl_2$（0.1 mol/L），蒸馏水，香烟（或烟叶）。

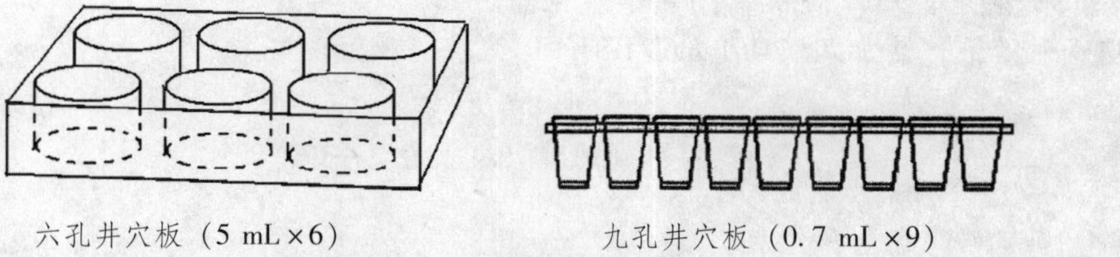

六孔井穴板（5 mL×6）　　　　九孔井穴板（0.7 mL×9）

图2－22　井穴板

三、探究过程

1. 情境创设与问题提出

研究资料表明，口腔癌患者有70%与吸烟和喝酒双管齐下有关。还有调

（续上表）

查表明，既喝酒又抽烟的人致癌的概率比单独喝酒或抽烟的人高15倍。医生（或书刊杂志）经常提醒“烟民”：喝酒时不要抽烟，这是为什么呢？

2. 查阅资料

通过查阅资料或咨询有关人士，了解到：

（1）香烟烟雾中含有尼古丁、CO、醛类等物质。

（2）尼古丁易被酒精吸收，并随酒精进入人体血液，使人致癌。

（3）CO易与人体的血红蛋白结合，使血液输氧能力减弱或丧失，血液含氧量少，血色变暗，造成人体器官组织缺氧，吸入一定量的CO，会感到头痛、恶心、记忆力衰退，多量则导致窒息死亡。

（4）尼古丁可使用$HgCl_2$溶液检验，可使$HgCl_2$溶液生成白色沉淀。

3. 实验步骤

（1）如图2－23所示，分别在4#、5#、6#、3#、2#、1#中注入2～3 mL的血液、血液＋酒精（稍稀）（1∶1）、蒸馏水、蒸馏水＋酒精（稍稀）（1∶1）、蒸馏水、血液，用细乳胶管将4#、5#、6#、3#井穴连接起来。

（2）将点燃的香烟插入尖嘴玻璃管中，并将玻璃管尖嘴用细乳胶管连接固定在4#井穴板盖长导管口上，用洗耳球在3#井穴板盖上的短管口缓慢吸气，注意观察并记录实验现象，以及此时香烟的消耗量。

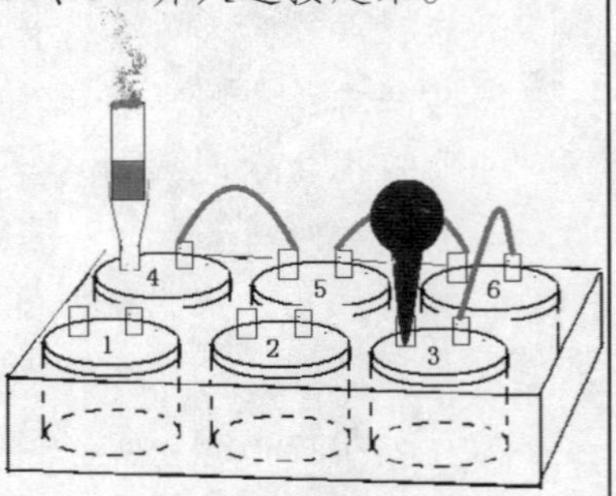

图2－23　反应装置示意图

（3）取4～5滴3#中实验后酒精溶液于九孔井穴板中，滴加几滴0.1 mol/L $HgCl_2$溶液，观察现象。

（4）将已抽过的香烟过滤嘴分别投入2 mL蒸馏水、95%酒精中，观察现象。分别取两种溶液，滴加几滴0.1 mol/L $HgCl_2$溶液，观察现象。

4. 现象记录

（1）步骤（2）中，把观察到的现象填入表2－12。

表2－12

井穴	4#	5#	6#	3#
溶液	血液	血液＋酒精	蒸馏水	蒸馏水＋酒精
现象	鲜血变暗红色	鲜血变暗红色	无明显变化	溶液变黄褐色

（续上表）

（2）步骤（3）中，酒精溶液滴加 $HgCl_2$ 溶液后，现象：溶液变混浊。

（3）步骤（4）中，观察到蒸馏水无明显变化，酒精溶液变黄，取此酒精溶液滴加 $HgCl_2$，现象：溶液变混浊。

5. 结论与解释

从上述实验中，你所作出的结论和解释是① 香烟烟雾中有尼古丁、CO 等有毒物质；② 尼古丁易被酒精吸收，喝酒时吸烟，尼古丁随酒精进入人体，更易致癌；③ 烟中的滤嘴在一定程度上可以滤掉部分有毒物质或减少有毒物质对人体的侵害；④ CO 有毒，吸入人体后，使人体的输氧能力下降，从而缺氧导致各种疾病，甚至死亡。

6. 思考与讨论

（1）还可以用什么方法检验香烟烟雾中是否含 CO?

（2）香烟烟雾中还含有其他有害物质吗?

（3）查阅相关报纸杂志、上网检索或向有关人员（如医生）咨询，了解香烟的危害，并把所了解到的和周围同学交流。

四、活动建议

（1）实验需用鲜鸡血（或其他动物血），可在鸡血中加入少量 5% 的柠檬酸钠溶液防止鸡血结块。

（2）实验前需检查装置气密性。

（3）当使用不同牌子的香烟进行实验时，香烟的消耗量有所不同，可以用此进行不同品牌香烟质量的粗略比较和评估，还可用旱烟代替香烟进行实验。

（4）香烟烟雾和醛类物质的检验可用银氨溶液［或新制的 $Cu(OH)_2$］。

（5）在步骤（3）、（4）中滴加 $HgCl_2$ 溶液时通常现象不是很明显，可能是由于溶液中溶解的烟雾成分（主要是尼古丁）的量不够，或 $HgCl_2$ 的浓度过稀，实验中可根据具体情况进行调整。

第三章　中学化学经典实验及演讲练习

第一节　氧气的氯酸钾制法和性质实验[19~20]

一、实验目的

（1）初步探索 $KClO_3$ 制取氧气中 MnO_2 和 $KClO_3$ 的最佳质量比。

（2）熟练掌握 $KClO_3$ 制取和收集氧气的规范操作和注意事项。

（3）学习氧气制取及其化学性质演示实验的讲解方法。

二、实验原理

实验室通常用以下两种方法来制取氧气：

（1）用高锰酸钾法或氯酸钾法制氧气。

$$2KMnO_4 \xlongequal{\triangle} K_2MnO_4 + MnO_2 + O_2\uparrow$$

$$2KClO_3 \xlongequal[\triangle]{MnO_2} 2KCl + 3O_2\uparrow$$

MnO_2 在反应中作催化剂。

采用的装置：固体加热制气体，如图 3－1。

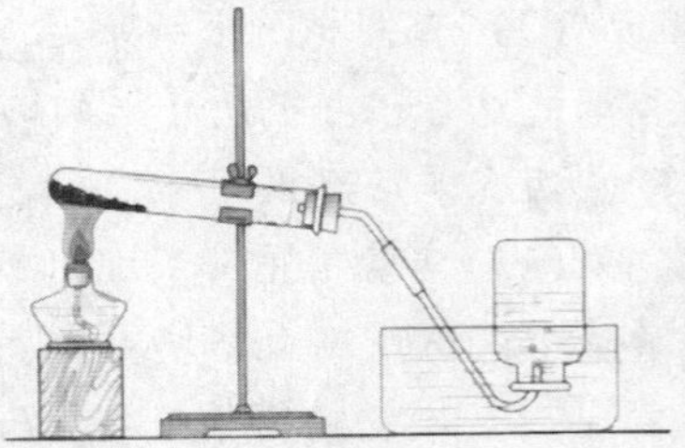

图 3－1

（2）用过氧化氢法制氧气。

$$2H_2O_2 \xlongequal{MnO_2} 2H_2O + O_2\uparrow$$

采用的装置：液体不加热制气体，如图 3－2。

本实验采用氯酸钾法制氧气。

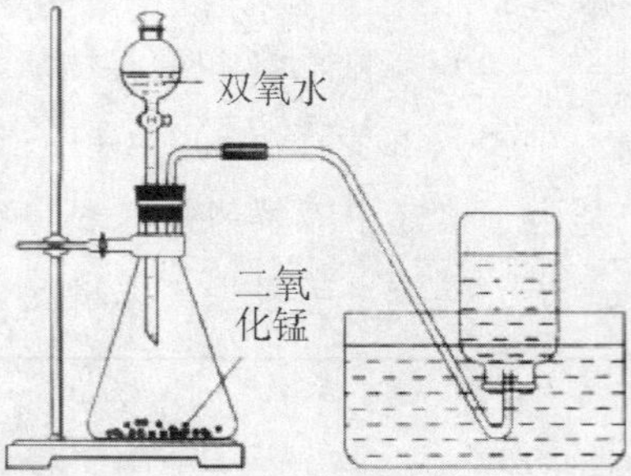

图 3－2

三、实验用品

$KClO_3$（A. R.）、5% 过氧化氢溶液、MnO_2（分析纯）、石灰水、木炭、细铁丝。

试管（20 mm × 200 mm，附单孔橡皮塞和导气管）1 支，试管（15 mm × 180 mm）4 支，试管夹（木制）1 个，试管架（12 孔）1 个，集气瓶（125 mL，附毛玻璃片）10 只，铁架台（附铁夹、十字夹）1 个，燃烧匙 1 根、玻璃水槽（外径 140 mm）1 个，表面皿（Φ70 mm）6 个，尖嘴导管（长 20 mm）1 根，研钵（内径 90 mm）1 个，台秤 1 台，火柴 1 盒，木条 1 根，抹布 1 块。

四、实验步骤

1. 通过实验确定 MnO_2 和 $KClO_3$ 的最佳质量比

① 如图 3-1 所示连接好装置，检验装置的气密性（如何检查）。

② 在序号为 1~6 的 6 个干燥而洁净的表面皿（或塑料薄膜）中，用台称分别称取 MnO_2（事先在蒸发皿内焙烧处理过）6.0、3.0、2.0、1.2、0.6、0.3 g，并分别加入 $KClO_3$（事先已在研钵或在光洁的塑料薄膜纸片上用角匙轻轻压碎）6.0 g，用玻璃棒慢慢搅拌。再逐一用角匙（或光洁的凹形纸条）装入大试管中（20 mm×200 mm），按图 3-1 把仪器装置连接好后，加热试管中的混合物，用排水法收集气体至 125 mL 的集气瓶中，并测定收集到 O_2 的总瓶数。

表 3-1 $KClO_3$ 6 g 加 MnO_2 x g 催化剂加热制氧测试记录

#	MnO_2 (g)	MnO_2/$KClO_3$	实验效果			
			产 O_2 起始时间	产 O_2 结束时间	产 O_2 速度是否均匀	O_2 产量／瓶
1	6.0	1/1				
2	3.0	1/2				
3	2.0	1/3				
4	1.2	1/5				
5	0.6	1/10				
6	0.3	1/20				

【思考】MnO_2/ $KClO_3$ =？适宜于教师的准备实验；MnO_2/ $KClO_3$ =？适宜于教师演示实验；MnO_2/ $KClO_3$ =？适宜于学生实验。

2. 实验二氧化锰的催化作用 I

在一支干燥而洁净的试管（15 mm×180 mm）中，加入少量氯酸钾，用试管夹夹住在灯焰上加热，并随时用带有火星的木条检验是否有氧气释放。

另取一支干燥而洁净的试管，先加入少量氯酸钾，用试管夹夹住置灯焰中加热至正好熔化。用带着火星的木条插入试管中，可观察到木条并不复燃，或稍有复燃，这时把试管移离火焰，迅速加入少量 MnO_2，再用带火星的木条插入试管之中。

从上面三个实验，概括出用氯酸钾制取氧气时 MnO_2 的作用。

3. 实验二氧化锰的催化作用Ⅱ

① 在一支试管中加入5 mL 5%的过氧化氢溶液，把带火星的木条伸入试管，木条是否复燃?

② 微微加热装有过氧化氢溶液的试管，有什么现象发生？把带火星的木条伸入试管，观察发生的现象。

③ 在另一支试管中加入5 mL 5%的过氧化氢溶液，并加入少量MnO_2，把带火星的木条伸入试管，观察发生的现象。

④ 待实验③的试管中没有气泡时，重新加入1 mL 5%的过氧化氢溶液，观察发生的现象。如果再次加入过氧化氢溶液，又有何现象?

表3-2

实验编号	现象	原因
①		
②		
③		
④		

结论：________________________________。

4. 用氯酸钾制取O_2

用干燥而洁净的表面皿（或塑料薄膜），在台秤上称取氯酸钾6 g（倒入研钵或倒在光洁的塑料薄膜纸片上，用角匙轻轻压碎）和MnO_2 2 g（事先在蒸发皿内焙烧处理过），倒入研钵里用玻璃棒搅匀。用角匙（或光洁的凹形纸条）装入大试管中（20 mm×200 mm），按图3-1把仪器装置好后，加热试管中的混合物，用排水法收集3瓶氧气待用。

【思考】其间哪些问题在演示时应引导中学生进行观察、讨论，哪些问题应作解释和给出结论?

5. 木炭在氧气里燃烧

把一小块木炭放在燃烧匙里，加热到发红，然后连木炭带燃烧匙伸入盛有氧气的集气瓶中，观察现象。等燃烧停止后，立即向瓶内倒入一些澄清石灰水，振荡后，观察现象（见图3-3）。

图3-3 木炭在氧气里燃烧

6. 铁在氧气里燃烧

把细铁丝用砂纸擦亮，然后绕成螺旋状，一端系在燃烧匙的柄上，另一端系在一根火柴上，点燃火柴，待火柴梗快要烧完时，立即连同燃烧匙伸进盛有氧气的集气瓶里（瓶底垫一张湿润的马粪纸或放一层细沙），观察现象（见图3－4）。

图3－4　铁在氧气里燃烧实验

【思考】其间哪些问题在演示时应引导中学生进行观察、讨论，哪些问题应作解释和给出结论？

五、注意事项

1．氧气的制取

（1）$KClO_3$ 单独加热在 365 ℃时熔化，约在 380 ℃时分解生成 $KClO_4$、KCl 和 O_2，继续加热至 400 °C 以上时，$KClO_4$ 分解为 KCl 和 O_2。而在有催化剂 MnO_2 存在的条件下，$KClO_3$ 加热至 240 ℃即可分解出 O_2。用 $KClO_3$ 和 MnO_2 的混合物制取 O_2，在用排水法集气的瓶中常有刺激性气味并出现白色的烟雾。经静置，水或稀 NaOH 溶液洗涤及缓慢加热反应物，控制产生 O_2 速率，即可除去。产生此现象的原因可能是少量的 Cl_2 和 KCl 小颗粒及未被分解的 $KClO_3$ 所致。

（2）$KClO_3$ 是一种强氧化剂，使用时切记如下注意事项：

① $KClO_3$、MnO_2 和 $KMnO_4$ 中若含有可燃物，在高温加热时会出现事故。因此，在使用前要进行检查。其方法是：取少量药品放入洁净试管中加热，如果发现有火星出现，证明这种药品是不纯净的，不可使用。若要使用，必须提纯。$KClO_3$ 可通过重结晶的办法，MnO_2 可灼烧。

② 称量时要用干净的表面皿（或塑料薄膜片），而不能用一般的纸。

③ 研细粗大的 $KClO_3$ 晶体时，可放在干净的瓷研钵中用杵慢慢压碎，不可研磨，或把 $KClO_3$ 晶体放在硫酸纸上，用广口瓶滚研。

④ 市售的 MnO_2 可事先放在蒸发皿中灼烧，以除去可能含有的可燃性杂质。

⑤ 将 MnO_2 加入混合时，可用玻璃棒慢慢搅和，切忌混研。

（3）研究表明，几乎一切金属氧化物如 PbO_2、CuO、MgO、MnO_2、Fe_2O_3、Al_2O_3、Cr_2O_3 等对 $KClO_3$ 的热分解都具有催化作用，其中 MnO_2 的催化性能最好。本实验加热 6 g $KClO_3$，大约可收集 1 200 ～ 1 600 mL 的 O_2（理论上 25 ℃时可收集 1 796 mL）。

① MnO_2 用量少时，催化剂和 $KClO_3$ 的接触面积太小，不到高温难以生成 O_2。一旦开始生成 O_2 就会急剧反应且生成速度很不均匀，教学上采用这种比例，则开始时耗费了较多的等待时间，之后又紧张得来不及收集，显然不适宜。

② MnO_2 用量过多时，虽然 O_2 较早产生且速度也较均匀，但收气时间过长，也不理想。

③ 研究表明，MnO_2 的用量和 $KClO_3$ 的质量比在（1∶3）～（1∶6）之间选择较为合适。当催化剂 MnO_2 的用量是 $KClO_3$ 用量的 1/3 时，分解速率最快，适

宜于教师的准备实验；当催化剂 MnO_2 的用量是 $KClO_3$ 用量的 1/4 时，分解速率适中，适宜于教师的演示实验；当催化剂 MnO_2 的用量是 $KClO_3$ 用量的 1/6 时，分解速率较慢，便于学生操作，适宜于学生探究实验。

（4）$KClO_3$ 制取氧气的实验步骤：查→装→定→点→收→离→熄（谐音记忆"茶庄定点收利息"），即：

① 检查装置的气密性（简单装置的气密性检验，主要有加热法、加压法等）。

② 装药品（$KClO_3$ 和 MnO_2 的混合物要平铺在试管里，不要堆积在试管的底部，防止气流冲散固体粉末）。

③ 倾斜固定试管（试管口略向下倾斜，使其低于试管底部，防止加热时固体试剂所吸附的水释放出来产生倒流，致使试管骤然受冷而破裂）。

④ 点燃酒精灯，先预热试管，再对准药品加热（先均匀预热试管，然后集中在试管的中下部加热，随着反应的进行，最后把灯焰渐移向试管底部中间有混合物的部位，这样可防止熔融的氯酸钾流淌。用加热的温度来控制气体产生的速度）。

⑤ 用排水法收集氧气（导气管口开始时放出的气泡的主要成分是空气，不宜收集，让其排尽。只有当出现连续均匀的气泡时方可收集；当集气瓶口冒出第一个气泡时，表示已集满 O_2，这时用毛玻璃片盖住瓶口，移出水面）。

⑥ 实验结束后，一定要先把导管移出水面后再熄灭酒精灯（防止倒吸）。

2. 氧气性质实验的注意事项

（1）在集气瓶内做燃烧实验时，一般应将燃烧物从瓶口慢慢伸向瓶中央，以充分利用全部气体，延长燃烧时间，同时也避免集气瓶局部受热炸裂。为此，燃烧匙杆上应穿一个铁片或硬纸片，这样燃烧匙伸进集气瓶时盖子自动盖上，以减少氧气外逸。

（2）做铁丝燃烧实验时，集气瓶底必须垫一张湿润的马粪纸或放一层湿的沙。若仅在集气瓶里面装少量的水，瓶底仍可能会破裂。因为生成的四氧化三铁温度很高，落到水中后即被一层传热性很差的水蒸气所包围。落到瓶底时，仍处于高温熔化状态，它会黏在瓶底，使瓶破裂。铁丝燃烧时，一定待火柴梗烧至只剩火星时方可将铁丝伸进集气瓶内，否则一部分氧气要消耗在火柴梗的燃烧上。

六、思考与作业

（1）制取 O_2 有哪几种方法，其中最适合学生做的方法是哪种？为什么？

（2）用 $KClO_3$ 制 O_2 时，容易发生哪些事故？如何防止这些事故的发生？

（3）结合中学化学课本，写出"氧气的制法和性质实验"化学实验教学设计文稿并在组内试讲。

第二节 氢气的制取与性质实验[21~22]

一、实验目的

(1) 理解实验室制取氢气的原理。

(2) 掌握氢气性质实验的操作技能。

(3) 探究氢气制取及其产物检验。

(4) 学习氢气的制取及其性质实验的讲解方法。

二、实验原理

制取氢气的方法有很多种，常见的有电解水制取氢气，生产水煤气，利用金属和酸反应等方法。

电解水的反应原理是：$2H_2O \xlongequal{\text{通电}} O_2\uparrow + 2H_2\uparrow$，因为 H^+ 是阳离子，所以被负极吸引，O^{2-} 是阴离子，被正极吸引，生成氢气和氧气。

水煤气法一般用于工业上氢气的大量生产。

实验室制取氢气通常用锌粒与稀硫酸（1∶4）反应制得。其反应原理是：$Zn + H_2SO_4 \xlongequal{} ZnSO_4 + H_2\uparrow$

三、实验用品

锌粒与稀硫酸（1∶4），细铜丝或细铁丝若干。

长颈漏斗 1 个，大试管 1 支（内带有孔塑料板），玻璃导管、橡皮管、橡皮塞、弹簧夹若干，玻璃水槽（外径 140 mm）1 个，酒精灯、干燥管、尖嘴玻璃导管、烧杯、试管、铁架台（附铁夹、十字夹）各 1 个，试管架（12 孔）1 个，火柴 1 盒，抹布 1 块。

四、实验步骤

图 3－5

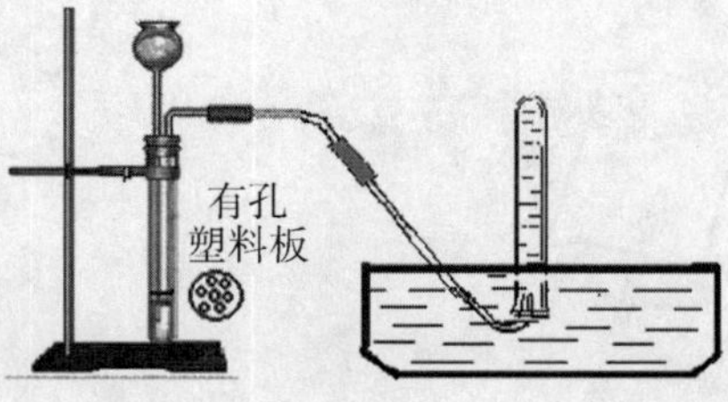

图 3－6

1. 检查装置的气密性

如图 3－5 所示，将反应装置的导管浸入水里，用手掌贴试管的外壁（或用酒精灯微热），如果装置不漏气，容器里的空气受热膨胀，导管口就有气泡逸出；待容器冷却后，又会有水升到导管内形成一段水柱；若装置漏气，则不会有气泡冒出。

2. 添加药品

往大试管中小心加入适量的锌粒和随意曲折的铜丝（两者均要分布在有孔塑料板上），再往玻璃水槽里注入适量的水。

3. 连接装置

如图 3－6 所示，连接好装置。往长颈漏斗中加入适量的稀硫酸，直到稀硫酸没过锌粒。

【思考】观察以上装置图，说明反应装置的使用原理。

4. 检验气体纯度

当产生氢气速度较快时，先用拇指堵住试管 2～3 分钟，然后再将试管移至燃着的酒精灯旁，如果氢气不纯净，就能听到尖锐的爆鸣声；如果氢气纯净，可观察到蓝色火焰，过一会儿，才能听到爆鸣声。

5. 收集气体

当检验氢气纯净后，可进行氢气的收集。

6. 反应产物的验证

把反应后的液体滴一滴到玻璃片上，掂起一角，使液滴向周围滚动，再将玻璃片反转，用试管夹小心夹住，放在酒精灯外焰上来回烘烤，半分钟后即可看到玻璃片上出现白色的硫酸锌晶体。

【思考】为什么不将反应后的液体倒入蒸发皿，直接加热蒸发？两种方法相比之下有什么优缺点？

五、氢气的性质实验

图 3－7　氢气在空气中燃烧实验装置

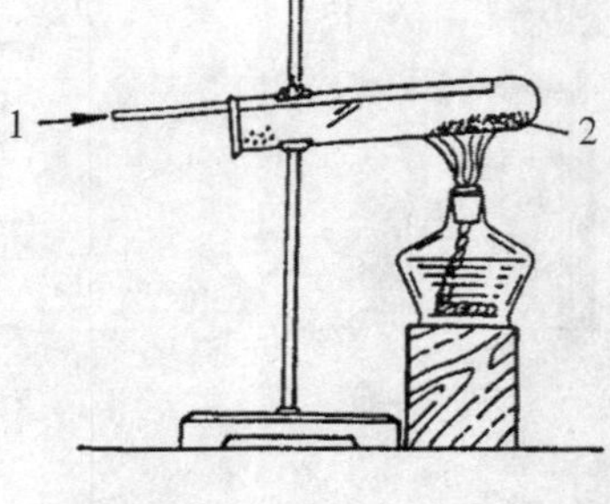

图 3－8　氢气还原氧化铜实验装置

1. 氢气　2. 氧化铜

1．氢气的可燃性

如图3－7所示，在图3－6的导气管上，先装上一支盛有无水氯化钙的干燥管，再在干燥管上接一根尖嘴玻璃导管，点燃氢气，观察氢气燃烧现象。再在火焰的上方罩一冷而干燥的烧杯，观察现象。

2．氢气的还原性

如图3－8所示，取干燥的大试管一支，装入少量氧化铜粉末平铺在接近试管底部的一侧，用铁夹固定在铁架台上，并使试管口稍向下，将已验纯的氢气通入大试管中。估计试管中的空气排尽后，在装有氧化铜的地方加热，观察现象。反应结束后，先移去酒精灯，继续通氢气至试管冷却。

六、注意事项

（1）点燃氢气或加热氢气前，一定要检验氢气的纯度，否则有爆炸的危险。

因为在氢气和空气的混合物中，当含氢的体积在4%～74.2%的范围遇到火就会立即爆炸。而纯净的氢气则能在空气中安静燃烧。连续检验氢气时，不要用同一支试管，需要更换一支试管重新检验（为什么）。

（2）在带支管的试管中加入铜丝，是因为市售锌粒纯度较高，往其中加入铜丝或铁丝可以在反应体系中形成铜锌或铁锌原电池，加速锌的氧化过程，从而提高氢气生成的速度。

（3）反应要使用稀硫酸而不用高浓度的硫酸，因为浓硫酸与金属反应并不生成氢气。

（4）实验过程要注意实验台的卫生，实验完成后要将玻璃仪器清洗干净，把药品放回原来的地方，以便以后使用。

七、思考与作业

（1）根据以下信息，讲述氢气的收集方法。

	H_2	空气
密度（g/L）	0.089	1.29
在水中的溶解度	难溶	

（2）制取氢气时，容易发生哪些事故？如何防止这些事故的发生？

（3）根据本实验学习的内容，以组为单位设计一个手抄报。

第三节　氯化氢的制备和性质实验[23]

一、实验目的

（1）初步探索实验室里用氯化钠固体制 HCl 的方法中所用的酸。

（2）熟练掌握 HCl 制取和收集的规范操作和注意事项。

（3）学习 HCl 制取及化学性质演示实验的讲解方法。

二、实验原理

氯化氢的实验室制法：盐酸属于挥发性酸，利用难挥发性酸浓 H_2SO_4 与其盐反应来制取。

$NaCl + H_2SO_4$（浓）$\xlongequal{\quad} NaHSO_4 + HCl\uparrow$（常温或微热）

$2NaCl + H_2SO_4$（浓）$\xlongequal{\quad} Na_2SO_4 + 2HCl\uparrow$（在 500 ℃ ~600 ℃）

本实验采用固—液加热装置，如图 3－9 所示。

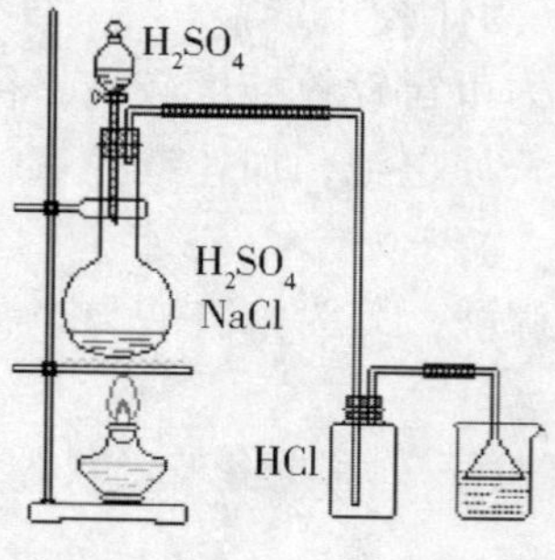

图 3－9

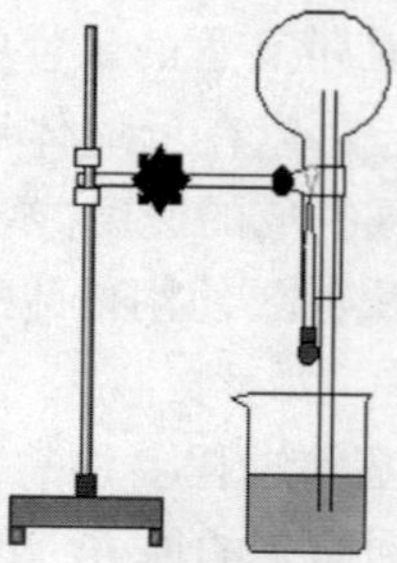

图 3－10

三、实验用品

酒精灯、分液漏斗、集气瓶、导管（若干）、小漏斗、烧杯、橡胶塞、铁架台、圆底烧瓶、胶头滴管、铁圈、台秤、量筒、石棉网、表面皿、pH 试纸、比色卡。

氯化钠固体、98% 浓硫酸（分析纯）、50% 浓硫酸（分析纯）、紫色石蕊试液、蒸馏水、硝酸银。

四、实验步骤

1. 用氯化钠固体和浓硫酸制 HCl

用干燥而洁净的表面皿（或塑料薄膜），在台秤上称取氯化钠 15 g，用量筒量 15 mL 98% 浓硫酸，将浓硫酸移入分液漏斗中，按如图 3－9 的仪器装置完成后，点燃酒精灯加热，慢慢滴入浓硫酸，收集纯净的氯化氢气体，待用。

【思考】对实验中的一些问题和实验现象进行提问，哪些问题应作解释？

2．喷泉实验

把一个充满氯化氢的烧瓶倒置在烧杯上，烧杯中盛滴有紫色石蕊试液的水，装置如图 3－10 所示，挤压胶头，使少量的紫色石蕊试液进入到烧瓶中，注意观察现象。

【思考】在这喷泉实验中有哪些问题在演示时须向学生进行提问及解释的？

3．酸的通性（H^+）

HCl 溶于水即得盐酸。向盐酸中滴几滴紫色石蕊试液，观察现象变化。

【思考】其间哪些问题在演示时应引导中学生进行观察、讨论，哪些问题应作解释和给出结论？

4．盐酸的通性（Cl^-）

向硝酸银溶液中滴入几滴盐酸，观察现象，是否有沉淀生成？

【思考】用化学反应方程式对该现象作解释。

5．HCl 的检验

用玻璃棒蘸取浓氨水靠近 HCl 气体，观察实验现象。

【思考】引导学生对实验现象的观察讨论，并倡导学生对产生此现象的原因大胆假设，提问并对反应现象作解释。

五、注意事项

氯化氢气体制备时应注意：

（1）浓硫酸有强腐蚀性，在量取浓硫酸的过程中须谨慎小心。

（2）分液漏斗在使用之前须检验是否可用（把分液漏斗固定在铁架台的铁圈上，关闭分液漏斗的活塞，向其中加入一定量的水，静置，如果水面不下降则分液漏斗可用，反之，则分液漏斗不可用）。检验可用后须干燥。

（3）制取氯化氢的实验步骤：查→装→点→收→离→熄，即：① 检查装置的气密性［将装置接好并把除分液漏斗以外的通气孔闭塞，再将分液漏斗关闭，向分液漏斗注入一定量的水，再打开分液漏斗，若分液漏斗的液面下降，即该装置（装置组）气密性差，反之则气密性好］；② 装药品；③ 点燃酒精灯；④ 用排气法收集氯化氢；⑤ 实验结束后，一定要先把漏斗移出水面再熄灭酒精灯（防止倒吸）。

（4）在实验过程中，一定要进行尾气的处理（即实验装置中倒扣水中的普通小漏斗的作用，因为氯化氢易溶于水，可以防止倒吸）。

六、思考与作业

（1）制取氯化氢气体的反应有哪些？是否可用其他酸如硝酸与氯化钠固体反应制备氯化氢气体？

（2）在采用氯化钠固体与浓硫酸反应的实验中，是否可用稀硫酸代替浓硫酸？

(3) 在氯化氢气体制备中需要注意哪些问题？

(4) 联系生活，举实例说明盐酸有什么作用？

(5) 工业上如何制取氯化氢？本实验与工业制取氯化氢的区别是什么？其优缺点是什么？

第四节　氨的反复变色实验新设计[19, 24]

一、实验目的

(1) 理解氨的反复变色实验原理。

(2) 探究氨的反复变色实验的最佳方法。

(3) 学习氨的反复变色演示实验的讲解方法。

二、实验原理

在连通装置内，利用氨气极易溶于水（在常压下，293 K 时水可溶解氨的体积比为 1∶700），氨与酚酞溶液和硫酸铜溶液反应的有关性质及喷泉原理，并控制不同溶液先后喷入顺序和喷入量而形成反复变色的喷泉。

形成喷泉实验最关键的条件是造成待喷的液体与喷起的液体的接纳空间之间有足够大的压强差。根据克拉伯龙方程：$PV = nRT$，可知 P 在 n 一定时受 T、V 影响，根据喷泉实验的原理从两大方面来设计实验：

(1) 增大下体系的压强（要求下体系是密闭系统）：压缩法。

(2) 减小上体系的压强：吸收法、扩容法。

① $NH_3 + H_2O \longequal NH_3 \cdot H_2O \longequal NH_4^+ + OH^-$　　使酚酞溶液变成红色

② $2CuSO_4 + 2NH_3 \cdot H_2O \longequal (NH_4)_2SO_4 + Cu_2(OH)_2SO_4 \downarrow$　　浅蓝色絮状沉淀

③ $Cu_2(OH)_2SO_4 + 8NH_3 \longequal 2[Cu(NH_3)_4]^{2+} + SO_4^{2-} + 2OH^-$　　深蓝色溶液

④ $CuSO_4 + H_2O \longequal Cu(OH)_2 \downarrow + H_2SO_4$　　浅蓝色浑浊液

⑤ $2NH_3 \cdot H_2O + H_2SO_4 \longequal (NH_4)_2SO_4 + 2H_2O$　　无色溶液

三、实验用品

20 mm × 200 mm 硬质试管 1 支，酒精灯 1 盏，铁架台（附铁夹和铁圈）1 个，500 mL 圆底烧瓶 1 只，500 mL 矿泉水塑料瓶（或洗涤剂塑料瓶）2 只，止水夹 4 只，Y 型管 1 支，带单孔橡皮塞的尖嘴玻璃导管 1 支，带单孔橡皮塞的直导管 3 支，气球一个，胶头滴管 1 支。

NH_4Cl 晶体，$Ca(OH)_2$ 粉末，3% $CuSO_4$ 溶液，1% 酚酞试液，红色石蕊试纸。

四、实验内容

1．压缩法

(1) 将 10 滴 1% 酚酞试液滴入矿泉水塑料瓶里，再加入约 300 mL 自来水，并振荡、混合均匀。再向另一矿泉水塑料瓶里加入约 300 mL 3% $CuSO_4$ 溶液。

（2）按图 3－11（1）压缩法所示连接装置，并检验装置的气密性。

（3）用向下排气法收集一烧瓶干燥的氨气，然后塞紧带尖嘴玻璃导管的橡皮塞。

（4）打开止水夹 a 和 b，用拇指堵住盛放酚酞溶液的矿泉水塑料瓶上部的小孔，并挤压出数滴溶液进入圆底烧瓶内，立即松开手，可见圆底烧瓶内产生红色喷泉。

（5）当圆底烧瓶内约有 1/4 体积的红色溶液时，关闭止水夹 b，同时打开止水夹 c，立即见到蓝色喷泉产生。圆底烧瓶内将会出现浅蓝色絮状沉淀，浅蓝色絮状沉淀又溶解为深蓝色溶液，深蓝色溶液又与红色溶液混合成紫色溶液。后来，圆底烧瓶内上部的溶液出现浅蓝色浑浊。

（6）当圆底烧瓶内有约 3/4 体积的混合液时，再打开止水夹 b，同时关闭止水夹 c，可见无色喷泉产生（瓶内氨气基本反应完全），直到圆底烧瓶内溶液近满时，喷泉才停止。

2．扩容法

把上图中的圆底烧瓶改成带有支管的圆底烧瓶，在圆底烧瓶支管上套一个气球，气球预先压扁（即无气）——用夹子夹住，矿泉水瓶不必加橡皮塞。该实验由于减少气体压强时不消耗气体，所以喷泉的颜色也就必然延长一些时间才消失。

（1）步骤同实验 1。

（2）按图 3－11（2）扩容法所示连接装置，并检验装置的气密性，注意关闭止水夹 d。

（3）步骤同实验 1。

（4）打开止水夹 d，见气球膨胀后关闭，再打开止水夹 a 和 b，当有少量水进入烧瓶时关闭止水夹 a，并打开止水夹 c，见圆底烧瓶内产生红色喷泉。

（5）步骤同实验 1。

（6）当圆底烧瓶内有约 3/4 体积的混合液时，再打开止水夹 b，同时关闭止水夹 c，并打开止水夹 d，将气球朝上，并将气球里的气体挤出。可见无色喷泉产生（瓶内氨气基本反应完全），直到圆底烧瓶内溶液近满时喷泉才停止。

3．吸收法

在上体系外加一个装有蒸馏水的胶头滴管，吸收上体系内的部分气体，导致上体系压强变小，从而使大气压把烧杯中的液体压上烧瓶形成喷泉实验。

（1）步骤同实验 1。

（2）按图 3－11（3）吸收法所示连接装置，并检验装置的气密性。

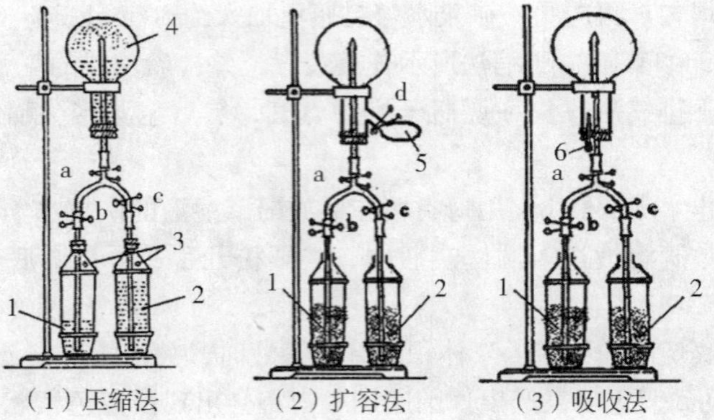

1. 酚酞试液 2. 3% $CuSO_4$ 溶液 3. 小孔 4. 氨气 5. 气球 6. 胶头滴管

a、b、c、d 为止水夹

图 3－11 氨的反复变色实验示意图

(3) 用向下排气法收集一烧瓶干燥的氨气，然后塞紧带尖嘴玻璃导管和滴定管的橡皮塞。

(4) 轻轻挤压胶头滴管，使胶头滴管里的蒸馏水进入烧瓶中，打开止水夹 a 和 b，并挤压胶头滴管使里面的蒸馏水进入圆底烧瓶内，立即松开手，可见圆底烧瓶内产生红色喷泉。

(5)、(6) 步骤同实验 1。

五、注意事项

(1) 实验装置气密性要好，特别是压缩法装置要注意橡皮塞要与瓶口配套、塞紧、不漏气，实验前要先检验装置的气密性。

(2) 烧瓶内部要干燥，收集的氨气应干燥而充满烧瓶。

(3) 尖嘴玻璃导管口径大小应适中，以 2 mm 左右为宜，可使喷泉持续一定时间，尖嘴玻璃导管应升至距烧瓶底部约 1 cm 处。

(4) 硫酸铜溶液的浓度不宜过大。否则，既浪费试剂又使烧瓶里的溶液颜色变化不易调控。

(5) 控制溶液先后喷入顺序和喷入量，可产生不同颜色层次的喷泉现象。如先挤入硫酸溶液，将会先产生深蓝色喷泉。

(6) 该实验涉及的化学反应较多，在教学中应配有启发性分析讲解，使学生能更好地理解不同实验现象产生的原理。另外，硫酸铜溶液与氨水反应生成碱式硫酸铜的化学式目前还有争议，为了简便起见，本文仍写为原来的化学式。

六、思考与作业

(1) 比较该实验中三种方法各有哪些优缺点。

（2）该实验中各有哪些条件难以控制，应如何改进？

（3）结合所学的知识和在本节实验的基础上，设计一个新的氨的反复变色实验方案。

第五节　氨气的催化氧化[20, 25~26]

一、实验目的

（1）初步了解氨气催化氧化的几套不同实验装置，并对其分析比较，提高对实验装置的选择、评估及改进等能力。

（2）熟练掌握氨气催化氧化的规范操作和注意事项。

（3）学习氨气的催化氧化实验的演示和讲解方法。

二、实验原理

在一定温度和催化剂的作用下，氨被催化氧化成一氧化氮，一氧化氮极易氧化成二氧化氮。二氧化氮溶于水生成硝酸，所以氨的催化氧化是硝酸工业制法的基础。化学反应方程式为：

$4NH_3 + 5O_2 \xrightarrow[\text{高温}]{\text{催化剂}} 4NO + 6H_2O$　　　　$2NO + O_2 = 2NO_2$

$3NO_2 + H_2O = 2HNO_3 + NO$

三、实验用品

锥形瓶、玻璃棒、导管、石棉网、漏斗、木块、酒精灯、试管、铁架台、双孔附导管橡皮塞三个、橡皮气唧、广口瓶、洗气瓶、圆底烧瓶、干燥管。

浓氨水、铂丝、三氧化二铬、三氧化二铁、铜丝、硫酸铜溶液、过氧化钠、碱石灰、无水氯化钙、重铬酸铵、浓硫酸、石蕊试液。

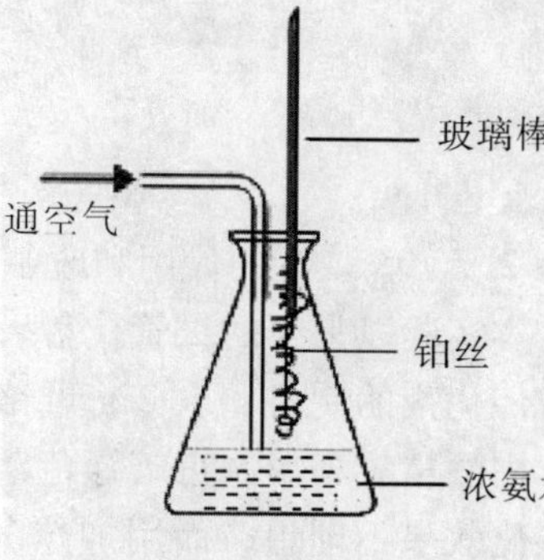

图 3－12

四、实验步骤

1. 两套不同装置的实验

（1）用铂作催化剂使氨氧化的实验。

如图 3－12 所示，往锥形瓶中加入适量浓氨水，并通入空气，再将烧红的铂丝插到锥形瓶中，但不要跟氨水接触。理论上可观察到铂丝继续保持红热状态，并有棕色气体生成。

【思考】① 观察到催化剂变红并保持红热的现象（说明反应时放热）；② 观察到棕色的二氧化氮的生成（说明氨被氧化）。

其他实验方法：往锥形瓶里加入适量氨水，分次缓慢地加入少量过氧化钠，并摇动锥形瓶使它溶解。在插入烧红铂丝的同时，往氨水中加入几滴硫酸铜溶液。由于生成的 $[Cu(NH_3)_4]^{2+}$ 络离子对过氧化钠的催化作用，使它很快分解出大量的氧气。用过氧化钠分解放出氧气，这样就不需往氨水内鼓入氧气或空气。

(2) 用非铂催化剂使氨氧化的实验。

装置如图 3－13 所示（这个反应分别可以用三氧化二铬、三氧化二铁、铜丝等几种不同的催化剂）。先用酒精灯预热催化剂 2～3 分钟，轻轻鼓动橡皮气唧将空气鼓入氨水中（氨水浓度要根据室温加以调节），使氨跟空气的混合气体一起通过催化管。当观察到催化剂达到红热状态时，表示氨跟氧气已发生反应，有热量放出。撤去灯火，继续鼓气，催化剂能保持红热。不久，锥形瓶中有红棕色的二氧化氮气体出现。装有石蕊试液的烧杯中溶液很快变为红色。

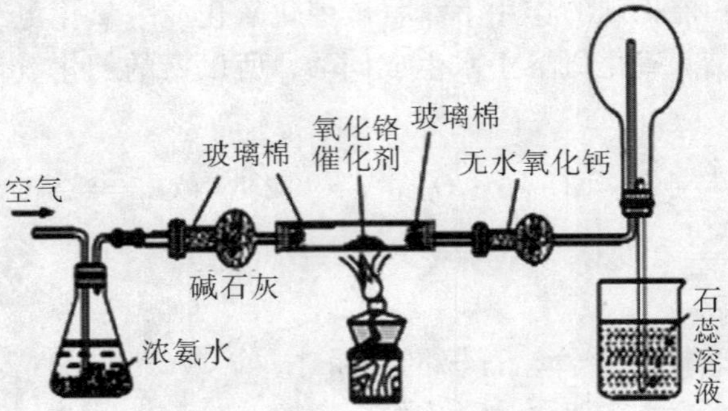

图 3－13

2. 实验装置的代用和改革

本实验以易得的试管代替硬质玻璃反应管。

催化剂的制备：取 2 g 重铬酸铵放在洁净的石棉网上，上面倒扣一玻璃漏斗，用酒精灯加热制得暗绿色蓬松的三氧化二铬粉末。（注：用市售的三氧化二铬催化效果不理想，而用加热分解重铬酸铵的方法制取的催化剂活性更好，可能是用这种方法制得的三氧化二铬非常蓬松，有更大的接触面积的原因。）

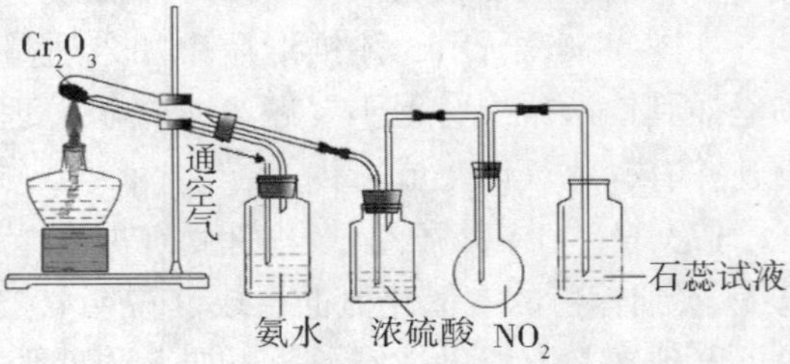

图 3－14

如图 3－14 所示，在试管里盛新制的三氧化二铬约 1/5 管。往广口瓶注入 1∶1.5 的氨水 150 mL，插入氨水内的玻璃导气管不宜过深，约在液面下 1 cm 即可。先用酒精灯预热催化剂 2～4 分钟，直至催化剂呈现暗红色或红色。用橡皮气唧间歇性地往氨水中鼓入空气，使空气和氨气的混合气体进入试管中进行催化氧化。当催化剂红热时，可加大进气量，此时可撤去灯火，继续鼓气，看到催化剂继续保持红热状态。经过浓硫酸洗气装置，在圆底烧瓶中观察到有红棕色气体生成，装有石蕊试液的吸收瓶中溶液也很快变为红色。

五、注意事项

1．两套不同装置的实验

（1）用铂作催化剂使氨氧化的实验：在实际操作中，能看到铂丝继续保持红热状态，却很难观察到锥形瓶中产生的棕色气体。这可能是因为反应气体过于分散，不能充分地与催化剂接触，被氧化的氨很少。也可能是因为生成的少量 NO_2 溶到水蒸气中，并立即与大量未反应的氨作用，生成硝酸铵或亚硝酸铵微粒（白烟）。

（2）非铂催化剂使氨氧化的实验：在这个实验里，催化剂出现并保持红热状态是实验成功的标志之一。如果在加快鼓气速度时，催化剂红热现象不明显，很可能是因为反应物中氨气的量不足，此时可将氨水瓶中的进气管向下推动一点；也可能是因为氨水的浓度过低，应增大氨水的浓度；还有可能是催化剂尚未完全达到活化温度，致使氨的转化率太低，此时可加大火焰。

（3）催化剂的选择：该实验有多种催化剂可以选择使用：① 金属铂或铂—铑合金的催化效果最好，但价格昂贵，一般实验中不常用。可以选用铜网或铜丝，效果也很好。② 金属氧化物。某些金属氧化物可作催化剂，如 Cr_2O_3、V_2O_5、Fe_2O_3、Co_2O_3、MnO_2、CuO 等均可选作催化剂。不同催化剂的催化活性不同，其活性递变顺序为 $Cr > Co > Fe > Cu > Mn$，在实验中一般选用价格低又易得的 Cr_2O_3、MnO_2、CuO 作催化剂。③ 金属石棉。铂石棉、银石棉、钴石棉等也可作催化剂。

2．实验装置的代用和改革

（1）本实验加热时间短，实验现象明显，无须进行尾气处理。

（2）氨水浓度的选择：氨水的浓度直接关系到氨在反应物中所占的比例，因而对实验效果影响极大。氨水过浓，氨氧化不完全，会产生白烟，致使红棕色二氧化氮不易看出；氨水过稀，被氧化的氨太少，二氧化氮的红棕色也很难观察到，并且催化剂发红的现象也不明显。同时实验装置不同、供氧方式不同，氨氧化后的处理不同，对氨水浓度的要求也不相同。

（3）氧气量的控制：从化学反应来看氨的催化氧化，氧气应过量，即可通过加大空气鼓入量或通入纯氧这两种途径来实现。实验中多采用鼓入过量的空气，但空气过多会使气体流速加快并降低反应温度，影响催化效果。因此，鼓入空气不宜过快。鼓入纯氧，氨可在氧气中燃烧，但混合气体在高温下会发生爆炸，有一定危险性，可放入防爆铜丝以防爆炸。

（4）氨水的浓度和用量随盛氨水容器的大小、进气管插入氨水的深度而定。

（5）使用不同催化剂与加热的温度、氨水的浓度、氨和氧气的体积比都有关。

（6）反应后的混合气体要通过盛浓硫酸的洗气瓶或氯化钙干燥管以吸收残余的氨气，同时除去水蒸气，以防止生成的二氧化氮跟水反应而看不到有红棕色气体产生。

六、思考与作业

（1）总结本实验成功的关键和操作技术。

（2）根据本实验的原理和教学要求，并利用你在实验中的收获体会，结合中学化学实验室的现有条件，自行设计一套氨氧化制硝酸的演示实验装置。画出实验装置图，简述操作要点和注意事项。

第六节　铝的性质[26]

一、实验目的

（1）了解铝的活泼性质，铝的两性，铝热法还原金属的反应情况。

（2）掌握铝热反应的安全操作。

（3）学习铝的性质演示实验的讲解方法。

二、实验原理

铝是地壳中含量最高的金属元素，是比较活泼的金属。铝接触空气或氧气，其表面会被生成的致密氧化膜覆盖，形成保护层，起着保护内部金属的作用，具有很好的抗腐蚀性能，这正是性质活泼的铝在空气中能稳定存在的原因。

$$4Al + 3O_2 = 2Al_2O_3$$

铝是典型的两性元素，既能跟酸（如盐酸或稀硫酸）起反应，放出氢气；也能跟强碱起反应，生成偏铝酸盐并放出氢气，反应方程式如下：

$$2Al + 6H^+ = 2Al^{3+} + 3H_2\uparrow$$

$$2Al + 2OH^- + 2H_2O = 2AlO_2^- + 3H_2\uparrow$$

在冷的浓硫酸或浓硝酸里，铝的表面会被钝化，但它能跟热的浓硫酸和浓硝酸起反应：

$$2Al + 6H_2SO_4（浓）\xlongequal{\triangle} Al_2(SO_4)_3 + 3SO_2\uparrow + 6H_2O$$

$$Al + 6HNO_3（浓）\xlongequal{\triangle} Al(NO_3)_3 + 3NO_2\uparrow + 3H_2O$$

铝粉与其他金属氧化物的混合物统称为铝热剂。将铝热剂用引燃剂点燃，反应剧烈，且放出大量的热，得到氧化铝和还原的金属（如 Fe），这被称为铝热还原法。

$$2Al + Fe_2O_3 \xlongequal{高温} Al_2O_3 + 2Fe$$

三、实验用品

铝片、盐酸、硫酸、硝酸、氢氧化钠、氢氧化钾、氧化铁粉末、铝粉、镁条、氯酸钾粉末、硫粉。

坩埚钳、酒精灯、砂纸、试管（15 mm×180 mm）、镊子、圆形滤纸、铁架台（附铁圈）、托盘天平（含砝码）、研钵、装有细沙的蒸发皿、试管夹（木制）、试管架、火柴、抹布、磁铁。

四、实验步骤

1. 铝与氧气反应

（1）用坩埚钳夹住一块铝片在酒精灯上加热至熔化，轻轻晃动，观察现象并记录到表3－3中。

（2）再取一块铝片，用砂纸打磨其表面除去氧化膜，再置于酒精灯上加热至熔化，观察现象，并记录到表3－3中。

表3－3

实验序号	实验现象	结论
（1）		
（2）		

结论：铝的化学性质很活泼，容易与空气中的氧气反应形成致密氧化膜而稳定存在于空气中。

2. 铝跟酸、碱的反应

（1）铝跟酸的反应：取2支试管，分别加入2 mol/L的盐酸、1 mol/L的硫酸各2 mL，然后分别加入大小相近的铝片（用砂纸打磨除去氧化膜，下面所用铝片也一样），观察实验现象。

另取2支试管，分别加入浓硫酸、浓硝酸各2 mL，同样加入大小相近的铝片，观察是否反应，再将两支试管置于酒精灯上加热片刻，继续观察现象。

（2）铝跟碱的反应：取2支试管，各放入大小相近的铝片，然后分别加入2 mL 6 mol/L的氢氧化钠溶液和6 mol/L氢氧化钾溶液，观察实验现象，并记录到表3－4中。

表3－4

实验内容	实验现象	化学方程式
铝与2 mol/L的盐酸反应		
铝与1 mol/L的硫酸反应		

（续上表）

实验内容	实验现象	化学方程式
铝与浓硫酸反应		
铝与浓硝酸反应		
铝与 6 mol/L 氢氧化钠反应		
铝与 6 mol/L 氢氧化钾反应		

结论：铝既能溶于稀盐酸和稀硫酸中，也易溶于强碱中，还能溶于热的浓硫酸和浓硝酸中，但在冷的浓硫酸及硝酸中被钝化。

3. 铝热反应

（1）用两张圆形滤纸分别折叠成漏斗状，套在一起，使四周都有四层。把内层漏斗取出，在底部剪一个孔，用水润湿（防止纸漏斗被快速烧毁），再跟另一纸漏斗套在一起，放在铁架台的铁圈上，下面放置盛有细沙的蒸发皿，以承接熔化的铁。实验装置如图 3 – 15 所示。

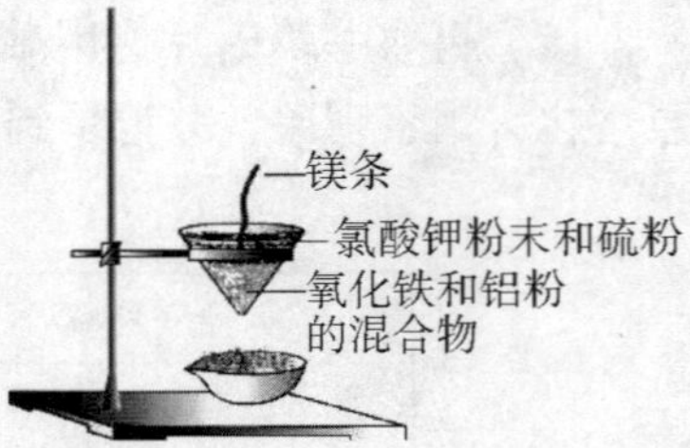

图 3 – 15　铝热法实验装置

（2）称取 5 g 烘干的氧化铁粉末和 2 g 铝粉在一干净的纸上充分混合均匀，然后倒入纸漏斗中，在混合物上面加少量氯酸钾粉末和硫粉的混合物作为引燃剂，中间插上一根用砂纸打磨过的镁条（长约 5 ~ 8 cm）。

（3）用燃着的小木条点燃镁条，立即发生剧烈反应，放出大量的热，并发出耀眼的强光，同时有熔融物落入蒸发皿中，冷却后成铁块，可用磁铁来吸引。

五、注意事项

（1）实验中取用铝片要用镊子，不能直接用手拿。

（2）铝粉不能放置过久，被氧化的铝粉不能使用。

（3）铝热剂实验中所用试剂必须干燥。试剂烘干后，应放置冷却至室温方可混合。

（4）因为铝热反应比较猛烈，所以人应离反应装置远一些，也应避开易燃物，以免发生意外。

（5）铝是活泼金属，具有较强还原性，且氧化过程中放出足量热量，使被还原出来的金属呈熔融状态而分离出来，并且铝热反应是一个置换反应，所以只有活泼性比铝弱的金属的氧化物才可能与铝粉发生铝热反应。

六、思考与作业

（1）铝壶为什么能烧开水而不损坏？铝制餐具为什么不宜蒸煮或长期存放

有酸性或碱性的食物?

（2）常温下，为什么可以用铝槽车来储存、运输浓硫酸或浓硝酸?

（3）如何用实验验证铝遇浓硫酸、浓硝酸会在表面生成一层致密的氧化膜Al_2O_3?

（4）铝热反应中还可用哪些药品作为引燃剂?

（5）结合中学化学课本，写出“铝的性质”化学实验教学设计文稿并在组内试讲。

第七节　硫酸铜大晶体的制备——设计实验[19, 27, 28]

一、实验目的

（1）巩固溶解度的概念。

（2）熟练掌握从溶液中培养大晶体的原理和方法，制备硫酸铜大晶体。

（3）学习硫酸铜大晶体的制备的演示和讲解方法。

二、实验原理

晶体的特征之一是具有规则的几何外形。本实验要从溶液中培养硫酸铜大晶体。

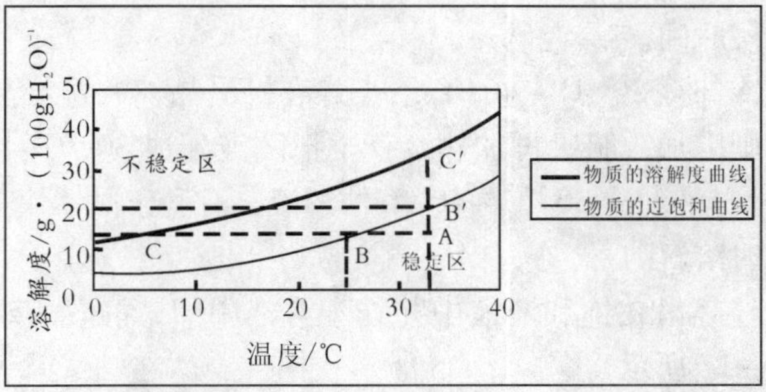

图3－16　溶解度和过饱和曲线

图3－16中，BB′曲线是物质的溶解度曲线，曲线下方为不饱和区，在此区域内不会有晶体析出，因此又称为稳定区，BB′曲线上方为过饱和区。CC′曲线是过饱和曲线，此线上方为不稳定区，将此区域里的溶液稍加振荡或在其中投入某种物质就会析出大量的晶体。两线之间的区域为准稳定区，在此区域内，晶体可以缓慢生长成大块的具有规则外形的晶体。

由此可见，要从不饱和溶液中得到晶体有两种重要途径：一是由A→B→C途径制取，保持溶液的浓度不变，降低温度，即冷却法；二是由A→B′→C′途径制取，保持温度不变，蒸发溶剂使溶液浓度增大，即蒸发法。

以上两种方法均可使溶液从稳定区进入不稳定区，从而析出晶体。但是，在不稳定区，晶体析出的速度快，晶粒多，但晶体很小。要想得到外形完美规则的大晶体，应使溶液处于准稳定区，让晶体慢慢生长。

此外，从溶液中培养某种盐的大晶体，可先制得晶种（较透明的小晶体），然后把晶种植入饱和溶液中培养。晶种的生长受溶液的饱和度、温度、湿度及时间等因素影响，必须控制好一定条件，使饱和溶液缓慢蒸发，才能获得满意的大晶体。

三、实验用品

烧杯、温度计、酒精灯、量筒、玻璃棒、尼龙线、胆矾

四、实验步骤

1. 晶种的制备

（1）选用纯净的胆矾放入洁净的烧杯中，加蒸馏水并加热煮沸，配制成饱和溶液。然后把一根尼龙线悬于溶液中间。加盖防止灰尘进入，静置 1～2 天。

（2）把尼龙线上结晶出来的较小、不规则的晶体去掉，挑出一块较大的、晶形完整的晶体作为晶种备用。（注意晶种的每一个面都必须整齐光滑）

2. 大晶体的培养

（1）将其余的晶体连同取出晶种后的溶液加热，不断搅拌至晶体全部溶解，并持续加热一小段时间。

（2）将溶液冷却至 30 ℃～40 ℃，若溶液析出晶体，过滤晶体，再重新加热；若没有饱和则需加入胆矾再加热，直至把溶液配成 30 ℃～40 ℃的澄清饱和溶液。（注：把母液配成 30 ℃～40 ℃的溶液，有利于晶体快速长大，不至于晶体在室温升高时溶解。）

（3）把晶种轻轻吊在饱和溶液中并处于溶液中间，静置不动，加盖防止灰尘进入（如图 3－17 所示）。

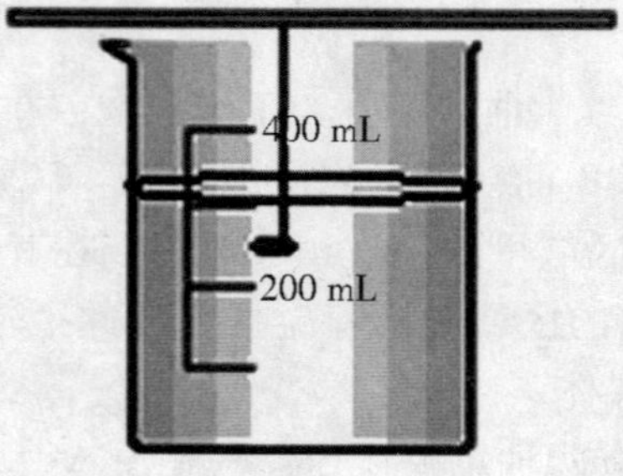

图 3－17　大晶体的培养

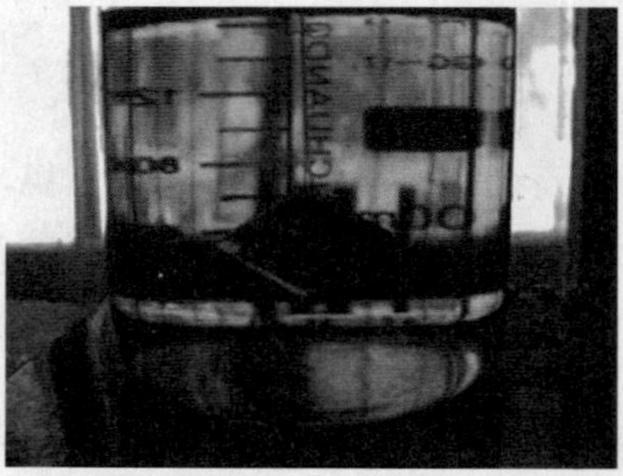

图 3－18　生成的硫酸铜大晶体

（4）多次重复（1）、（2）、（3），直至得到满意的蓝色、透明晶亮的硫酸铜大晶体（如图 3 – 18 所示）。

五、注意事项

（1）必须选用纯净的胆矾晶体和蒸馏水配制溶液，且容器要十分洁净。

（2）降温速度越慢越有利于生成大晶体。

（3）静置时间应足够长。

（4）晶体生长过程中不要有扰动，最好是为盛溶液的烧杯加盖。

（5）晶体析出过程中不得加热，只能让溶剂自然挥发。

六、思考与作业

（1）“晶种的制备”中为什么要把一根尼龙线悬于溶液中间，有何优点？

（2）“大晶体的培养”中，若饱和溶液中的晶种长出一些小晶体或在烧杯底部出现少量晶体时，对大晶体的培养有何影响？应如何处理？

（3）溶液饱和度太大或饱和度太低，对生成大晶体有何影响？

第八节 胶体的制备和性质[25, 29]

一、实验目的

（1）掌握实验室制备氢氧化铁胶体的实验操作。

（2）探究胶体的性质。

（3）认识胶体在生活生产和科学研究中的应用。

（4）学习胶体的制备和性质实验的讲解方法。

二、实验用品

烧杯、试管、激光笔、低压直流电源、石墨电极、酒精灯、半透膜、玻璃棒、U 形管、食盐、饱和 $FeCl_3$ 溶液、0.01 $mol \cdot L^{-1}$ 的 KNO_3 溶液、蒸馏水、$CuSO_4$溶液、$AgNO_3$ 溶液、碘水、2 $mol \cdot L^{-1}$的 $MgSO_4$ 溶液。

三、实验步骤

1. 胶体的制备

（1）制备 $Fe(OH)_3$ 胶体：在洁净的小烧杯里加入约 20 mL 蒸馏水，加热至沸腾，然后向沸水中逐滴加入 1 ~ 2 mL $FeCl_3$ 饱和溶液，继续煮沸至液体呈红褐色，停止加热。

（2）制备淀粉胶体：将 1 g 可溶性淀粉溶解于 50 mL 蒸馏水中，加热至沸，冷却即为淀粉胶体。

2. 胶体的性质

（1）丁达尔现象（光学性质，如图 3 – 19、图 3 – 20 所示）

实验：用激光笔（或在暗箱中的一束强光）照射 $CuSO_4$ 溶液、$Fe(OH)_3$ 胶体、淀粉胶体。

现象：胶体内部存在一条光路而溶液没有。

结论：这种由于胶体微粒对光的散射作用形成的一条光亮的通道的现象叫丁达尔现象。

说明：应用此性质可对溶液和胶体进行区分。

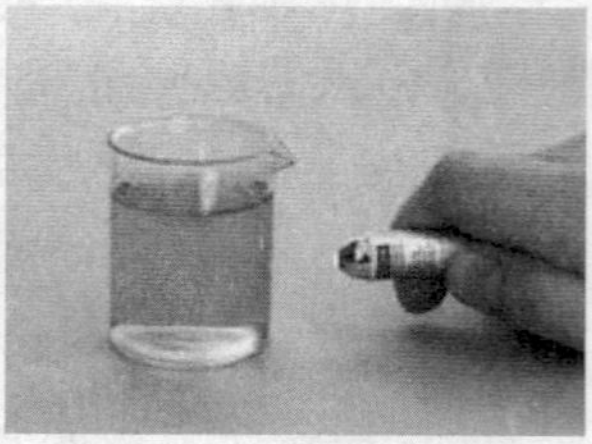

图 3-19　$CuSO_4$ 溶液

图 3-20　$Fe(OH)_3$ 胶体

（2）电泳（电学性质）。

实验：将 $Fe(OH)_3$ 胶体放在 U 形管中，在 U 形管的两端胶体溶液的上面分别缓慢注入 0.01 $mol \cdot L^{-1}$ 的 KNO_3 溶液约 1 cm 高，插入两支石墨电极使之浸入 KNO_3 溶液中，通入 24 V 左右的直流电约 10 min，观察阴极区和阳极区附近胶体颜色的变化。

现象：阴极附近颜色加深。

分析：阴极附近颜色加深→胶粒带正电荷在电场作用下向阴极移动→胶体直径小→表面积大→吸附能力强→只吸附阳离子，因而带正电荷。

结论：在电场作用下，胶体的微粒在分散剂里向阴极或阳极作定向移动的现象叫电泳。

胶粒带电的一般规律：

A. 带正电的胶粒：金属氧化物、金属氢氧化物。

B. 带负电的胶粒：金属硫化物、非金属氧化物。

（3）渗析现象。

实验：用半透膜制成一个袋，向其中注入淀粉胶体 10 mL，食盐溶液 5 mL，然后用线将半透膜的上口缚好，系在玻璃棒上，然后将半透膜袋悬挂于盛有蒸馏水的烧杯中。几分钟后，用两支试管各取烧杯中的液体 5 mL，分别注入少量的 $AgNO_3$ 溶液和碘水。

现象：加入 $AgNO_3$ 溶液的试管中出现白色沉淀，而加入碘水的试管中没有变化。

解释：胶体的分散质微粒直径介于 1 ~ 100 nm，这样的微粒能够透过滤纸，而不能穿过半透膜，而溶液能通过半透膜。

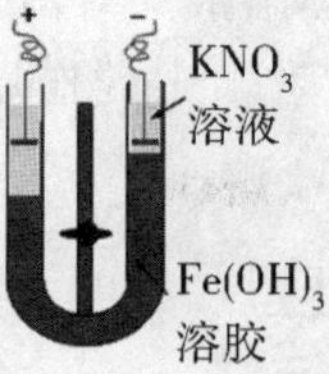

图3－21　电泳现象

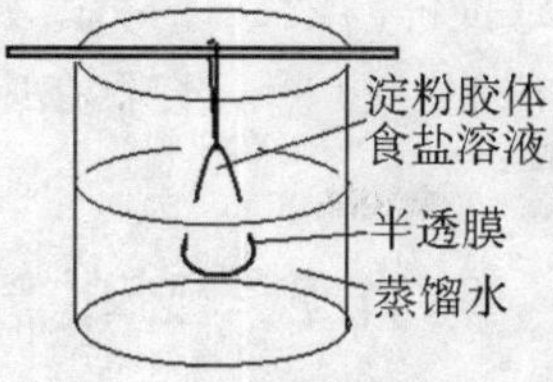

图3－22　渗析现象

(4) 凝聚现象。

实验：将 2 mol · L^{-1} $MgSO_4$ 溶液逐滴加入 $Fe(OH)_3$ 胶体内。

现象：出现沉淀。

解释：胶体中加入电解质，电解质电离出的离子会中和胶体粒吸附的电荷，使胶体聚沉。

(5) 布朗运动（动力学性质）。

引入：胶粒较小而轻，它在水中的运动情况会如何?

实验：将一滴液体放入水中观察。

现象：胶体扩散。

解释：胶粒在不同方向受到水分子撞击的力量大小不同，所以运动方向在每一瞬间都发生改变，因而形成无秩序的不停的运动，这种现象叫布朗运动。但这非胶体独有的性质。

四、注意事项

1. 制备 $Fe(OH)_3$ 胶体

(1) 不能用自来水代替蒸馏水制 $Fe(OH)_3$ 胶体，因自来水中的离子会使 $Fe(OH)_3$ 胶体颗粒聚成更大的颗粒而生成 $Fe(OH)_3$ 沉淀。

(2) 用 $FeCl_3$ 饱和溶液制 $Fe(OH)_3$ 胶体，一般不用稀溶液。

(3) 为加快反应，采用了加热的方法，但当溶液呈红褐色时就要停止加热，加热过度会破坏胶体，生成 $Fe(OH)_3$ 沉淀。

(4) 边加 $FeCl_3$ 溶液，要边振荡烧杯，但不能用玻璃棒搅拌，否则会使 $Fe(OH)_3$胶体微粒碰撞成大颗粒形成沉淀。

2. 胶体的性质

胶体溶液的浓度对胶体的移动速度影响不大，但溶液的用量对电泳速度有一定影响。在电压相同的条件下，胶体溶液较多时，电极间距离相对加大，电泳速度相应减慢。

五、思考与作业

(1) 做电泳实验时，为什么要在 $Fe(OH)_3$ 胶体溶液上面加入稀硝酸钾溶液？如何滴加才不致搅浑溶液，保持硝酸钾和胶体溶液间有清晰的界面？

（2）结合中学教材，分析本实验在中学化学教学中的作用，自行设计胶体的电泳实验方案。

第九节 苯的溴代反应[30, 31]

一、实验目的

（1）学习溴苯的制备和演示方法及如何引导学生开展实验探究证实假设。实现新课标教师的角色转换，成为学生的引导者和促进者。

（2）通过引导学生自主学习、合作探究发现问题、提出新问题并通过实验现象观察归纳、总结推理出苯的溴代反应的反应类型，形成科学地分析问题、解决问题的能力。

（3）初步探索苯的溴代反应的催化作用，熟练掌握苯的溴代反应的规范操作和注意事项。

二、实验原理

$$C_6H_6 + Br_2 \xrightarrow{Fe} C_6H_5Br + HBr$$

实验装置如图 3－23 所示。

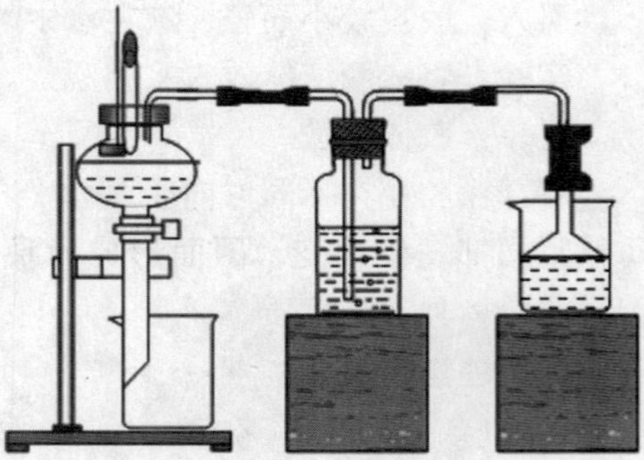

图 3－23 实验装置图

三、实验用品

铁架台（带铁圈）、60 mL 分液漏斗（带双孔塞）、小磁铁（带细线）、末端拉细的胶头滴管 1 支、洗气瓶（带双孔塞）1 个、烧杯 2 个、直角导管 4 根、橡胶管 3 根、木块、普通漏斗 1 个。

CCl_4 溶液、$AgNO_3$溶液、苯、液溴、10% NaOH 溶液、铁屑、KSCN 溶液。

四、实验步骤

1．演示实验或学生探索实验

（1）创设情境：同学们，我们前面学过烷烃和烯烃两类物质，我们知道烷烃的碳骨架是碳碳单键（C—C），它主要的化学反应是取代反应；烯烃的碳骨架是含碳碳双键（C ═ C），它主要的化学反应是加成反应，而且能和溴发生加成。苯（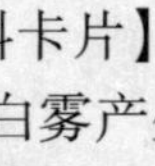）碳碳间的键是介于单键和双键之间的特殊的键，它会有什么化学性质呢？它与溴之间的反应还是加成反应吗？

【资料卡片】苯和溴混合后没有明显现象，加入少量铁粉后开始激烈反应，并有大量白雾产生，铁粉减少。

【思考】如何将这资料卡片的信息提供给学生？

（2）猜想和问题提出：加入铁粉后开始剧烈反应，铁可能是催化剂。铁有还原性，溴有氧化性，它们应该会发生反应生成铁离子和溴离子，所以铁粉减少，白雾可能是水或者酸雾。

① 如果是加成反应，则产物只有一种，且没有 H^+ 存在；

② 如果是取代反应，则会有 HBr 和另一种有机物生成。

（3）提出假设：苯和溴的反应是取代反应。

【思考】如何除杂，防污染，使实验效果达到最好？

（4）实验验证——苯的溴代反应。

① 用细线绑紧吸有铁屑的小磁铁，线头穿过胶塞，向分液漏斗加入 5 mL 苯，如图 3－23 所示安装实验装置。（仪器装配好后，请先检查装置的气密性，实验装置需保持干燥，现象才明显。）

② 向洗气瓶中加入 10 mL CCl_4 溶液，烧杯中加入 30 mL 蒸馏水。

【思考】倒扣的漏斗与水面刚好相切为宜，此处为什么要用倒扣的漏斗呢？

③ 用末端拉细的胶头滴管吸取 2 mL 液溴，塞好塞子。

【思考】这里为什么强调要末端拉细的胶头滴管，这说明了溴哪方面的物理性质？

④ 让吸有铁屑的小磁铁下滑至苯液中，挤压胶头滴管，控制液溴滴下的速度（每滴 3～4 s），使反应溶液呈微沸状态。

⑤ 反应开始后，观察到分液漏斗上部有白雾出现，约 2 min 后，用玻璃棒蘸取右边烧杯中的溶液，用 pH 试纸检验其溶液的酸碱度，再往此烧杯中滴入几滴 $AgNO_3$ 溶液。观察现象并记录。

【思考】反应生成什么物质？

⑥ 待反应完全停止后，打开分液漏斗活塞，让混合液滴入盛有 10 mL 10 % NaOH 溶液的另一分液漏斗中，振荡、静置，仔细观察记住分液漏斗中液体的状态，再向分液漏斗中加入 10 mL 蒸馏水，振荡、静置，观察此时分液漏斗中有什么变化。（这些实验现象说明了溴苯具有哪些物理性质？）轻轻旋开分液漏斗的旋塞，放出底部的无色油状物质（即溴苯）于干净小烧杯。

⑦ 将各药品、废液转入指定容器，清理实验台，实验结束。

（5）得出结论及总结。（什么现象说明发生了取代反应？）

2．试验铁的催化作用

（1）如果把细线往上提，使铁屑不跟苯液接触，慢慢滴入两滴溴液，观察反应能否进行，慢慢把细线放下，使其与苯和溴的混合溶液接触，又有什么实验现象，说明了什么问题？

（2）当上一步反应停止后，再把细线往上提，反应是立刻停止还是继续进行？待反应停止，往分液漏斗中滴加几滴 KSCN 溶液，观察并记录实验现象。说明了什么问题？

【总结】由以上两步的试验，说明了苯的溴代反应必须要有催化剂才能反应，而实际上起催化作用的不是铁，而是铁与溴先反应生成了溴化铁，是溴化铁发挥了催化剂的作用。（学生试验，教师作总结）

五、注意事项

（1）该实验反应十分剧烈，难以控制，所以实验的成败关键是滴加液溴的速度和铁的用量，并且一定要保证仪器的干燥。

（2）苯是一种石油化工基本原料。苯的产量和生产的技术水平是一个国家石油化工发展水平的标志之一。它的沸点为 80.1 ℃，熔点为 5.5 ℃，密度为 0.88 g/mL，在常温下是一种无色、有芳香气味的透明液体，有毒且易挥发，因此实验过程中苯的用量要注意，以防中毒。

（3）将液溴与苯混合，溴溶于苯中，形成红褐色液体，不发生反应，当加入铁屑后，溴与苯发生反应，混合物呈微沸状，反应放热，有红棕色的溴蒸气产生，冷凝后的气体遇空气出现白雾（HBr），反应后的混合物倒入冷水中，有红褐色油状液团（溶有溴）沉于水底。若苯的用量过多而产物较少时，可能会使产物和溴溶于苯，导致红褐色油状液团浮于水面。

（4）本实验有大量的溴化氢气体生成和少量的溴蒸气挥发，因此实验装置必须有良好的气密性，防止气体逸出污染空气。而且它们都易溶于水，要求仪器必须是干燥的，以免实验现象不明显。

六、思考与作业

（1）通过细心观察发现，在反应开始前，洗气瓶原本是装有无色透明的 CCl_4 溶液，反应后试管中溶液略带红棕色，这是什么原因引起的，洗气瓶和放置不同位置的两个烧杯的作用分别是什么？

（2）本实验中如果将铁粉换成三溴化铁溶液能否起到同样的实验效果？若不一样，为什么？若同样，用哪一个比较好？

（3）请同学们自己设计能够发生苯的溴代反应的简易装置，画出装置图，并说明自己的实验装置设计存在哪些优点和不足。

第十节　乙醇与钠反应的探究实验[32, 33]

一、实验目的

（1）理解乙醇与钠反应的原理。

（2）掌握检验生成气体的方法。

（3）学习乙醇与钠反应实验的讲解方法。

二、实验原理

钠与乙醇反应，生成乙醇钠并逸出氢气。由于生成的乙醇钠包在钠的表面，使反应缓慢，甚至中止。采用加热（使钠与乙醇钠熔融）与搅拌的方法，改进集气装置，能有效地提高氢气获得率。反应方程式如下：

$$2CH_3CH_2OH + 2Na \longrightarrow 2CH_3CH_2ONa + H_2\uparrow$$

三、实验用品

铁架台，铁圈，铁夹，酒精灯，圆底烧瓶，球形分液漏斗，水槽，带橡胶塞的导管，长竹签，火柴。

无水乙醇，金属钠，肥皂水，酚酞指示剂。

四、实验步骤

（1）实验前，先在水槽中盛半槽水。

（2）如图 3－24 所示，将实验装置连接好，把导管的另一端浸没在水槽的水中，用酒精灯微热烧瓶一小会儿，如果水槽中的导管口处有气泡冒出，且停止微热后，水槽导管有水柱产生，则证明装置气密性良好。

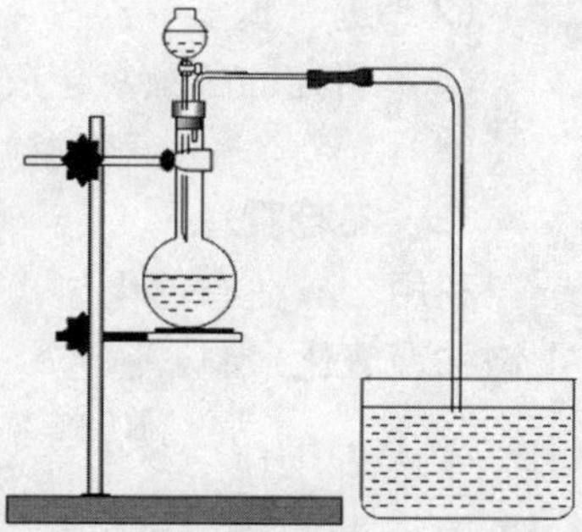

图 3－24

（3）将导管浸没在水槽中的一端移出，接着把水槽中的水换成肥皂水，再重新将导管浸没在水槽中。

（4）在烧瓶中投入 2 小块金属钠（用滤纸吸干其表面的煤油）。

（5）在球形分液漏斗中加入适量的无水乙醇，旋动活塞慢慢滴加无水乙醇，至钠完全反应，不再有气体产生为止。

（6）用燃着的长竹签点燃肥皂泡，水槽发出较尖锐的爆鸣声并发生短暂燃烧的现象，反复多次（实验中（4）、（5）、（6）这三个步骤）亦如此，则证明乙醇和钠反应生成的气体是氢气。

（7）最后，向反应生成的乙醇钠（即圆底烧瓶）中滴加几滴水和几滴酚酞试液，观察其现象，并探究此现象的原因。

五、注意事项

（1）本实验金属钠的颗粒越细，效果越好。实验时金属钠不宜加入过多，两小粒（差不多 3～5 g）即可。如果多加金属钠，开始时反应会较快，乙醇与钠反应放出氢气，但随着反应的进行溶液会逐渐变稠，当钠的表面被乙醇钠包住后，反应就会逐渐变慢。

（2）实验后要即时处理反应后的物质。如果钠没有完全参加反应，最好是再加入乙醇使金属钠完全反应。

六、思考与作业

(1) 刚开始检验装置气密性是否良好时，水槽中可否直接用肥皂水？

(2) 若钠有剩余，用水直接冲洗，可能会有危险，有什么危险呢？为什么？

(3) 实验时，如果加入的金属钠过多而导致钠的表面被乙醇钠包住后反应逐渐变慢，我们该怎样解决？

第十一节　乙醇氧化制备乙醛[34~38]

一、实验目的

(1) 了解生活中常见有机物乙醇的化学性质之一：被氧化。

(2) 进一步了解乙醇氧化成乙醛时的放热现象，并掌握其原理。

(3) 研究乙醇被氧化成乙醛的可能影响因素，探究最佳实验方案。

(4) 熟练掌握乙醛的检验方法、规范操作及注意事项。

二、实验原理

利用乙醇在有催化剂（铜或银）的条件下被空气里的氧气氧化或者被酸性重铬酸钾氧化来制备乙醛。

$$2C_2H_5OH + O_2 \xrightarrow[\triangle]{\text{催化剂}} 2CH_3CHO + 2H_2O$$

$$K_2Cr_2O_7 + 4H_2SO_4 \longrightarrow K_2SO_4 + Cr_2(SO_4)_3 + 4H_2O + 3[O]$$

$$3C_2H_5OH + 3[O] \longrightarrow 3CH_3CHO + 3H_2O$$

$$CH_3CHO + 2[Ag(NH_3)_2]^+ + 2OH^- \longrightarrow CH_3COONH_4 + 2Ag\downarrow + H_2O + 3NH_3\uparrow$$

三、实验用品

铁架台、铁夹、酒精灯、圆底烧瓶、分液漏斗、试管、烧杯、直径为 1 mm 的铜丝、酒精灯、火柴、温度计、石棉网、三脚架、导管、胶塞、玻璃棒、尺子、钟表

乙醇、银氨溶液、5% $K_2Cr_2O_7$ 溶液、1∶5 硫酸溶液、蒸馏水

四、实验步骤

1. 乙醇在有催化剂（铜或银）的条件下被空气里的氧气氧化

取 9 支试管按顺序标上序号并各加入 3 mL 乙醇，取 9 根长约 70 mm 的铜丝，一端绕成螺旋状（均分为 6、10、14 圈三种圈数，每一种圈数铜圈间隔又分别为 0 mm、1 mm、2 mm），另一端附带上与试管大小适宜的胶塞，把铜丝的螺旋部分放在火焰上加热到发黑，下端呈红热状时迅速将灼热的铜丝圈伸入已编排好顺序的试管中，放在乙醇的液面上方，此时要充分振荡试管，直到管壁有冷凝液流下，将铜丝取出继续灼烧至红热。如此反复加热铜丝 8 次，并观察此过程中铜丝表面颜色变化。全部实验完成后同时将其进行银镜反应，观察银镜生成情况，以此来判断乙醛的生成量。

将实验中所观察到的现象、记录的数据填写到表 3－5 中：

表 3－5

	编号	铜圈圈数	铜圈间隔	刚生成银镜所需时间	反应完后银镜生成量
第一组	①	6	0		
	②	6	1		
	③	6	2		
第二组	④	10	0		
	⑤	10	1		
	⑥	10	2		
第三组	⑦	14	0		
	⑧	14	1		
	⑨	14	2		

结论：当铜圈圈数为________、铜圈间隔为________时银镜反应最佳，生成的乙醛量最多。

将上面实验得到的最佳结果再进行一组实验（反复加热铜丝 4、8、12 次，观察现象并填入表 3－6 中）

表 3－6

加热铜丝次数	刚生成银镜所需时间	反应完后银镜生成量
4		
8		
12		

结论：加热铜丝________次时反应最佳。

2．通过乙醇被酸性重铬酸钾氧化来制备乙醛

取 9 只编好号的圆底烧瓶，分为三组，在烧瓶里盛放 18 mL 5% 的重铬酸钾溶液，并依组加入 9、11、13 mL 1∶5 的硫酸，用小火进行加热直至混合液接近沸腾。用分液漏斗向烧瓶里逐滴滴入 3 mL 乙醇，把生成的乙醛收集到盛有少量蒸馏水的试管里（装置如图 3－25 所示）。反应至烧瓶里的溶液变成绿色后再分别加热数分钟（3、5、7 分钟），之后取出试管中的乙醛溶液，并用玻璃棒醮取

少量溶液滴到蓝色石蕊试纸上观察颜色变化，再同时用银镜反应验证并比较。将观察到的现象填入表3－7中。

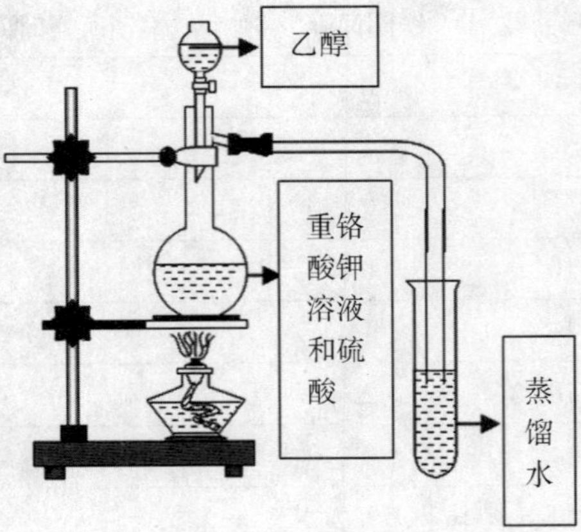

图3－25　实验装置图

表3－7

	编号	1∶5 硫酸用量	溶液变绿后（分钟）	蓝色石蕊试纸颜色变化	刚生成银镜所需时间	反应完后银镜生成量
第一组	①	9	3			
	②	9	5			
	③	9	7			
第二组	④	11	3			
	⑤	11	5			
	⑥	11	7			
第三组	⑦	13	3			
	⑧	13	5			
	⑨	13	7			

结论：当硫酸量为________、溶液变绿后________分钟停止实验能得到最佳效果。

【思考】在实验过程中硫酸的作用是什么？蓝色石蕊试纸的颜色变化说明了什么问题？

五、注意事项

（1）乙醇在有催化剂（铜或银）的条件下被空气里的氧气氧化：① 在反应开始前必须检查装置的气密性；② 实验中铜丝圈加热要充分，伸入试管时要尽量靠近液面，停留在液面上的时间要长些，以保证生成较多的乙醛。铜丝圈不能浸入乙醇中，以免影响实验效果；③ 银镜反应时银氨溶液的体积可与生成的乙醛乙醇溶液一致，按 1∶1 进行混匀。

（2）通过乙醇被酸性重铬酸钾氧化来制备乙醛：① 乙醇、乙醛都是易挥发性物质，实验中在滴入乙醇时要注意混合液不能过分沸腾，否则乙醇会立刻变为蒸气猛烈溅出，甚至有可能发生分液漏斗爆裂危险；② 实验步骤 2 中导气管应伸入液面以下，使反应生成的乙醛充分冷却；③ 进行银镜反应时，银氨溶液要现配现用，水浴温度在 50 ℃～60 ℃之间，若温度过高，反应速率过快，银单质聚集成较大的黑色颗粒，则不能形成银镜。银镜生成过程中切勿振荡。

六、思考与作业

（1）比较实验步骤 1 与实验步骤 2，指出其优劣处（可从现象观察的难易程度、实验仪器、安全性、操作简易方面等进行分析），尝试探讨哪种较适合作为教师课堂上的演示实验，哪种适合做学生实验。

（2）除了以上介绍的两种乙醇制备方法外还有没有其他方法？如果有，请简单地设计一下，写出其反应原理、操作步骤、实验用品并画出实验装置图。

（3）实验步骤 2 中，当酸性重铬酸钾溶液酸性过强时，反应生成产物能否发生银镜反应？为什么？

第十二节　纤维素的水解与酯化

一、实验目的

（1）理解纤维素的水解及酯化原理。

（2）探究纤维素水解的最佳实验方法和条件。

（3）了解纤维素在不同条件下的酯化产物。

（4）掌握纤维素水解和制备火药棉的规范操作和注意事项。

（5）学习纤维素的水解与酯化的演示实验的讲解方法。

二、实验原理

1. 纤维素的水解

纤维素不溶于水，也不溶于一般有机溶剂，而且不具有还原性，但它在纤维素酶或无机酸存在的条件下能完全水解，并定量地得到 D－葡萄糖，且具有还原性，因为其含有游离的半缩醛羟基，所以在碱溶液中能还原银离子和铜离子。其反应方程式如下：

$$(C_6H_{10}O_5)_n + nH_2O \xrightarrow[\triangle]{催化剂} nC_6H_{12}O_6$$

纤维素　　　　　　　　葡萄糖

检验半缩醛羟基:

(1) 蓝色 $Cu(OH)_2$ 变成砖红色的 Cu_2O。

$CuSO_4 + 2NaOH \longrightarrow Cu(OH)_2\downarrow$ (蓝色) + Na_2SO_4

$2CH_2OH(CHOH)_4CHO + 2Cu(OH)_2 \xrightarrow{加热} 2CH_2OH(CHOH)_4COOH + Cu_2O\downarrow$ (砖红色) $+ 2H_2O$

(2) 发生银镜反应。

$CH_2OH(CHOH)_4CHO + 2Ag(NH_3)_2OH \xrightarrow{加热} CH_2OH(CHOH)_4COONH_4 + 2Ag\downarrow + 3NH_3\uparrow + H_2O$

2. 纤维素的酯化

纤维素与浓硝酸和浓硫酸的混合液反应时，纤维素分子中的羟基与硝基会发生酯化反应，也称为硝化反应，可得到纤维素硝酸酯（火药棉）。

$$\left[(C_6H_7O_2)\begin{cases}OH\\OH\\OH\end{cases}\right]_n + 3nHO—NO_2 \xrightarrow{浓\ H_2SO_4} \left[(C_6H_7O_2)\begin{cases}O—NO_2\\O—NO_2\\O—NO_2\end{cases}\right]_n + 3nH_2O$$

纤维素　　　　　　浓硝酸　　　　　　纤维素硝酸酯

而实际上纤维素分子中的羟基不可能全部酯化，它的酯化程度与酸的浓度和反应条件（温度、时间等）有关。不同酯化程度的硝酸纤维酯有不同的性能和用途。纤维素硝酸酯受热分解时放出大量的热，并产生大量气体。其主要反应是:

$$2\left[(C_6H_7O_2)\begin{cases}ONO_2\\ONO_2\\ONO_2\end{cases}\right] \xrightarrow{\triangle} 6CO_2\uparrow + 6CO\uparrow + 3N_2\uparrow + 3H_2\uparrow + 4H_2O$$

三、实验用品

脱脂棉、浓硫酸（90%）、30% NaOH 溶液、2% $CuSO_4$ 溶液、浓硝酸、2% 硝酸银、2% 稀氨水。

大试管（25 mm × 200 mm）4 支、试管（15 mm × 180 mm）8 支、试管夹（木制）1 只、试管架（12 孔）1 只、铁架台（附铁夹、十字夹）1 个、酒精灯 1 个、坩埚夹 1 支、烧杯（100 mL、250 mL）若干只、表面皿（Φ70 mm）1 个、尖嘴导管（长 20 mm）1 条、台秤 1 台、火柴 1 盒、抹布 1 块。

四、实验步骤

因为用纤维素酶水解所需时间长且成本高，故本实验只研究用酸水解纤维素的方法。但当硫酸浓度低于 70% 时，纤维素较难溶解；浓度过高时，它的脱水能力明显增强，很容易使纤维素炭化。所以本实验要求控制好温度，用 90% 的浓硫酸使纤维素水解，其优点是水解时间短。

1. 通过实验比较纤维素水解的方案

（1）分别在每个大试管底部放入一小团大小、质量相同的脱脂棉，并用玻璃棒压紧密。

（2）在①号大试管中加入 10 滴浓硫酸，用玻璃棒把棉花捣成糊状，在沸水浴中加热 5 分钟。（为什么要用硫酸?）

（3）在②号大试管中加入 4 滴蒸馏水，再加入 10 滴浓硫酸，用玻璃棒捣成糊状。

（4）在③号大试管中滴加蒸馏水将脱脂棉浸湿，边振荡边滴加 1.3 ~ 1.4 倍水滴数的浓硫酸，用玻璃棒捣成糊状后，加蒸馏水至原体积的 2 倍，摇匀，置沸水浴中振荡加热 8 分钟，取出冷却。

（5）在④号大试管中加入 10 滴浓硫酸，用玻璃棒把棉花捣成糊状，立即加入 2 mL 蒸馏水稀释、摇匀。放在沸水中边加热边振荡 5 分钟，取出冷却。

观察比较 4 支大试管中水解液的颜色、状态、溶解程度等。现象及原因记录在表 3 - 8 中。

表 3 - 8

试管编号	现 象	原 因
①		
②		
③		
④		

2. 通过实验比较水解程度

（1）用 $Cu(OH)_2$ 检验。

分别在 4 支大试管中取等量的水解液于 4 支小试管中，加入过量的 NaOH 溶液（为什么要过量?），用 pH 试纸检验呈蓝色时即可，稍冷，滴入 3 滴 2% $CuSO_2$ 溶液，有蓝色絮状物生成，于沸水浴中加热，记录生成砖红色沉淀的时间及颜色的深浅。结果填入表 3 - 9 中。

表 3－9

试管编号	沉淀颜色的深浅	生成砖红色沉淀的时间
①		
②		
③		
④		

【思考】为什么不先加 $CuSO_4$ 溶液，再加 NaOH 溶液至水解液呈碱性？

（2）用 $Ag(NH_3)_2OH$ 溶液检验。

分别在4个小试管中加入2 mL 2%的硝酸银溶液，振荡试管，同时滴加2%稀氨水，直到析出的沉淀恰好溶解为止（制得澄清的银氨溶液），再分别从4支大试管中取出等量的水解液于这4支小试管中，在温水浴里加热3～5分钟，观察并记录实验现象于表3－10中。

表 3－10

试管编号	出现银镜的时间	银镜的光亮程度
①		
②		
③		
④		

3. 纤维素的酯化

火药棉的制备：在1支大试管中加入4 mL浓硝酸，小心振荡下加入8 mL浓硫酸。待温度冷却到室温，把一小团棉花用玻璃棒浸入混合酸中，再将试管浸在60 ℃～70 ℃的热水浴中加热，边用玻璃棒搅动。8分钟后，用玻璃棒挑出棉花，放在烧杯中充分洗涤，再在流水下冲洗，洗时用手将棉花撕开，洗完后，把水挤干，放在表面皿上用水浴干燥，（为什么要用水浴？）得浅黄色、干燥的硝酸纤维素（火药棉）。

检验硝酸纤维素的酯化程度：取一小团硝化棉，将火柴头包住后在酒精灯下点燃，若硝化棉被点燃，而火柴头不燃，说明硝化充分；若硝化棉被点燃，同时火柴头也被引燃，则证明硝化不充分。（为什么？）

比较火药棉和脱脂棉的区别：用坩埚夹夹取一块火药棉放在灯焰上（观察

燃烧情况）。另夹一小块脱脂棉并点燃。比较两者燃烧情况有何不同。

五、注意事项

1. 纤维素水解的注意事项

（1）所用脱脂棉的量不要太多，否则不易充分水解，影响实验效果。

（2）所加浓硫酸的浓度要适中，一般以 80% ~ 90% 为宜。如加太浓的硫酸则会使纤维素发生炭化，变黑；如加太稀的硫酸，则会影响纤维素水解的进行。

（3）水解时加热的温度不要太高，否则也会使纤维素发生炭化。

（4）所加氢氧化钠的量应是过量的，以使生成的 $Cu(OH)_2$ 变为易反应的 $[Cu(OH)_4]^{2-}$，且不能生成黑色的 CuO 沉淀，避免对红色 Cu_2O 沉淀的干扰。

2. 纤维素酯化的注意事项

实验过程要用到的浓酸要小心使用，生成物是无烟炸药的主要成分，实验过程要多加小心，注意防火。

六、思考与作业

（1）从上述方案中可知，纤维素水解的最佳方案是哪个？为什么？

（2）水解反应中有哪些因素会影响水解的进行？

（3）制火药棉的过程中容易发生什么事故？如何防止这些事故的发生？

第十三节　维生素 C 的提取和含量的测定

一、实验目的

（1）学习维生素 C 的提取和含量测定的演示及如何引导学生开展实验探究证实假设。

（2）通过引导学生发现问题、观察实验，归纳总结维生素 C 的性质及含量测定方法。

（3）熟练掌握滴定分析的规范操作和注意事项。

二、实验原理

维生素 C 又叫抗坏血酚，是不饱和多羟基化合物，属于水溶性维生素。它分布很广，在许多水果、蔬菜中的含量更为丰富。维生素 C 具有很强的还原性。还原型抗坏血酸能还原染料 2，6 -二氯酚靛酚（DCIP），本身则氧化为脱氢型。在酸性溶液中，2，6 -二氯酚靛酚呈红色，还原后变为无色。因此，当用此染料滴定含有维生素 C 的酸性溶液时，若维生素 C 尚未被全部氧化，则滴下的染料立即被还原成无色。一旦溶液中的维生素 C 被全部氧化，则滴下的染料立即使溶液变成粉红色。所以，当溶液从无色变成微红色时即表示溶液中的维生素 C 刚刚全部被氧化，此时即为滴定终点。如无其他杂质干扰，样品提取液所还原的标准染料量与样品中所含还原型抗坏血酸量成正比。

三、实验用品

研钵、组织匀浆器、吸量管、抽滤设备、离心机、滤纸、容量瓶、滴定管、锥形瓶。

2% 草酸溶液、1% 草酸溶液、标准抗坏血酸溶液（1 mg/mL）、水果、蔬菜。

四、实验步骤

1. 创设情境

【柯南探案】一家庭主妇吃了从药店买的便药后，肚子不舒服。药也没过期，不知是何原因。大家都在找原因和猜测的时候，柯南刚好路过，就帮忙找原因。看了主妇吃的几种便药后，柯南找出了原因，他说是维生素 C 药片出问题了，接着便演示了一个实验证明了自己的结论。

2. 实验验证

（1）标准抗坏血酸溶液（1 mg/mL）配制：准确称取 100 mg 纯抗坏血酸（应为洁白色，如变为黄色则不能用）溶于 1% 草酸溶液中，并稀释至 100 mL，贮于棕色瓶中，冷藏。最好临用前配制。0.1% 2，6－二氯酚靛酚溶液配制：称 250 mg 2，6－二氯酚靛酚溶于 150 mL 含有 52 mg $NaHCO_3$ 的热水中，冷却后加水稀释至 250 mL，贮于棕色瓶中冷藏（4 ℃），约可保存一周。每次临用时，以标准抗坏血酸溶液标定。

（2）提取：水洗干净待测的新鲜蔬菜或水果，用纱布或吸水纸吸干表面水分。然后称取 20 g，加入 10～20 mL 2% 草酸，研磨成浆状，抽滤，合并滤液，滤液总体积定容至 50 mL。或者研磨后以 2% 草酸洗涤离心（4 000 r/min，10 min）2～3 次，合并上清液于 50 mL 容量瓶中，定容至刻度。

（3）标准液滴定：准确吸取标准抗坏血酸溶液 1 mL 置 100 mL 锥形瓶中，加 9 mL 1% 草酸，以 0.1% 2，6－二氯酚靛酚溶液滴定至淡红色，并保持 15 秒不褪色，即达终点。由所用染料的体积计算出 1 mL 染料相当于多少毫克抗坏血酸（取 10 mL 1% 草酸作空白对照，按以上方法滴定）。

（4）样品滴定：准确吸取滤液两份，每份 10 mL，分别放入 2 个锥形瓶内，滴定方法同前。另取 10 mL 1% 草酸作空白对照滴定。

（5）数据处理。

$$维生素C含量（mg/100\ g样品）=\frac{(V_A-V_B)\times C\times T\times 100}{D\times W}$$

式中：V_A 为滴定样品所耗用的染料的平均毫升数；

V_B 为滴定空白对照所耗用的染料的平均毫升数；

C 为样品提取液的总毫升数；

D 为滴定时所取的样品提取液毫升数；

T 为 1 mL 染料能氧化抗坏血酸毫克数（由操作（3）计算出）；

W 为待测样品的重量（g）。

3. 结论

演示完上述实验，柯南取出主妇吃的那种药片适量溶解，用标准液滴定，滴下去溶液就显粉红色了。说明主妇吃的那个维生素 C 药片已经被氧化，没有了抗坏血酸的功效，反而还有副作用。

五、注意事项

（1）某些水果、蔬菜（如橘子、西红柿等）浆状物泡沫太多，可加数滴丁醇或辛醇。

（2）整个操作过程要迅速，防止还原型抗坏血酸被氧化。滴定过程一般不超过 2 min。滴定所用的染料不应小于 1 mL 或多于 4 mL，如果样品含维生素 C 太高或太低时，可酌情增减样液用量或改变提取液稀释倍数。

（3）本实验必须在酸性条件下进行。在此条件下，干扰物反应进行得很慢。

（4）2% 草酸有抑制抗坏血酸氧化酶的作用，而 1% 草酸无此作用。

（5）干扰滴定因素有：① 若提取液中色素很多时，滴定不易看出颜色变化，可用白陶土脱色，或加 1 mL 氯仿，到达终点时，氯仿层呈现淡红色；② Fe^{2+} 可还原二氯酚靛酚。对含有大量 Fe^{2+} 的样品可用 8% 乙酸溶液代替草酸溶液提取，此时 Fe^{2+} 不会很快与染料起作用；③ 样品中可能有其他杂质还原二氯酚靛酚，但反应速度均较抗坏血酸慢，因而滴定开始时，染料要迅速加入，而后尽可能半滴半滴地加入，并不断摇动三角瓶直至样品呈粉红色，于 15 秒内不消褪为终点。

第十四节　真假白酒的鉴别实验

一、实验目的

（1）理解并掌握用化学方法鉴别真假白酒中甲醇含量的基本原理。

（2）培养学生配制化学试剂，进行化学实验操作的动手能力。

（3）通过实验操作练习，培养学生的观察、分析能力和思维的敏捷性。

（4）学习真假白酒鉴别实验的讲解方法。

二、实验原理

鉴别真假白酒的方法是将甲醇氧化成甲醛，利用甲醛的特性反应来鉴别。甲醇在酸性条件下容易被高锰酸钾氧化成甲醛，使用磷酸，可得到无色试液。

$$5CH_3OH + 2MnO_4^- + 6H^+ \longrightarrow 5HCHO + 2Mn^{2+} + 8H_2O$$

上述无色试液中有甲醛存在时，遇一些试剂将呈现不同的颜色，灵敏度都很高。例如，与新配制的 Schiff 试剂（又名品红—醛试剂）反应，溶液显紫红色。

三、实验用品

样品、品红、10% Na_2SO_3 溶液、浓 H_2SO_4、H_2SO_4（1∶1）、活性炭、$KMnO_4$ 固体、85% H_3PO_4 溶液、$H_2C_2O_4$（草酸）晶体。

试管（15 mm×180 mm）4 支、量筒 2 个、100 mL 烧杯 3 个、500 mL 烧杯 2 个、玻璃棒 1 支、胶头滴管 6 支、试管架（12 孔）1 只、燃烧匙 4 根、台秤 1 台、表面皿 2 个、普通漏斗 1 个。

四、实验步骤

1. 试剂配制

Schiff 试剂：取 0.1 g 品红，分批加入热水，研磨溶解，冷却后取上层清液，加入 10 mL 10% Na_2SO_3 和 1 mL 浓 H_2SO_4，再加水到 100 mL，摇匀，加活性炭过滤即可。

$KMnO_4-H_3PO_4$ 溶液：取 3.0 g $KMnO_4$ 固体，加入 15 mL H_3PO_4（85%）与 70 mL 水混合溶解后，加水到 100 mL 即可。

$H_2C_2O_4-H_2SO_4$ 溶液：取 5.0 g $H_2C_2O_4$（草酸）晶体，用 H_2SO_4（1∶1）溶至 100 mL 即可。

2. 实验过程

通过实验确定反应的最佳酸度，即最佳 pH 值。

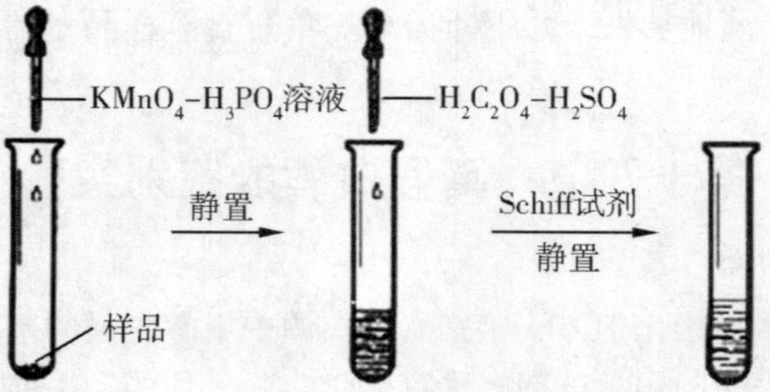

图 3－26

取两种白酒样品各 3～4 mL 于试管中，依次分别加入 0.5 mL $KMnO_4-H_3PO_4$ 溶液混匀，先放置 8～10 min；再依次分别加入 0 mL、0.5 mL、1 mL、1.5 mL $H_2C_2O_4-H_2SO_4$ 溶液，混匀使其褪色，测出 pH 值；最后再依次分别加入 1 mL Schiff 试剂混匀，静置后，观察现象；甲醇为紫红色，乙醇为无色。这种颜色深浅取决于甲醇的含量。

表 3－11　测定反应最佳 pH 值记录表

实验 / 次数	$H_2C_2O_4-H_2SO_4$/mL	溶液 pH 值	实验效果	
			褪色时间/min	加入 Schiff 试剂后出现紫红色时间/min
1	0			
2	0.5			
3	1.0			
4	1.5			
5	2.0			

【思考】加入 $H_2C_2O_4-H_2SO_4$ 溶液的量为多少时（即反应 pH 值为何值时），反应现象最明显，最适宜实验室鉴定真假白酒？

五、注意事项

（1）所需试剂均为新配制，实验过程中切忌受热。

（2）甲醇和乙醇均易被氧化，但生成的甲醛和乙醛结构不同，与 Schiff 试剂显色快慢不一；在酸性条件下，只有甲醛与 Schiff 试剂作用，生成很稳定的有色物，长时间不褪色。

（3）醛与 Schiff 试剂显色，必须保证酸性条件。

（4）利用该方法鉴别甲醇的最低检出限是 0.02 g/L，国家标准规定对以谷类为原料的酒，甲醇含量不得大于 0.04 g/100 mL，其中对 35°～40°低度白酒，甲醇含量不得大于 0.023～0.027 g/100 mL；以薯干及代用品为原料的酒，甲醇含量不得大于 0.12 g/100 mL。

六、思考与作业

（1）认真思考本次实验课的内容，查找相关资料，了解甲醇对人体的危害。

（2）鉴别分析酒中甲醇含量有几种方法，哪种比较方便可行？

第十五节　物质结构模型的制作[39,40]

一、实验目的

通过自制物质结构模型，发展动手、动脑及空间思维能力，激发学习兴趣，培养良好的情感、态度及价值观，提高复习效率。

二、实验原理

在物质结构的复习过程中，很多学生对高中化学要求掌握的各种物质结构模型缺乏感性认识，空间思维能力较差，不能很好地理解和应用这些模型，因此对有关考题不能很好把握。针对这一情况，笔者觉得应该让学生们先自己动手制作各种模型以增加感性认识，了解宏观规则的晶体源于微观微粒的有序排列，了解物质的特性，获取有关信息，再加分析讨论并结合题型进行分析讲解，提高教学速度和教学质量，解决书上难以表明的立体结构，从而达到突破难点的目的，收到较好的学习效果。

在实际教学中，对于物质结构的学习都会提供一些球棍模型，但是这样的教学并没有提升到理论高度，并不能真正揭示学生认知心理逻辑发展。因此，构建关于化学物质的结构模型就显得非常必要。

三、实验用品

废旧泡沫塑料、筷子、竹签、彩色橡皮泥、黄泥、不同颜色的蜡烛、胡萝卜、马铃薯、乒乓球、水果、积木等。

四、实验步骤

1. 分组自制模型

复习前先让学生动脑思考中学化学物质结构中涉及的知识内容，有哪些分子模型和晶体模型？明白老师为什么要让同学们制作这些模型，怎么做？用什么材料去做？要求学生就地取材，节约成本，分组讨论并利用废旧泡沫塑料、筷子、竹签、橡皮泥、黄泥、不同颜色的蜡烛、胡萝卜、马铃薯、乒乓球等，还有用各种水果、积木等做成比例模型，凭着学生们丰富的想象力，一件件精致的模型出现在面前。

2. 分析讨论

师生共同分析讨论每一模型所蕴涵的知识要点：

（1）分析 N_2、CO_2、H_2O、NH_3、HCl、H_2O_2、P_4、CH_4、C_4H_{10}、C_2H_4、C_2H_2、C_6H_6 等分子模型，了解 N_2、HCl、CO_2、C_2H_2 分子的直线型结构，H_2O 的折线型，NH_3 的三角锥型，P_4、CH_4 的正四面体，C_2H_4、C_6H_6 的平面对称，H_2O_2 的空间折线型，C_4H_{10}的空间锯齿型结构，各共价键的键角、键长、原子间相对位置，理解单键可旋转，而双键、三键不能旋转，理解共价键、极性键、非极性键、极性分子、非极性分子的概念，分子极性与空间结构的关系等。

$CH_2=CH-$　　　$-CH_2CH_2OH$　　　$CH\equiv C-$

N_2：

CO_2：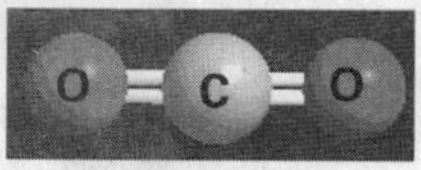

（直线型）

H_2O：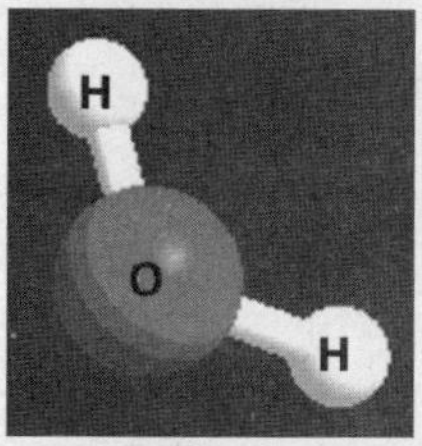

（折线型）

NH_3：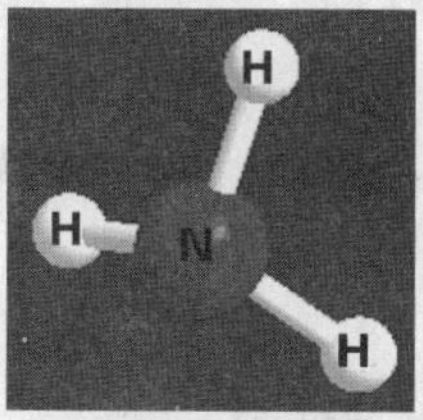

（三角锥型）

P_4：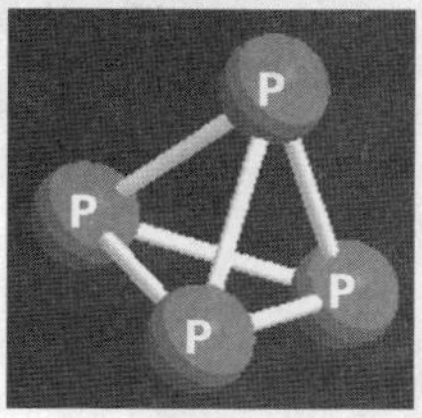

CH_4：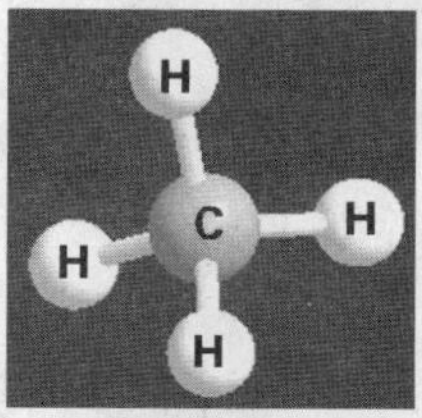

（正四面体）

C_6H_6：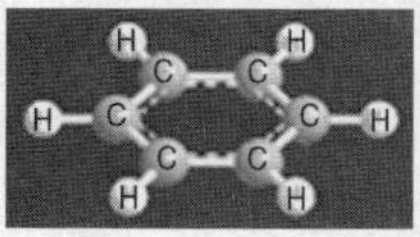
（平面对称）

H_2O_2：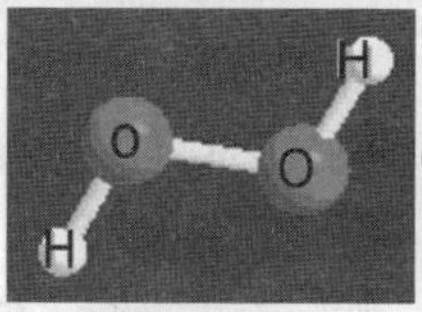

（空间折线型）

（2）分析干冰、冰、二氧化硅、金刚石、石墨、氯化钠、氯化铯、金属钠、锌、银等晶体模型，掌握分子晶体、原子晶体、离子晶体、金属晶体的构成微粒、微粒间的作用力及其物理性质，区别和判断各类型晶体，理解分子间作用力、氢键、共价键、离子键、金属键的形成及作用等，并利用各晶体模型的点、线、面、体分别代表的微粒，微粒间的作用力，键长、键角等解决下列问题：① CO_2（干冰）晶体、已从共价晶体过渡到分子晶体。在晶体中，直线型 CO_2 分子是分立的，C 原子位于立方晶胞的顶点与面心位置，每个 CO_2 分子轴与平面成一定的角度。CO_2 分子中 C—O 间以共价键结合，晶胞中分子间以范德华力联系。② 金刚石为 A4 结构，每个 C 以 sp^3 杂化与相邻的 4 个 C 形成四面体配位，晶胞中有 8 个 C 原子。③ NaCl 晶体属面心立方点阵，Na^+ 与 Cl^- 的配位数均为 6。Cl^- 作立方最密堆积，Na^+ 填在 Cl^- 形成的八面体空隙中。每个晶胞含有 4 个 Cl^- 和 4 个 Na^+，Cl^- 位于晶胞顶点与面心位置，Na^+ 位于体心与棱心位置。

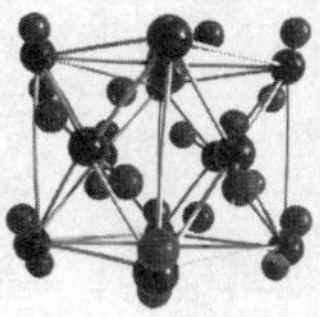
干冰

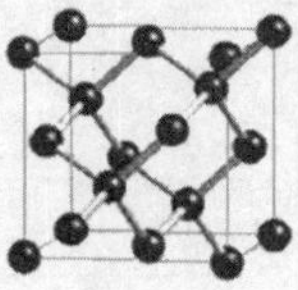
金刚石

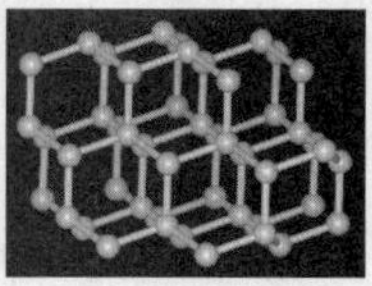
石墨

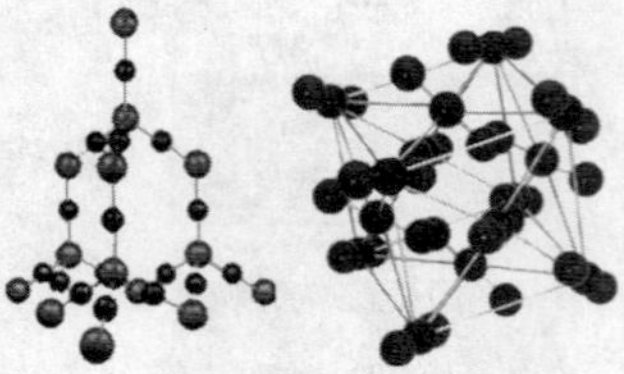

二氧化硅

氯化钠

氯化铯

钠（钾型）

锌（镁型）

银（铜型）

例：已知 FeO 的晶胞结构与 NaCl 的晶胞结构相似。FeO 晶体中，Fe^{2+} 的配位数为 6，Fe^{2+} 与 O^{2-} 离子个数之比为 1∶1 ，其晶体中每个阳离子周围与它最近且等距离的阳离子有 6 个。

3．总结归纳

模型展示：展示自制的 CO_2、金刚石、Mg、NaCl 的晶体结构模型，观察对比四类晶体模型各自的特点。

分组讨论：分学习小组讨论三种晶体模型各自的特点，进行小组内交流，形成小组观点，进行全班交流，最后由老师汇总归纳得出结论。

列表对比：参照本章归纳与整理中的第四点的表格形式对比分子晶体、原子晶体、金属晶体和离子晶体。

表 3－12

	分子晶体	原子晶体	金属晶体	离子晶体
构成晶体的粒子				
晶体中粒子间作用力或化学键类型				
熔点和沸点				
硬度				
延展性				
导电性				
典型实例				

通过上述的实验过程，既巩固了有关物质结构的知识，激发了学生的学习兴趣，又培养了学生动手、动脑的能力及空间思维能力。学生们相互交流制作的技巧和心得，不仅获得知识、技能和方法，提高了探究创新能力，同时也形成了良好的情感、态度和价值观，真正实现了知识与技能、过程与方法、情感态度与价值观的三维目标，有效地提高了其复习效率。

五、注意事项

（1）有些物质的结构模型要先根据其分子类型确定，后方可动手制作。

（2）学生内部的加工过程结束后，教师应当组织交流讨论，让学生暴露相应的模糊认识，及时解决学生的疑问。师生、生生之间互相交流讨论，促进学生转换原有的“模糊概念”，全面认识模型表征的意义，将表象模型形成科学的模型概念。

六、思考与作业

铜的摩尔质量为 $M = 64\ g/mol$，铜的密度为 $\rho = 8.9 \times 10^3\ kg/m^3$。试估算铜原子的质量和直径，并制作模型。

第十六节　中学化学实验设计与实验教学设计

一、要求及说明

（1）根据实际条件，选择中学化学教材中的一个实验作为研究对象；也可为中学化学某个较重要的教学内容重新设计一个中学化学教材中没有编排的实验。

（2）查阅有关文献、资料，对该实验作进一步了解，考虑能否对该实验作一些改进、提高。

（3）题目大致选定后，写出实验研究、设计报告（包括研究的课题、实验装置图、所需药品、操作过程及要求、注意事项等）。

（4）在实验室进行实验条件优化，写出实验设计文稿和实验教学设计文稿。

（5）对选题预做 1 ~ 3 次练习，交流时除了讲解还需作实验的演示。

（6）交流时讲解的角度及内容可任选以下两个中的一个：

① 作为中学化学实习课来讲，即对“中学生”演示一个实验，并作讲解（上课）。

② 作为实习教师间的交流来讲解，交流的重点是讲清实验的设计思路、制作要求、操作步骤、成败关键等自己的经验、体会。

如果认为必要，也可以将两者结合起来交流。

二、实验选题

1. 实验室制取氧气

2. 中和反应与中和热的测定
3. 测定、比较食品中维生素 C 的含量
4. 木炭还原氧化铜
5. 焰色反应
6. 离子鉴定
7. 胶体的电泳
8. 香烟烟雾中的有毒物测定
9. 自制敏感小地雷（趣味小实验）
10. 面粉酸度的测定
11. 油脂的皂化
12. CO_2 比空气重
13. 过滤
14. 碘水多变色（趣味小实验）
15. 燃料电池
16. 滴水生烟（趣味小实验）
17. 乙烯气体制备和性质演示
18. 白酒中甲醇的鉴定
19. 测定加碘食盐中的碘

第四章　中学化学微型实验

微型化学实验作为一种实验方法，由来已久。它是在微型化的仪器装置中进行化学实验，其试剂用量通常为常规用量的1/1 000～1/100，用量比对应的常规实验节省90%左右。微型化学实验的基本特征是仪器的微型化和试剂的微量化，最大的优点是保护环境、节约试剂、节省学时，非常适合实验教学资源相对较匮乏的地区开展化学教育。微型实验仪器经专家和有心人的不断精心设计改造，不仅造型优美，而且价格低廉、便于携带。

我国的微型化学实验研究是由无机化学、中学化学的微型实验研究开始的。因此，本章扼要介绍常用的井穴板、多用滴管，以及由湛江师范学院研制的ML－1成套微型仪器。

第一节　井穴板、多用滴管

井穴板、多用滴管是无机微型化学实验的主要仪器。

一、井穴板

井穴板是一个塑料碟子，含有圆柱形井穴（如图4－1所示）。常用的是六孔和九孔井穴板，规格以每孔的容积（mL）×孔数来表示。其中六孔井穴板附带双导气管的井穴塞。

井穴板既可作反应器，也可用来盛装化学试剂。因此，温度不超过80 ℃的无机反应都可在井穴板中进行。井穴板具有试管、烧杯、储瓶等功能，还能作为比色管、电解池、投影器皿等。

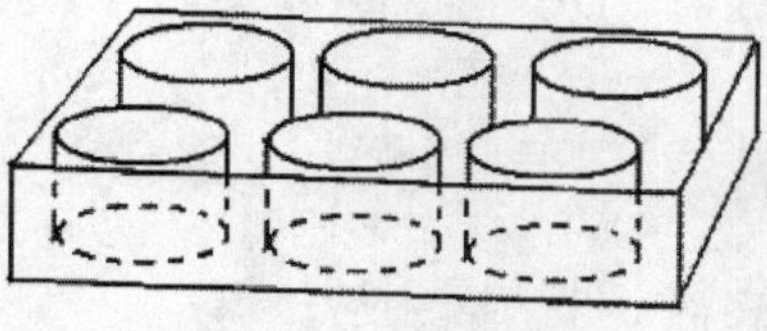

六孔井穴板（5 mL×6）

九孔井穴板（0.7 mL×9）

图4－1　井穴板

井穴板使用的注意事项：① 不能用火直接加热，可用水浴间接加热，温度一般不超过 80 ℃；② 一些有机溶剂如四氯化碳、乙醚、丙酮等会腐蚀井穴板和滴管，不能使用，使用这些溶剂的反应一定要在小玻璃试管中进行；③ 在井穴板中进行一些有沉淀生成的反应，观察到现象后应立即洗净井穴板，以免放置后难以洗涤。

二、多用滴管

微型实验使用的多用滴管有两种：细颈滴管和尖头滴管（如图 4－2 所示）。塑料滴管可用来转移化学试剂和收集产物（包括气体），集储和滴的功能为一体，能耐一般酸碱的腐蚀，是无机酸、碱、盐溶液的小滴瓶，所以被称为多用滴管。滴管是由聚乙烯吹塑制成的，质地柔软，易弯曲。当需要将几小滴液体转移到反应物中时，就要用到尖头滴管。滴管可以为各种实验目的服务。例如，细颈滴管可以用作药匙、气体发生器和反应器。细颈滴管的细颈易弯曲，可用作导管，转移气体或液体。对于一些特殊试剂可以用灯熔封管颈隔绝空气以便长期保存和携带。多用滴管的液滴体积经过标定后，便是一个少量液体计量器，如果管颈上紧套一个微量滴头，就是一个液滴体积为0. 025 mL的毛细滴管，适于定量操作。

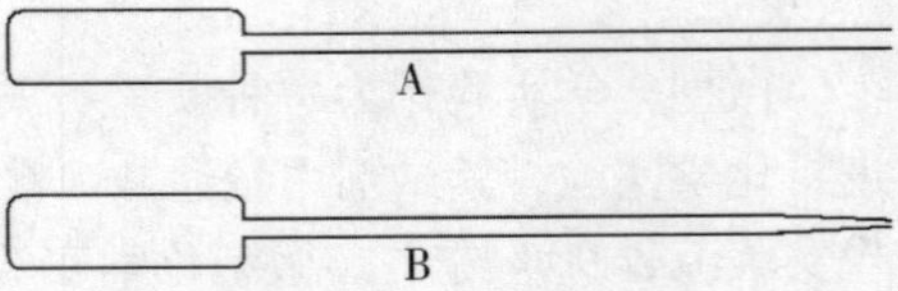

A. 细颈滴管　　B. 尖头滴管

图 4－2　多用滴管

第二节　ML－1 成套微型仪器[41]

ML－1 微型仪器由湛江师范学院研制开发，可满足中学大部分化学实验的需要。该套仪器的名称、用途和使用注意事项等介绍见下表。

ML－1 成套微型仪器

仪器名称	一般用途	使用注意事项
微型气体发生器 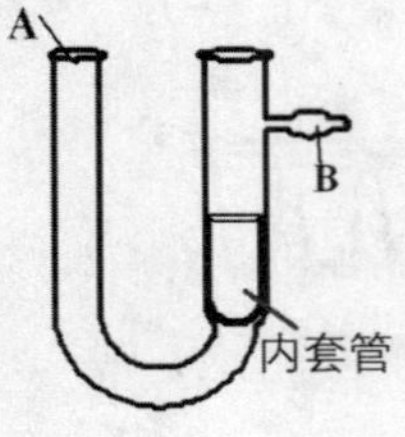	由 U 形管和内套管组成。 ① 装配气体发生装置。可用于液－固制气、液－液制气和固－固加热制气。 ② 可作电解、电镀盛液容器。	① 可直接加热，要防止骤冷、骤热，以免引起仪器破裂。 ② 使用时轻拿轻放，以免用力过猛，使弯曲处断裂。 ③ 内套管根据需要可以随意取出，但要注意保管。 ④ 与其他仪器连接时，不要用力过猛，以免破裂。

（续上表）

仪器名称	一般用途	使用注意事项
V 形侧泡反应管 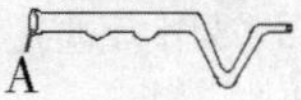 	① 用于气体与液体或气体与固体进行反应的仪器。 ② 可用作液体、固体加热分解的反应器。	① 直接加热时，要先使其均匀受热，再在固定部位加热。 ② 与其他仪器连接时，不要用力过猛，以免破裂。
侧泡具支试管 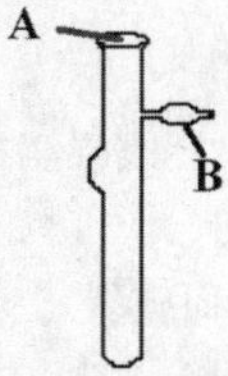 	① 制取少量气体。 ② 用作反应的容器。 ③ 作洗气或干燥管。 ④ 当斜放时可同时在两处装载试剂分别进行实验。	① 可直接加热，要防止骤冷骤热，以免引起仪器破裂。 ② 与其他仪器连接时，不要用力过猛，以免破裂。
小试管 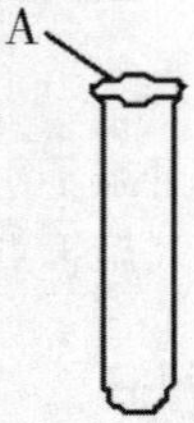 	① 盛少量试剂。 ②用作少量试剂的反应容器。 ③ 收集少量气体。	① 可直接加热，防止骤冷骤热。 ② 加热时应用仪器持夹夹持。 ③ 与其他仪器连接时，不要用力过猛，以免破裂。
直形通气管 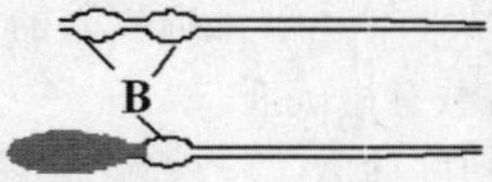 	① 用于导气。 ② 作搅拌棒。 ③ 接上普通滴管胶头即可组成一支滴管，用于吸取或滴加少量液体药品。 ④ 球状处为内接口，套上乳胶管可与微型气体发生器或具支试管连接组装成各种装置。	① 作为滴管在取液体时不能倒置。 ② 与其他仪器连接时，不要用力过猛，以免破裂。
直角形通气管 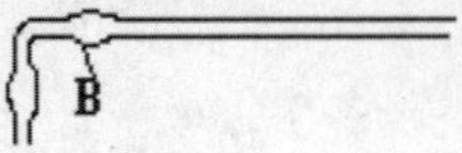 	① 用于导气。 ② 球状处为内接口，套上乳胶管可与具支试管连接组装气体干燥和洗气装置。	与其他仪器连接时，不要用力过猛，尤其要注意弯曲处，以免折断破裂。

（续上表）

仪器名称	一般用途	使用注意事项
尖嘴管 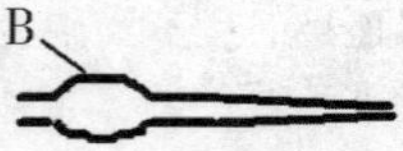 	① 作可燃气体的燃烧管。 ② 用于导气。 ③ 球状处为内接口，套上乳胶管可与其他仪器连接组装。	与其他仪器连接时，不要用力过猛，以免破裂。
小烧杯 	① 用作较大容量的反应容器，以使反应物均匀混合。 ② 作配制溶液的容器。 ③ 盛水容器。	① 防止搅动时液体溅出，或沸腾时液体溢出。 ② 防止玻璃受热不均匀而破裂。
酒精灯 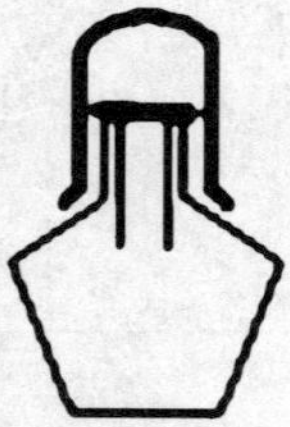	加热用。	① 在第一次点燃时，先打开盖子用手扇去其中聚集的酒精蒸气后再点燃，以免发生事故。 ② 停止加热时必须用灯帽盖灭。
多用滴管 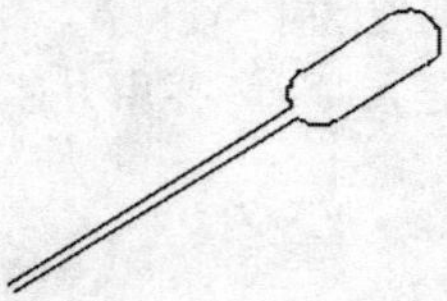	① 可作为试剂或气体的储存容器、滴管、反应容器等。 ② 把颈管拉细，作为毛细管和搅拌棒。	① 不能直接加热，可在 80 ℃以下水浴。 ② 聚乙烯制品，耐一般无机酸碱的腐蚀，不能装载有机试剂。 ③ 储存液体和气体时，一般要对管端加热熔封；用时剪开，用后封回。 ④ 作试剂瓶用途时须贴上小标签。
小药勺 	① 取固体药品用。 ② 作搅拌棒。	取用一种药品后，必须洗净，并用滤纸屑擦干后，才能取另一种药品。

（续上表）

仪器名称	一般用途	使用注意事项
主铁夹 	① 大夹用于夹操作台支柱而起固定作用。 ② 小夹用来夹住不锈钢持夹或卡仪板。 ③ 夹把柄孔可用于放置试管。	① 使用过程中不要手抓着把柄，以免夹子打开。 ② 使用完应擦干净夹子上玷污的化学药品。
仪器夹 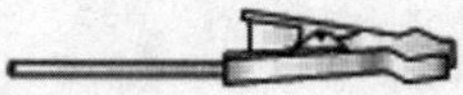	① 可夹持仪器进行加热。 ② 可夹持试管、微型气体发生器、具支试管和 V 形侧泡反应管等。	① 使用过程中不要同时用手抓着两个把柄，以免夹子打开。 ② 使用完毕应擦去夹子上玷污的化学药品和水。
卡仪板 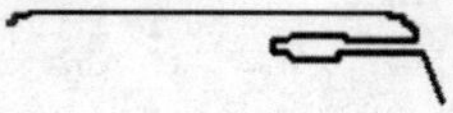	① 可用于固定仪器。 ② 与不锈钢主铁夹和微型操作台配合使用可充当试管架。	如果用于夹持仪器进行加热时，应距离加热点尽量远，以免橡胶被烧坏。
止气（水）夹 	夹着乳胶管，阻止气体或液体通过。	防止大角度折反。
操作台 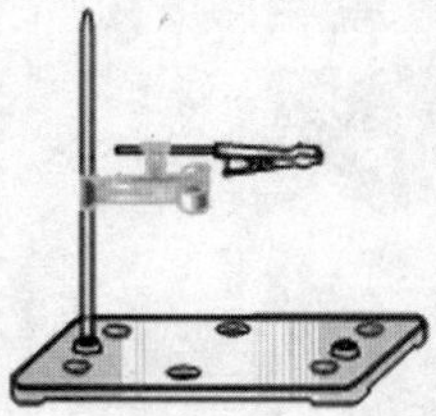	① 用于固定或放置反应容器。 ② 操作台底座上的两个孔可用于放置多用塑料滴管。 ③ 操作台底座上有四个孔穴，用于点滴反应，适用于一些不需要分离的沉淀反应，尤其是显色反应。	① 仪器固定时，仪器和操作台的重心应落在底座中部。 ② 操作台支柱可活动，使用完后可拆下放置。 ③ 孔穴不适宜进行接触有机试剂的反应。

（续上表）

仪器名称	一般用途	使用注意事项
水槽（仪器盒托盘）	① 装载仪器配件。 ② 装较大量的水当作水槽使用。	用后要擦干。
毛刷	洗刷玻璃仪器。	小心刷子顶端的铁丝撞破玻璃仪器。

注：A 为玻璃仪器简易标准外接口；B 为玻璃仪器简易标准内接口。

第三节　中学化学微型实验

实验 1　钠与水的反应[42]

一、实验目的

（1）通过分组实验，观察钠与水反应所产生的各种现象，加深对钠活泼性的理解。

（2）通过合作讨论，进一步对钠与水反应产生的现象作出合理解释。

二、实验原理

$2Na + 2H_2O = 2NaOH + H_2\uparrow$

微型实验装置见图 4－3。

三、实验用品

操作台 1 个，套上乳胶头的具支试管 1 支，镊子 1 把，米粒大小的金属钠 1 块，酚酞（2 g/L 乙醇溶液），水等。

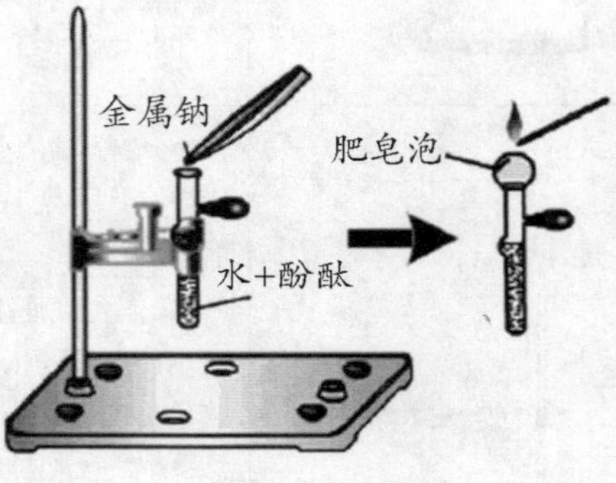

图 4－3

四、实验步骤和操作

在具支试管中加入水至侧泡的中部，再加 1 滴酚酞试液，用胶头封住支管。用镊子把一小块米粒大的钠投入试管中，然后用肥皂液抹在其管口（抹肥皂液时，应在管口稍停留一会，有利于形成肥皂泡，并注意观察试管内的实验现象）。当试管口形成一个比较大的肥皂泡时，将点燃的火柴移近肥皂泡，能听到氢气清晰的爆鸣声。

五、注意事项

(1) 钠粒取米粒大小。如果钠粒太大，生成的气体多，放出的热量多，容易产生爆炸。

(2) 取钠粒严禁用手直接接触，因为生成物中有碱性物质，对皮肤有腐蚀性。

六、思考与作业

(1) 观察认识钠的储存方式、物理性质及合理解释“钠浮在水面、熔化成小球、球四处游动、滴有酚酞的水溶液变红”等实验现象。

(2) 结合中学化学课本，写出“钠与水反应”化学实验教学设计文稿。

实验2 氯气的制取及性质实验[43]

一、实验目的

(1) 掌握实验室制备氯气的方法。

(2) 初步学会用废弃物品制作微型实验仪器和组装制备氯气的装置。

二、实验原理

1. 实验室制取氯气的原理

在酸性介质中，用 MnO_2、$KMnO_4$、$KClO_3$ 等氧化剂将 Cl^- 氧化成氯气。如：

(1) 用浓盐酸跟二氧化锰混合加热制取氯气。

$$4HCl（浓） + MnO_2 \xlongequal{\triangle} MnCl_2 + 2H_2O + Cl_2\uparrow$$

(2) 氯酸钾与浓盐酸反应。

$$KClO_3 + 6HCl（浓） \xlongequal{\triangle} KCl + 3H_2O + 3Cl_2\uparrow$$

(3) 如不用浓盐酸，亦可用 NaCl（固体）跟浓硫酸代替。

$$2NaCl + MnO_2 + 3H_2SO_4 \xlongequal{\triangle} 2NaHSO_4 + MnSO_4 + Cl_2\uparrow + 2H_2O$$

(4) 本实验采用高锰酸钾跟浓盐酸反应。

$$2KMnO_4 + 16HCl（浓） \xlongequal{\quad} 2MnCl_2 + 2KCl + 5Cl_2\uparrow + 8H_2O$$

2. 氯气的性质

(1) $Cl_2 + H_2O \xlongequal{\quad} HCl + HClO$ $HClO$ + 品红溶液 → 品红褪色（漂白作用）

(2) $2KI + Cl_2 \xlongequal{\quad} 2KCl + I_2$

(3) $AgNO_3 + HCl \xlongequal{\quad} AgCl\downarrow + HNO_3$

(4) $2NaOH + Cl_2 \xlongequal{\quad} NaCl + NaClO + H_2O$

三、实验用品

经1∶20 的 84 消毒液浸泡 90 分钟处理过的废弃物品：青霉素药瓶（带瓶

塞）6只、废弃的一次性注射器（5 mL、带针头）1支、废弃圆珠笔芯（去笔头）5支。

12 mol · L^{-1}盐酸、高锰酸钾、红墨水、碘化钾溶液、硝酸银溶液、氢氧化钠溶液。

四、自制实验装置

（1）清洗。将青霉素药瓶、瓶塞、注射器、圆珠笔芯清洗干净（若圆珠笔芯不好清洗，可在细铁丝上包薄薄一层药棉蘸酒精清洗）。

（2）打孔。用和圆珠笔芯直径相同的铁丝在酒精灯上加热后在瓶塞上烫小孔（在其中五个瓶塞上分别烫两个小孔，在其中一个瓶塞上烫一个小孔）。

（3）弯管。将圆珠笔芯在酒精灯上略微加热，弯成弯管。

（4）连接装置如图4－4（注意整套装置要密封不漏气）。

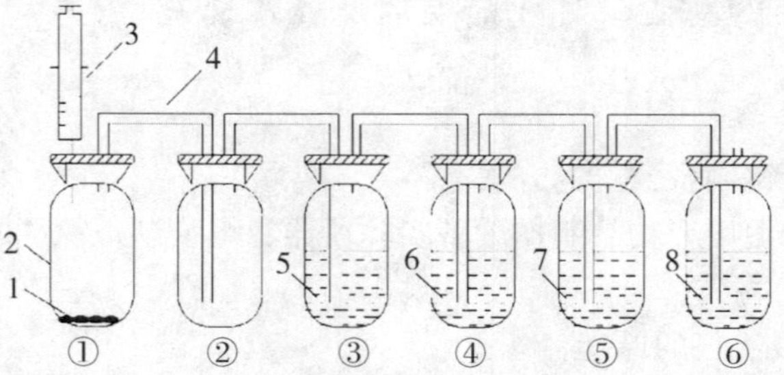

1. 高锰酸钾粉末　2. 青霉素药瓶　3. 注射器（内含浓盐酸）　4. 圆珠笔芯制作的导管　5. 红墨水溶液　6. 碘化钾溶液　7. 硝酸银溶液　8. 氢氧化钠溶液

图4－4

五、实验步骤

（1）在瓶①中放入少量（约2 g）高锰酸钾粉末，第③、④、⑤、⑥瓶中依次加入红墨水溶液（5 mL水中滴加1～2滴红墨水），碘化钾溶液，硝酸银溶液，氢氧化钠溶液。

（2）取5 mL注射器吸满12 mol · L^{-1}的盐酸溶液，将注射器针头插入瓶①的塞子。连接好装置如图4－4。

（3）慢慢地推注射器活塞，使盐酸滴入瓶①中，与高锰酸钾接触，立即有黄绿色的气体产生。氯气经过瓶②后依次进入各个小瓶，都有气泡产生。瓶③中红墨水颜色逐渐变浅，瓶④中碘化钾溶液从无色变为棕红色又转为黑色沉淀，瓶⑤中硝酸银溶液出现白色沉淀。瓶⑥中的氢氧化钠溶液能吸收多余的氯气，以防扩散到空气中污染环境。

六、注意事项

（1）本次实验所用废弃物品要注意消毒处理。

（2）该反应不需要加热，但由于反应迅速，在短时间内能得到大量的氯气，所以要靠盐酸的滴入量来调节。

(3) 反应很剧烈时应停止加入浓盐酸，让反应慢慢稳定下来，否则会生成七氧化二锰，这种氧化物易发生爆炸。

(4) 该实验既可以分拆单独做验证操作，也可以串联操作。

(5) 如需收集氯气可采用向上排空气法收集也可用排饱和食盐水法收集。

(6) 如需制取干燥、纯净的氯气，可用饱和食盐水除氯化氢气体，用浓硫酸除水蒸气。

(7) 氯气的尾气处理，用氢氧化钠溶液吸收。

七、思考与作业

(1) 这套仪器装置有何优缺点？用它还能进行哪些实验？

(2) 结合中学化学课本，写出“氯气的制取及性质实验”化学实验教学设计文稿。

实验3　铜与浓、稀硝酸的反应实验[42]

一、实验目的

利用蒸馏水吸收铜与浓硝酸反应生成 NO_2 后形成的稀硝酸，进行铜与浓、稀硝酸反应实验现象及反应产物的对比，加强学生对不同浓度的硝酸氧化性不同的理解，同时增强学生的环保意识。

二、实验原理

$Cu + 4HNO_3$（浓）$=\!=\!= Cu(NO_3)_2 + 2NO_2\uparrow + 2H_2O$

$3NO_2 + H_2O =\!=\!= 2HNO_3 + NO\uparrow$

$3Cu + 8HNO_3$（稀）$=\!=\!= 3Cu(NO_3)_2 + 2NO\uparrow + 4H_2O$

$2NO + O_2 =\!=\!= 2NO_2$

微型实验装置见图 4－5。

三、实验用品

操作台 1 个，U 形管、具支试管、套上乳胶管的尖嘴管及乳胶管各 1 支，橡胶塞 2 个，铜片 2 小块，浓硝酸，蒸馏水等。

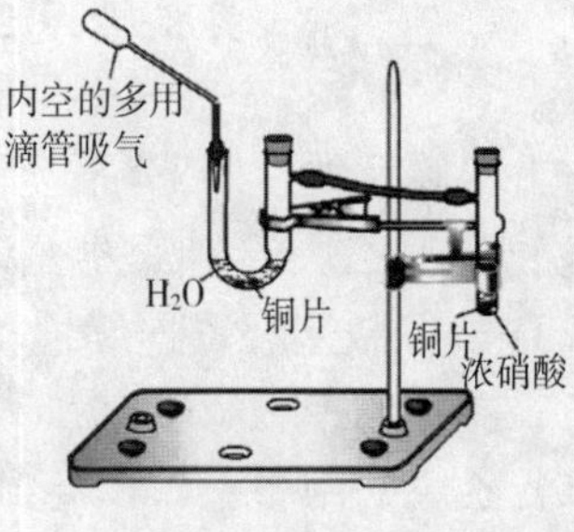

图 4－5　铜与销酸反应实验装置图

四、实验步骤和操作

在 U 形管和具支试管中各放入一小块铜片。向 U 形管加水至浸过弯管部分以形成液封，用套有乳胶管的尖嘴管塞住 U 形管的细管口。装置如图 4－5 所示。

向具支试管加入4~5滴浓硝酸，使铜片和浓硝酸发生反应，溶液由无色变为蓝绿色（硝酸铜的生成），产生红棕色的NO_2气体。用手触摸试管底部烫手，可知反应是放热的。红棕色气体经乳胶管渐渐充满U形管的大管端，随着NO_2气体不断溶解于管内液封的水中，可观察到U形管里原与水不反应的铜片此时会在其表面不断出现小气泡，而U形管小端的气体仍然保持无色，该现象表明铜与NO_2气体溶于水的反应产物——稀硝酸作用，生成无色的NO气体。片刻后，待U形管小端里的NO气体浓度高些时，将一支多用滴管对着尖嘴管上方的乳胶管口吸气，很快地多用滴管内可看到逐渐变为红棕色的气体。由此证明U形管小管端的无色气体NO被吸入多用滴管后与滴管里的空气反应生成红棕色的NO_2气体。

五、注意事项

（1）实验前应先检查装置的密封性。

（2）取浓硝酸时应小心，不要让硝酸沾到皮肤上。

（3）铜与浓硝酸反应剧烈，浓硝酸的量不要取得太多，以免产生的气体从管内冲出伤人和污染环境。

（4）实验完毕后，要将装置内的液体和气体一起注入氢氧化钠溶液中，以免污染环境。

六、思考与作业

（1）该设计能充分利用资源（前一个反应的产物是后一个反应的重要反应物），并在短时间内完成各项反应，从中你受到什么启发？有无更好的设计方案？

（2）结合中学化学课本，写出“铜与浓、稀硝酸的反应实验”教学设计文稿。

实验4　乙炔的制备及性质实验[44]

一、实验目的

（1）学习乙炔的制备方法及验证炔烃的性质。

（2）学习微型装置连续检验乙炔性质的操作。

二、实验原理

（1）乙炔的制备：$CaC_2 + 2H_2O = Ca(OH)_2 + C_2H_2\uparrow$

（2）被$KMnO_4$氧化（能使紫色酸性高锰酸钾溶液褪色）：

$3CH\equiv CH + 10KMnO_4 + 2H_2O \longrightarrow 6CO_2\uparrow + 10KOH + 10MnO_2\downarrow$

（3）加成反应（Br_2的CCl_2溶液褪色）：

$CH\equiv CH + 2Br_2 \longrightarrow CHBr_2 - CHBr_2$

（4）乙炔的可燃性（火焰明亮，同时冒浓烟，放热）：

$$2C_2H_2 + 5O_2 \longrightarrow 4CO_2 + 2H_2O$$

三、实验用品

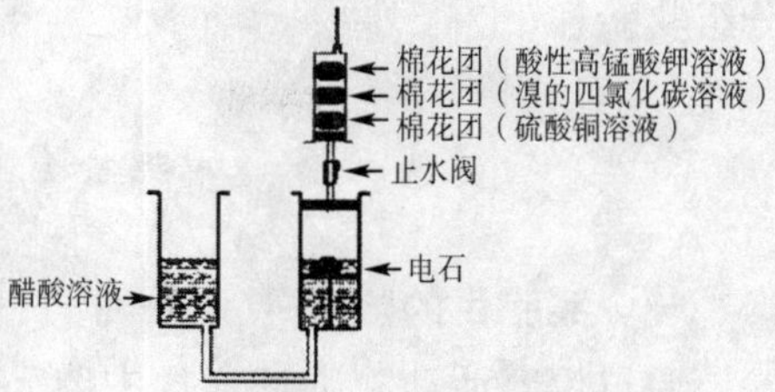

图 4－6

废旧注射器、输液管、青霉素瓶、铁架台（带铁夹）、镊子、脱脂棉、火柴、电石、20% 醋酸溶液、硫酸铜溶液、溴的四氯化碳溶液、酸性高锰酸钾溶液。

四、实验装置

两支 20 mL 注射器用输液管连接，截取一段去掉胶塞的注射器活塞倒置于右侧注射器内，胶塞打孔，插入输液管导管作导气管，完成气体发生装置的组装（如图 4－6 所示）。2.5 mL 小注射器内由上到下依次放入浸有酸性高锰酸钾溶液、溴的四氯化碳溶液、硫酸铜溶液的棉花团，作为气体除杂和性质验证装置，注射器顶端放一针头，验证气体可燃性。

五、实验操作

组装仪器，检验气密性；向右侧注射器内加入花生粒大小的电石，小注射器内塞好棉花团，塞好塞子，向左侧注射器中注入 20% 醋酸溶液，使右侧注射器内液面刚好浸没电石，反应开始。观察棉花团颜色变化；变色后，点燃乙炔气体，观察燃烧现象，把青霉素小瓶置于火焰上方，有黑色碳颗粒出现，验证乙炔的不完全燃烧。关闭止水阀，火焰熄灭，右侧注射器内液体被压到左侧注射器，电石与醋酸溶液分离，反应停止。

六、注意事项

在使用青霉素瓶和注射器、输液管等废弃物之前一定要先进行彻底消毒，特别是注射器针头使用前一定要在酒精灯上灼烧，彻底杀灭上面的病菌，在消毒和使用过程中要注意不要被针头扎伤，在消毒时最好戴上手套。使用 20% 醋酸溶液或饱和食盐水与电石反应，不仅能有效减缓反应速率，而且减少反应过程中泡沫的产生。气体发生装置为简易启普发生器，可以随开随用，随关随停；只需更换小注射器内棉花团，即可连续进行多个班教学演示。

七、思考与作业

（1）制备乙炔时，为什么要用 20% 醋酸溶液和电石反应？

（2）为什么市售的电石制出的乙炔常有臭味？将乙炔通过饱和硫酸铜浸湿的棉花目的是什么？

（3）该气体发生装置是否也可用于氢气、二氧化碳、二氧化氮等气体的制备？小注射器内棉花团更换试剂后，能否用于乙烯、氯气等气体性质的验证？

（4）结合中学化学课本，你准备如何组织“乙炔的制备及性质实验”学生分组实验？

实验5　加碘食盐中碘元素检验的探究[45]

一、实验目的

通过探究活动，了解食盐中碘元素的存在形式，掌握检验 I_2、I^-、IO_3^- 的原理和实验操作，提高实验设计能力。

二、实验原理

加碘食盐中含有碘酸钾（KIO_3），KIO_3 在酸性条件下与 I^- 反应生成 I_2，离子方程式：$IO_3^- + 5I^- + 6H^+ = 3I_2 + 3H_2O$；$I_2$ 遇淀粉变蓝色。

三、实验用品

操作台1个，多用滴管。

加碘精盐、醋精（主要成分为醋酸，不含食醋中的营养成分）、新制氯水、碘化钾溶液、淀粉溶液、蒸馏水。

四、探究活动

1．提出问题

食盐是我们在日常生活中十分常见的一种调味品，它也是一种人体的必需品，参与了我们体内每时每刻都在进行着的新陈代谢过程，这样一种与我们的生命息息相关的常见的物质，我们对它又了解多少呢？现在市场上所出售的食盐几乎每一包的包装上都标有“加碘”二字。从这两个字我们可以看出在食盐中含有碘元素，但是碘元素有多种存在形式，常见较为稳定的存在形式有 I_2、I^-、IO_3^- 等几种，在我们的食盐中添加的碘到底是这其中的哪种形式或是多种形式的组合呢？我们怎样才能知道食盐中碘的存在形式？

2．实验设计

根据要探究的问题，学生运用已有的知识设计实验方案、阐述实验原理和方法、步骤，并相互讨论和质疑，教师适当引导，修改方案、确定方案如下：

（1）利用淀粉溶液遇碘单质变蓝色，检验是否有碘单质存在。

（2）利用新制氯水能把 I^- 氧化成单质碘，检验是否有 I^- 存在。

（3）利用 IO_3^- 的氧化性，在酸性介质中 I^- 和 IO_3^- 能发生歧化反应而得到单质碘，检验是否有 IO_3^- 存在。

（4）检验是否以 I^- 和 IO_3^- 两种组合状态存在，反应原理与（3）一致。

3．实验事实

（1）取少许食盐（约0.1克）于操作台底座的某一孔穴中，用少量（约15

滴）蒸馏水溶解，再滴加一滴淀粉溶液，搅拌，无蓝色出现，说明没有碘单质。

（2）取少许食盐（约0.1克）于操作台底座的某一孔穴中，用少量（约15滴）蒸馏水溶解，滴入一滴氯水，再滴加一滴淀粉溶液，搅拌，无蓝色出现，说明食盐中不存在I^-。

（3）取少许食盐（约0.1克）于操作台底座的某一孔穴中，用少量（约15滴）蒸馏水溶解，滴加一滴醋精，再滴加一滴淀粉溶液，搅拌，观察无蓝色出现。说明食盐中的碘不是以I^-和IO_3^-两种状态存在的。

（4）取少许食盐（约0.1克）于操作台底座的某一孔穴中，用少量（约15滴）蒸馏水溶解，用多用滴管滴入一滴醋精，一滴碘化钾溶液，一滴淀粉溶液，搅拌，观察到溶液变为蓝色，说明有碘单质析出，原溶液中含IO_3^-。

4．结论

食盐中的碘元素存在形式为IO_3^-。

五、思考与作业

（1）本活动经历了哪些过程验证加碘食盐中碘元素的存在形式？（研究方法）

（2）结合中学化学课本，你准备如何更有效地组织加碘食盐中碘元素检验的探究活动？

实验6　制作水果电池[46]

一、活动目标

（1）知识与技能：通过水果电池的制作，进一步理解原电池的工作原理。

（2）过程与方法：通过水果电池的制作，体验探究的全过程和研究问题的方法，体验开发与利用生活中的化学实验资源的乐趣。

（3）情感态度与价值观：通过应用科学规律解释生活中的现象，激发探索自然的兴趣，感受化学实验的魅力。

二、活动过程

1．引入课题

化学电池是生活中常见的电源。水果中含有大量的果酸，果酸也是一种很好的电解质。设想在水果中插入两个电极，会不会像化学电极一样也能产生电流呢？若能产生电流，其影响电流大小的因素又是什么呢？

2．实验器具

铁片、镁条、锌片、铜片和石墨棒（直径1 cm，长6 cm），六孔井穴板、多用滴管等微型仪器，番茄、草莓、西瓜、梨、芒果、荔枝、苹果等水果，万用表、砂纸、导线（带鳄鱼夹）、音乐贺卡（带发光二极管）、水果刀、纱布、小烧杯、玻璃棒、酒精灯。

（1）发现并提出问题。

各小组讨论后，针对水果电池提出以下疑问：① 哪些水果能制作水果电池？② 哪些材料可以作电极？另外还需要哪些材料？③ 水果电池的电流强度可能与哪些因素有关？④ 水果何以能发电，水果发电与原电池原理是否相似？

（2）进行猜测或假设。

在小组中进行讨论，并根据所提出的问题，作出以下猜测：① 所有的水果都可以制作水果电池；② 实验所提供的导电材料都可以作电极；③ 电流强度与水果的种类、成熟程度、电极材料、电极深度、电极间的距离、酸碱度、温度等因素都有关系。

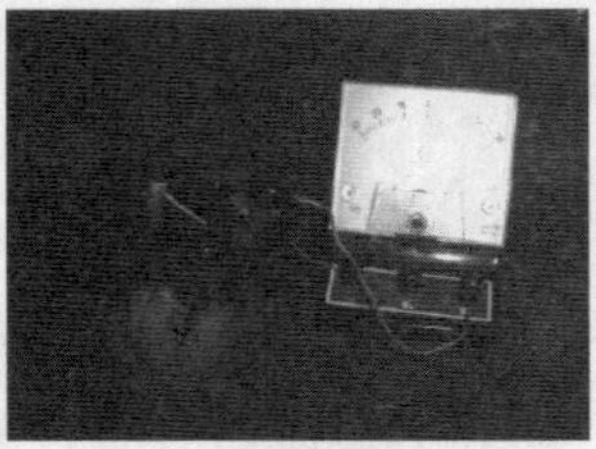

图4－7　番茄电池

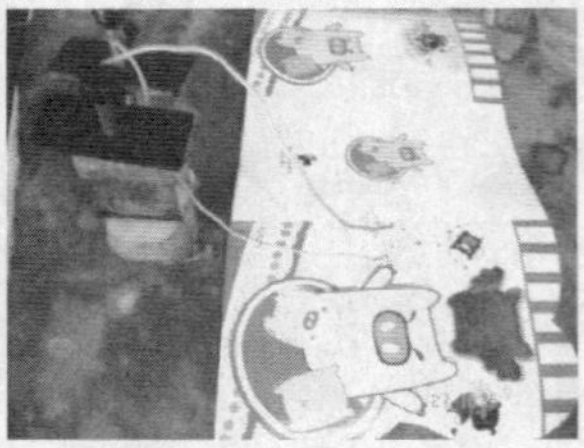

图4－8　土豆电池

（3）设计实验，制订方案。

教师将学生提出的各种猜想写在黑板上，每小组可选择一个猜测，针对猜测设计相应的实验。图4－7为第一小组所做的由番茄、电流表、电极所组装的电池，图4－8则为第二小组所做的由土豆、音乐贺卡、电极所组装的电池。

第三和第四小组则做电流强度与水果的种类、成熟程度、电极材料、电极深度、电极间的距离、酸碱度、温度等因素是否有关系的探究实验。

三、成果交流

通过水果电池的制作，各小组深刻地体会到了水果不仅美味可口、营养丰富，而且还能神奇地发电，深刻理解了原电池的原理。通过实验探究，发现每种水果都能发电。有的小组还做了水果串联、并联，挤出果汁，给水果加热等发电实验。整个探究过程学生都非常积极投入，富有创造力和奇思妙想。通过实验探究发现：水果电池的电流强度与水果的种类、成熟程度、电极材料、电极深度、电极间的距离、酸碱度、温度等因素都有关系。

四、思考与作业

（1）关于“水果电池”，你还有什么发现？

（2）日常生活中的许多东西都包含着丰富的化学知识。请结合生活实际再设计一个活动课实施方案。

第五章　手持技术实验

手持技术实验是在掌上就可以操作的技术实验。它可以广泛应用于理科教学中，以方便而迅速地收集各类物理、化学、生物等数据，如位移、速度、温度、声音、光、电、力、pH 值等。手持技术所特有的数据化、图形化、直观化和定量化的研究手段，有助于学生理解和认识化学原理的实质，降低实验和学习的难度，改变学习方式，激发学习兴趣，提高学生科学探究的水平，有助于培养学生分析数据、处理数据的能力。

第一节　手持技术简介

传感技术在中学理科实验中的应用，作为国内研究的先行军首推华南师范大学钱扬义教授所领导的教学团队。基于传感技术的中学理科实验系统（见图 5－1）主要由数据采集器、传感器、计算机等硬件设施以及配套的数据处理软件等构成。由于传感器和数据采集器体积较小，携带方便，拿在手中就可以完成很多实验探究活动，因此，被形象地称为手持技术。手持技术的基本特点是将化学本质转化为可检测的物理信号，进而利用物理信号反映或研究化学本质，也就是“转定性为定量，化抽象为直观”，这就是科学研究中非常重要的“转化”思想。

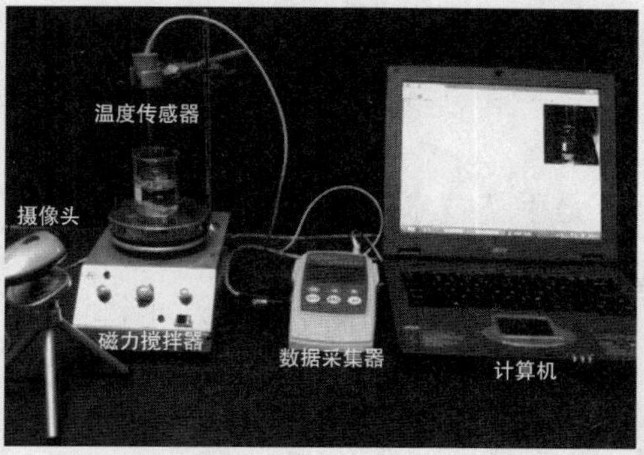

图 5－1　手持技术的中学理科实验系统

1. 手持技术实验仪器组成

(1) 传感器。

手持技术的核心部分是传感器，它是一种能把物理量或化学元素量转变成便于利用的电信号的装置。基于不同的传感器，可以进行不同的实验测量。国内现在可以见到的传感器主要有温度、pH、电导率、压强、溶解氧、色度、二氧化碳传感器等。部分实物见图 5-2。

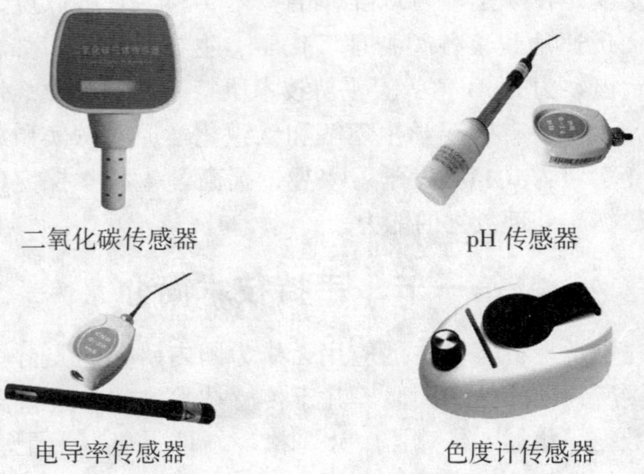

图 5-2　部分传感器实物图

(2) 数据采集器。

数据采集器是用来采集数据的仪器，在进行实验时，数据采集器完成指令发送、数据接受和数据处理等工作，是整个系统的中枢神经。它把实验过程中的物理信号通过配套的软件转换成电脑能识别的数字信号，全程跟踪实验过程中的数据变化并能以曲线、数字、表格等多种直观、形象的格式显示实验结果。

(3) 实验数据处理程序。

实验数据处理程序是手持技术的翅膀，将数据采集器与计算机连接后，即可与实验数据处理系统软件进行通信。该处理程序能进行数据采集、图形及列表显示、复杂的数据处理、实验过程的录像等。图 5-3 是“探世界”软件的窗口布置。

(4) 实时录像系统。

如果将摄像头与计算机连接，在实验的过程中便可以实时地记录实验现象，将数据曲线与实验现象同时呈现在计算机的同一界面上，便于教师的演示和学生的探究学习。记录的数据和拍摄的录像可以保存在计算机中，在需要的时候播放，再现实验过程。

（5）计算机。

以计算机为核心的实验平台，能够将实验数据进行数字化、图像化（数—模转换），并通过计算机完成对实验数据的显示、分析、存储以及传输，实现信息技术与学科教学的整合。

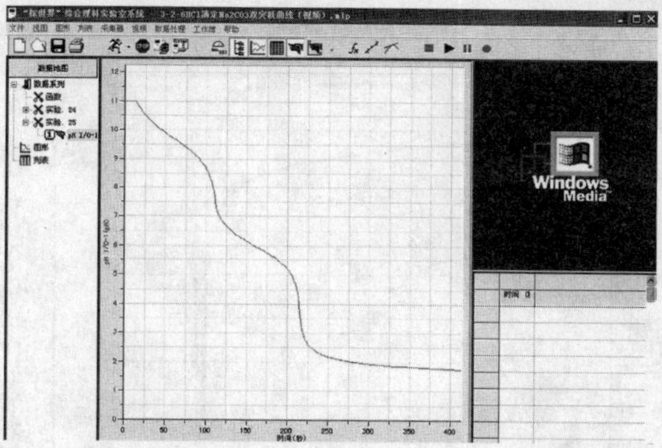

图 5－3　“探世界”综合理科实验室系统软件界面图

以上五个组成部分的科学整合，使得手持技术可以广泛应用于理科实验中，方便而迅速地帮助教师和学生收集和处理各类学科的实验数据。

2．手持技术在中学化学实验教学的功能[47]

（1）突显实验现象和物理参数不明显的变化。

利用传感技术较高精度的测量可以检测反应过程中许多实验现象或物理参数的微弱变化；通过设定不同的采集速率，我们能够像观看电影中的慢镜头一样来研究瞬间反应过程中的细微变化，像快镜头一样来浓缩历时较长的化学变化过程。如利用温度传感器可以测量反应过程中微弱的温度变化，用色度计传感器可以研究压强对双聚平衡的影响（如图 5－4 所示）等。

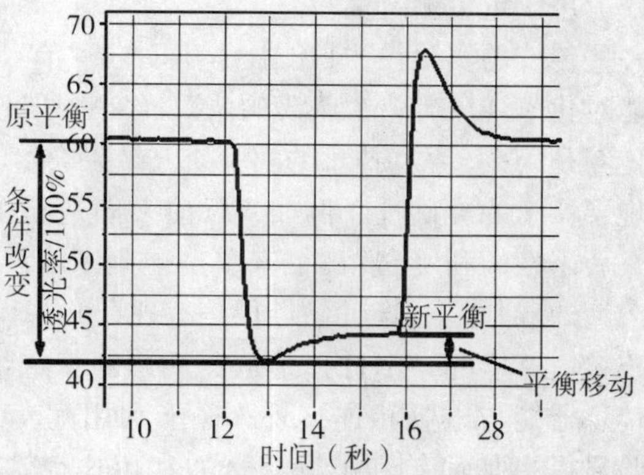

图 5－4　用色度计传感器研究压强对双聚平衡的影响图

(2) 支持核心化学概念和原理的教学。

手持技术使得实验教学与国际接轨，化学实验不仅能在实验室进行，还可以在户外等场所随时随地进行。一些在传统实验室无法实施的实验也可顺利进行；一些难以理解的化学概念和原理，借助于手持技术数据化、曲线化的突出特点，使其变得容易认知，如酸碱中和滴定曲线的绘制（如图 5 -5 所示），电解质在水溶液中反应的实质，冰醋酸在稀释过程中电导率的变化情况等，而对于元素化合物的教学支持作用较小。

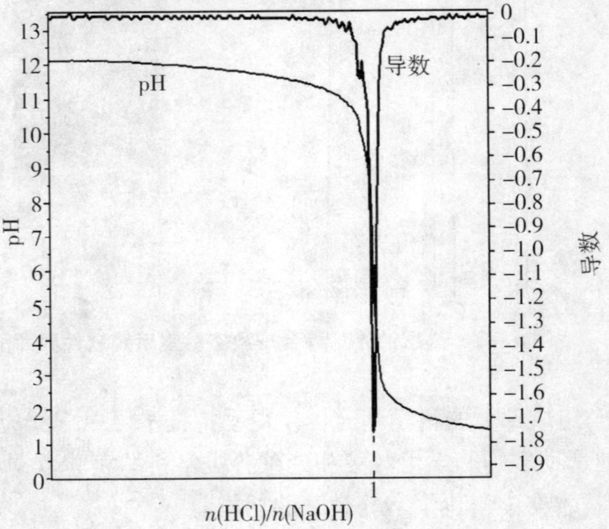

图 5 -5　中和反应 pH 变化曲线及其导数曲线

(3) 用于定量测定实验。

一些传统的实验往往只能让学生明白“有什么”，而不清楚“有多少”，学生只能对化学现象有一个肤浅的认识（定性研究），不能在量上有一个清晰的认识（定量研究）。手持技术的实验研究结果会给学生直观的数据或图像显示，更加体现了科学的准确性。例如，以前人们是利用指示剂来定性地判断溶液的酸碱性，后来人们利用 pH 试纸来粗略地判断溶液的 pH 值，接着人们又用 pH 计来测溶液的 pH 值。pH 计已经很接近现在的 pH 传感器了，只是 pH 计不能与电脑相连接。这样的一个过程是从定性判断朝定量测量发展的。同时，手持技术除了传感器能与电脑相连接外，还能利用配套的软件来自动处理相关的数据，使实验显得更加简单和准确。又如利用比色法测定含铁物质中铁元素的含量

（如图 5－6 所示），污水水质的检测等。

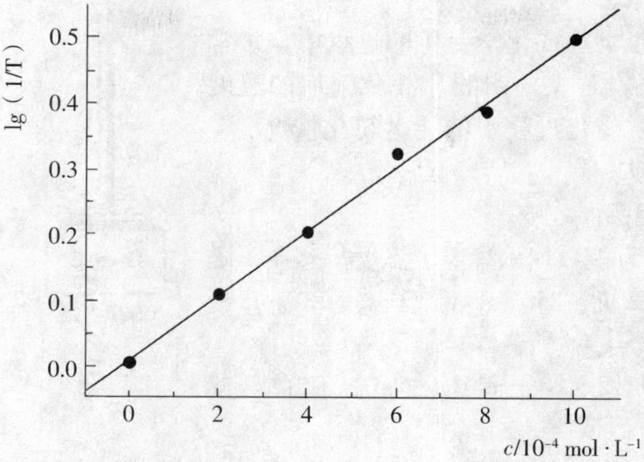

图 5－6　铁元素含量测定的标准曲线

（4）实验教学中教师和学生角色完成更充分。

传统的化学实验因为过程复杂，步骤烦琐，往往使学生在实验课中扮演了一个参加机械劳动的“机器”，学生在实验操作过程中必须把大量的精力和时间花费在操作过程上，没有足够的时间来观察现象、思考问题和提出问题。手持技术实验的简单化使学生有足够时间来发现问题，解决问题；教师也从“信息源”向“信息平台”转变，不仅输出信息，而且交换信息、接受学生输出的信息，从而促成课堂信息的双向和多向交流。真正实现师生及生生互动，使教师与学生的角色发生根本的转变。

总之，把手持技术融入化学实验中，能使学生学会如何进行探究性实验学习；学会合作学习，培养科学严谨的态度和对社会的责任感；学会从定量的角度分析和解决问题，探求变量之间的因果关系和相关关系，发展了学生的解决问题能力，真正体现了新课标教育思想。

第二节　手持技术实验

实验 1　利用手持技术测定不同物质溶解于水时溶液的温度变化[48]

一、实验目的

（1）了解温度传感器、数据采集器以及配套软件的使用方法。

（2）通过测量物质溶解于水时溶液温度的变化，探求物质溶解于水时温度变化的规律。

二、实验原理

在物质发生物理或化学变化的过程中，常常伴随有能量的转化。借测量物质变化前后的温度数值来判断物质变化过程中的能量转化情况。实验装置见图5－7。

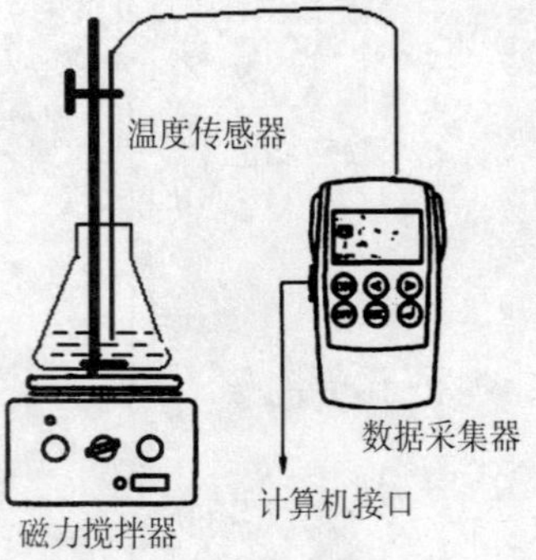

图5－7　实验装置图

三、实验用品

“探世界”万能数据采集器、温度传感器、磁力搅拌器、计算机、250 mL锥型瓶、100 mL量筒、台秤、铁架台。

NH_4NO_3 固体、NaCl 固体、NaOH 固体、蒸馏水。

四、实验步骤及数据处理

（1）按图5－7组装实验装置并依次连接温度传感器、数据采集器和计算机。

（2）在锥形瓶中加入100 mL蒸馏水，开动磁力搅拌器。

（3）开启和设置数据采集器：将采样频率设置为：1/s，采集总数为200个，约10 s后将 x g NH_4NO_3 固体加入锥形瓶中，数据采集器将自动收集温度变化的数据传输到计算机进行处理，得到直观的处理结果图，相应数据填入表5－1中。

（4）重复步骤(1)～(3)，分别做加入 x g NaCl 固体和 y g NaOH 固体的实验。

表5－1　实验结果

编号	药品	质量/g	起始温度/℃	极大或极小温度/℃	温度变化/℃
1	NH_4NO_3	5			
2	NH_4NO_3	10			
3	NH_4NO_3	15			
4	NaCl	5			
5	NaCl	10			
6	NaCl	15			
7	NaOH	5			
8	NaOH	10			
9	NaOH	15			

物质在水中溶解是一个复杂的物理化学过程，总是伴随着能量的变化，有热效应现象发生。通过本实验，我们可得出如下结论：

（1）NH_4NO_3溶解于水时，溶液温度________（降低或升高），是________（吸热或放热）过程。

（2）NaCl 溶解于水时，溶液温度________（降低或升高），是________（吸热或放热）过程。

（3）NaOH 溶解于水时，溶液温度________（降低或升高），是________（吸热或放热）过程。

五、思考与作业

（1）实验过程中反应体系与环境之间的热量交换是实验误差的主要来源，你认为可以采取哪些措施来降低由此引起的误差？

（2）借助于温度传感器，你能开发哪些更有意义的实验？

（3）结合中学化学课本，你准备如何组织“利用手持技术测定不同物质溶解于水时溶液的温度变化”演示实验？写出教学设计文稿。

实验2　温度、压力对化学平衡的影响

一、实验目的

通过实验探究温度、压力等的变化对化学平衡的影响，从而加深对平衡移动原理的理解。

二、实验原理

对于平衡体系：$2NO_2 \rightleftharpoons N_2O_4$　正反应放热

红棕色　无色

改变体系的温度、压强，平衡状态将被打破，平衡发生移动。用色度计检测体系的透光率，如果透光率增大，说明平衡向正反应方向（无色的 N_2O_4 分子数目增多的方向）移动；如果透光率减少，说明平衡向逆反应方向（红棕色的 NO_2 分子数目增多的方向）移动。

三、实验用品

“探世界”万能数据采集器、色度计、计算机、针筒（医用 10 ml 一次性注射器）4 支、与比色皿配套的单孔胶塞、250 ml 圆底烧瓶（实验前集满红棕色 NO_2）3 个、500 ml 烧杯 2 个、冰水、热水。

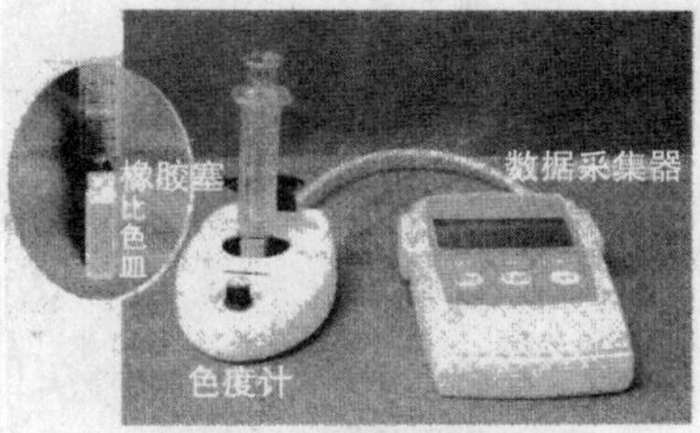

图 5－8　实验装置图

四、实验步骤

1. 温度对化学平衡的影响

(1) 将2个集满红棕色 NO_2 的圆底烧瓶分别放入两个500 ml的烧杯中，往其中一个加入热水，另一个加入冰水，让圆底烧瓶中的 NO_2 充分恒温。

(2) 取一支针筒，抽入适量的 NO_2 气体（常温），与塞有单孔胶塞的比色皿相连，推拉几次针筒的活塞使比色皿中呈现明显的红棕色。

(3) 将比色皿放入色度计中，按图5－8所示组装实验装置，调节色度计的读数为60%。

(4) 启动数据采集器和“探世界”综合理科实验室系统软件，按以下指数设置数据采集器：

- 输入1：透光率
- 采集速率：10/s
- 采集时间：继续

(5) 取一支针筒，在充分恒温的前提下迅速抽入适量的用热水恒温的 NO_2 气体并与塞有单孔胶塞的比色皿相连，快速推拉几次针筒的活塞使比色皿中呈现明显的红棕色，将比色皿放入如图5－8所示实验装置的色度计中，监测10～15 min内体系透光率的变化。

(6) 用同样的方法监测用冰水恒温的 NO_2 体系透光率的变化。

2. 压强对化学平衡的影响

(1) 取一支针筒，抽入适量的 NO_2 气体（常温），与塞有单孔胶塞的比色皿相连，推拉几次针筒的活塞使比色皿中呈现明显的红棕色。

(2) 将比色皿放入色度计中，如图5－8组装实验装置，调节色度计的读数为60%。

(3) 启动数据采集器和“探世界”综合理科实验室系统软件，按以下指数设置数据采集器：

- 输入1：透光率
- 采集速率：10/s
- 采集时间：继续

(4) 将针筒迅速压缩一定的刻度，监测体系透光率的变化。

(5) 将针筒迅速拉伸一定的刻度，监测体系透光率的变化。

五、实验注意事项

在“温度对化学平衡的影响”实验中，如果条件允许，在监测体系透光率变化的过程中，尽量加剧体系与外界环境之间的热交换。

六、数据记录与处理

根据实验获得的相关数据曲线分析判断条件改变过程体系物质浓度的变化和平衡移动的情况。

七、思考与作业

（1）请归纳以上两个实验，分析温度和压强是如何影响平衡移动的。还可以通过哪些实验进行验证？请设计相应的实验方案。

（2）本实验除了应用色度计，你认为在探究反应条件对化学平衡的影响的诸多实验中，还有哪些实验可以应用色度计？简要说明其测定原理并画出实验装置图。

（3）在“温度对化学平衡的影响”实验中，为什么要监测“足够长时间”（一般 10 ~ 15 min）的体系的透光率变化并且尽量加剧体系与外界环境之间的热交换？

实验3　催化剂、浓度等条件对反应速率的影响[49]

一、实验目的

（1）了解气压传感器、数据采集器以及配套软件的使用方法。

（2）研究催化剂、浓度等条件对反应速率的影响。

（3）学习定量描述反应速率的方法。

二、实验原理

$2H_2O_2 = 2H_2O + O_2\uparrow$

实验通过检测反应产 O_2 速率来判断反应的快慢。在密闭容器内，随着反应的进行，气体浓度不断增加，容器内的压强也不断增大。利用压强传感器测量、记录压强随时间变化的数据并绘制压强—时间曲线，随后对曲线线性拟合得曲线斜率。根据曲线斜率即可判断反应速率的快慢。曲线斜率越大，反应速率越快。实验装置见

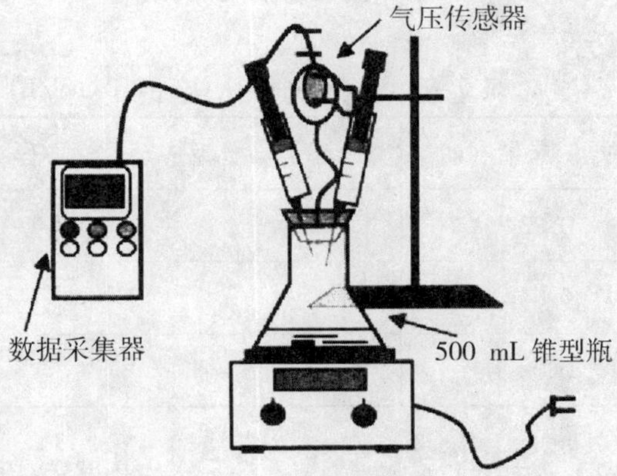

图5－9　实验装置图

图 5-9。

三、实验用品

"探世界"万能数据采集器、气压传感器（0~700 kPa）、电子天平、磁力搅拌器、塑料注射器（5 mL）、锥形瓶、棕色容量瓶、棕色酸式滴定管、移液管、量筒、玻璃砂芯漏斗、研钵、电热干燥器。

30% H_2O_2，蒸馏水，高真空硅脂。临实验前，取 5 mL 30% H_2O_2 与 45 mL 蒸馏水混合配制浓度约为 0.5、1.0、1.5 mol/L 的 H_2O_2 溶液（用 0.020 0 mol/L $KMnO_4$ 标准溶液标定）。催化剂（事先研细或研烂）：MnO_2，新鲜马铃薯。

四、实验步骤和操作

（1）称取 x g 催化剂放入 50 mL 的锥形瓶中，再加入 8 mL 蒸馏水和搅拌磁子；将两注射器中的空气排空，其中一支吸入 2 mL 新鲜配制的 y mol/L H_2O_2 溶液，塞上胶塞；按图 5-9 安装好后，用高真空硅脂密封备用。

（2）开启和设置数据采集器：端口 1 连接气压传感器；数据采集速率：1/s；采集总量：500；显示模式：table。

（3）开启磁力搅拌器，中速搅拌；用另一注射器从锥形瓶抽出 2 mL 气体，同时注入 2 mL H_2O_2 溶液，反应马上开始，采集数据。待反应完全且数据稳定后，停止实验。

（4）重复（1）~（3），做不加入催化剂的对比实验。

（5）将采集到的数据导入电脑，得到反应前后压力随时间的变化曲线图，扣除对比实验中 H_2O_2 自然分解部分，取开始反应到气压基本不变一段的数据进行线性拟合，可求得各分解反应的动力学方程。

五、实验项目及数据处理

1. MnO_2 对 H_2O_2 的催化分解实验

表 5-2　MnO_2 催化 H_2O_2（1.0 mol/L）分解反应的动力学方程

MnO_2 的质量（g）	反应动力学方程	斜率
0.02		
0.04		
0.08		

结论：________________________________

表 5－3　0.04 g MnO_2 催化不同浓度 H_2O_2 分解反应的动力学方程

H_2O_2 浓度（mol/L）	反应动力学方程	斜率
0.5		
1.0		
1.5		

结论：______

2. 马铃薯对 H_2O_2 的催化分解实验

表 5－4　马铃薯催化 H_2O_2（1.0 mol/L）分解反应的动力学方程

马铃薯的质量（g）	反应动力学方程	斜率
1.0		
2.0		
3.0		

结论：______

表 5－5　2.0 g 马铃薯催化不同浓度 H_2O_2 分解反应的动力学方程

H_2O_2 浓度（mol/L）	反应动力学方程	斜率
0.5		
1.0		
1.5		

结论：______

六、思考与作业

（1）进行线性拟合、计算曲线斜率时，应如何选取起始点和终止点，为什么？

（2）MnO_2 和马铃薯对 H_2O_2 的分解都具有催化作用，本实验谁的催化能力更强？为什么？你准备如何改进本实验？

（3）结合中学化学课本，你准备如何组织“催化剂、浓度等条件对反应速率的影响”学生分组实验？写出教学设计文稿。

实验4　中和反应过程中溶液 pH 的变化[47]

一、实验目的

（1）了解 pH 传感器、数据采集器以及配套软件的使用方法。

（2）比较不同类酸碱中和反应中 pH 的变化情况，绘制中和滴定曲线，感受滴定过程中“突跃”的存在。

二、实验原理

酸碱中和反应的实质是：

$H^+ + OH^- \xlongequal{} H_2O$

向酸（或碱）溶液中滴加碱（或酸）溶液，混合溶液的 pH 必然会发生变化。使用 pH 传感器监测混合溶液在滴定过程中 pH 的变化情况，并借助计算机以图像的形式展现出来，即可得到酸碱中和滴定曲线。实验装置见图 5－10。

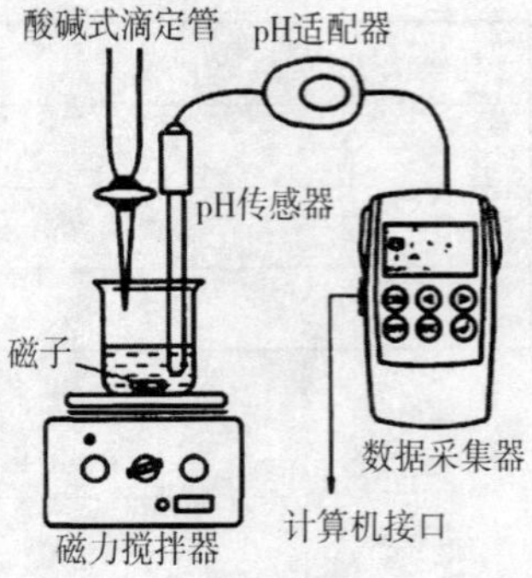

图 5－10　实验装置图

三、实验用品

“探世界”万能数据采集器、pH 传感器、磁力搅拌器、计算机、100 mL 烧杯、100 mL 量筒、酸碱式滴定管（具四氟塞）、铁架台。

0.2 mol/L 盐酸、0.2 mol/L 醋酸溶液、0.2 mol/L 磷酸溶液、0.2 mol/L NaOH 溶液、酚酞溶液（2 g/L 乙醇溶液）、蒸馏水。

四、实验步骤及数据处理

（1）按图 5－10 组装实验装置。将 pH 传感器通过 pH 适配器与数据采集器相连，数据采集器与计算机相连。

（2）量取 10 mL 0.2 mol/L 盐酸溶液倒入 100 mL 烧杯中并加入 30 mL 蒸馏水，滴加 2～3 滴酚酞溶液。

（3）开启和设置数据采集器：将采样频率设置为：1/s；采集时间：继续。

（4）启动磁力搅拌器，开始采集数据；待测得的数据稳定之后，打开酸碱式滴定管的活塞，向盐酸溶液中匀速加入 NaOH 溶液（2～3 滴/s）。注意观察实验现象以及测得的混合液的 pH 变化情况。

（5）待烧杯中的溶液变成红色以后，再继续滴加少许 NaOH 溶液，停止数据采集。保存实验结果。

（6）重复（2）～（5）分别做量取 10 mL 0.2 mol/L 醋酸溶液、0.2 mol/L

磷酸溶液，用 0.2 mol/L NaOH 溶液滴定的实验。

① 用 0.2 mol/L NaOH 溶液滴定 0.2 mol/L 盐酸溶液的实验现象：________

____

混合溶液 pH 的变化情况：________________________

____

____

② 用 0.2 mol/L NaOH 溶液滴定 0.2 mol/L 醋酸溶液的实验现象：________

____

____

混合溶液 pH 的变化情况：________________________

____

____

③ 用 0.2 mol/L NaOH 溶液滴定 0.2 mol/L 磷酸溶液的实验现象：________

____

____

混合溶液 pH 的变化情况：________________________

____

____

五、注意事项

(1) 实验中所需的 0.2 mol/L NaOH 溶液必须现配现用。

(2) 滴定过程中若用蒸馏水冲洗烧杯内壁，所测 pH 会有所不同。

(3) pH 传感器相对于其他传感器的响应速度要慢，在接近终点时要放慢滴加速度并充分搅拌，以减少由此引起的误差。

六、思考与作业

(1) 酚酞指示剂的 pH 变色范围是多少？NaOH 与盐酸、醋酸恰好完全中和时溶液的 pH 应该是多少？指示剂的变色点（滴定终点）与酸碱恰好中和（反应计量点）时溶液的 pH 相同吗？

(2) 用 0.2 mol/L NaOH 溶液滴定 0.2 mol/L 盐酸溶液、0.2 mol/L 醋酸溶液以及 0.2 mol/L 磷酸溶液，它们的滴定曲线的形状一致吗？滴定过程中有无滴定“突跃”的存在？

(3) 结合中学化学课本，你准备如何组织“中和反应过程中溶液 pH 的变化”演示实验？写出教学设计文稿。

实验5　电解质溶液

一、实验目的

（1）建立电解质在水溶液中电离的概念。

（2）通过不同电解质溶液的导电能力强弱的测定加深对强电解质与弱电解质的理解。

二、实验原理

（1）物质在溶液中或熔融状态产生具有可自由移动的离子的过程叫做电离。

（2）相同浓度和相同体积的不同电解质溶液里，由于电解质的强弱不同，其在溶液里电离的程度不同，产生的自由移动的离子数目不同，所以导电能力不同；相同浓度和相同体积的强电解质与弱电解质水溶液，由于强电解质在溶液里电离的程度比弱电解质大，其电离产生自由移动的离子数目比弱电解质的多，溶液的导电能力比弱电解质溶液的强。

三、实验用品

“探世界”万能数据采集器、电流传感器、计算机、直流稳压电源、石墨电极、导线、250 ml 锥形瓶。

0.5 $mol \cdot L^{-1}$硫酸、0.5 $mol \cdot L^{-1}$醋酸、0.5 $mol \cdot L^{-1}$醋酸钠、0.5 $mol \cdot L^{-1}$ NaOH 溶液、0.5 $mol \cdot L^{-1}$ NaCl 溶液、0.5 $mol \cdot L^{-1}$氨水。

四、实验步骤

（1）按图 5－11 组装实验装置：直流电源正极→一根石墨电极，另一根石墨电极→电流传感器的红色导线（正极），电流传感器的黑色导线（负极）→直流电源负极；电流传感器→数据采集器→计算机。

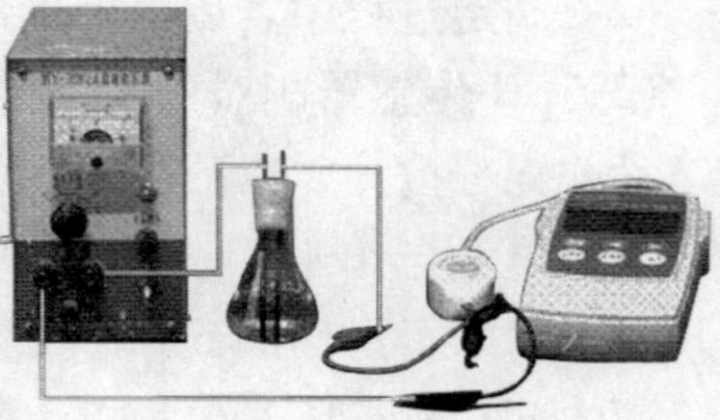

图 5－11　实验装置图

（2）按照如下指标设置数据采集器：

- 输入 1：电流
- 采集速率：手动
- 采集时间：继续

（3）在锥形瓶中加入 0.5 $mol \cdot L^{-1}$硫酸，然后插入石墨电极。打开直流电源，调节电压为 10 V，启动数据采集器，测定电流强度并记录实验结果。

（4）用同样的方法分别测定通过浓度都为 0.5 $mol \cdot L^{-1}$ 的醋酸、醋酸钠溶液、NaOH 溶液、NaCl 溶液和氨水的电流强度并记录实验结果。

五、实验注意事项

（1）用过的电流传感器必须清洗干净并擦干后才能用于测定另一物质。

（2）电流强度除与溶液（液体）的性质有关，还与溶液没过电极的高度有关，因此在测量过程中应注意使电极淹没在溶液中的长度相同。

六、数据记录与处理

表 5－6

物　质	电流强度	物质	电流强度
0.5 $mol \cdot L^{-1}$硫酸		0.5 $mol \cdot L^{-1}$ NaOH 溶液	
0.5 $mol \cdot L^{-1}$醋酸		0.5 $mol \cdot L^{-1}$NaCl 溶液	
0.5 $mol \cdot L^{-1}$醋酸钠溶液		0.5 $mol \cdot L^{-1}$氨水	
实验结论			

七、思考与作业

（1）本实验除了应用电流传感器，你认为还可以应用哪种传感器？简要说明其测定原理并画出实验装置图。

（2）你认为电流传感器的手持技术能应用于酸碱中和反应实验吗？说说你的理由。

（3）结合“实验注意事项”，请提出减少实验误差的具体措施。

实验 6　测定含铁物质中铁元素的含量[47, 50]

一、实验目的

（1）了解色度计传感器、数据采集器以及配套软件的使用方法。

（2）绘制标准曲线并测定某品牌补铁剂口服液和红枣中铁元素的含量。

二、实验原理

1. 色度计传感器的工作原理

色度计是检测溶液透光率（T）的传感器，相当于一台光电比色计，其原理为：光源发出的光透过滤光片变为单色光（光强度为 I_0），入射单色光通过装有溶液样品的比色皿，一部分入射光被溶液吸收，透射光（光强度为 I）被光电二极管检测，从而可计

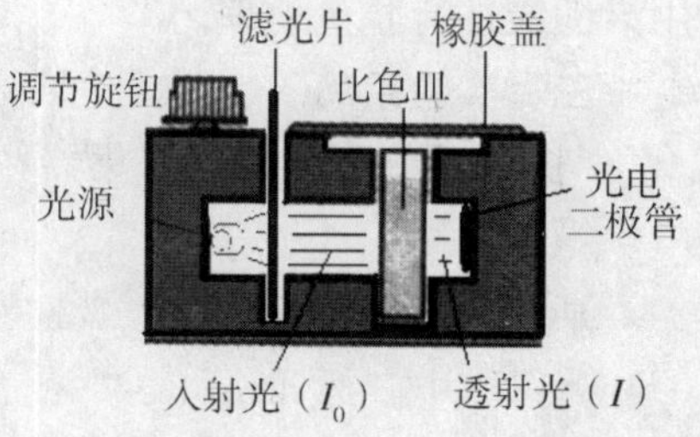

图 5－12　色度计原理示意图

算出该溶液的透光率（$T=I/I_0\times100\%$）。色度计原理示意图见图 5-12。

2．食物中铁元素含量的测定

将食物灼烧完全炭化后用酸液浸取，可以将食物中的铁元素转化为 Fe^{3+} 溶液，Fe^{3+} 与过量硫氰化钾反应生成血红色的 $[Fe(SCN)]^{2+}$。$[Fe(SCN)]^{2+}$ 可以吸收蓝色光（所以溶液的颜色为红色），$[Fe(SCN)]^{2+}$ 的浓度越大（溶液的颜色越深），对光的吸收程度越大，即透光率（T）越小。透光率与配离子浓度符合关系式：$\lg(1/T)=KC$。

式中：T 为透光率，可以用色度计测定；

K 为一常数，它与溶液的性质、入射光的波长、温度等因素有关，与溶液液层的厚度成正比；

C 为溶液的浓度，单位为 mol/L。

用比色皿分别盛装浓度不同的 $[Fe(SCN)]^{2+}$ 标准溶液，放入色度计中测量它们的透光率，计算出相应的 $\lg(1/T)$ 值，绘制 $\lg(1/T)$ — C 曲线，即标准曲线（见图 5-13）。

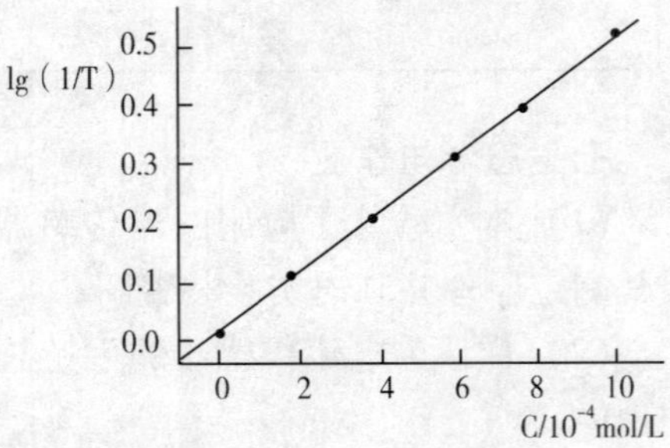

图 5-13　标准曲线

测定从食物中转化得到 $[Fe(SCN)]^{2+}$ 溶液的透光率，计算相应的 $\lg(1/T)$ 值，即可在标准曲线上查到对应的浓度 C。这种检测方法称作光电比色法，其基本原理与分光光度法相同，不同之处仅在于获得单色光的方法不同，前者使用滤光片，后者使用棱镜或光栅等分光器。

3．补铁剂中铁元素含量的测定

补铁剂中的铁一般以 Fe^{2+} 形式存在，对于液态补铁剂，选用合适的氧化剂氧化，再用上述方法测定铁元素的含量。

如果是固态补铁剂，先要将其溶解，再进行实验。如果溶液颜色深，需先用活性炭进行脱色处理。

三、实验用品

“探世界”万能数据采集器、色度计传感器、台秤、坩埚、100 mL 容量瓶、电炉等。

某品牌补铁剂口服液、红枣、2 mol/L 硝酸、浓硝酸、饱和 KSCN 溶液、$[Fe(SCN)]^{2+}$ 标准溶液（浓度分别是：2×10^{-4} mol/L、4×10^{-4} mol/L、6×10^{-4} mol/L、8×10^{-4} mol/L、1×10^{-3} mol/L）、蒸馏水。

四、实验步骤及数据处理

1. 数据采集器的设置与色度计的校正

按图 5-14 组装实验装置，色度计选用蓝色滤光片。在比色皿中加入蒸馏水，放进色度计中，开始数据采集，调节色度计旋钮，使数据采集器示数为 100%。

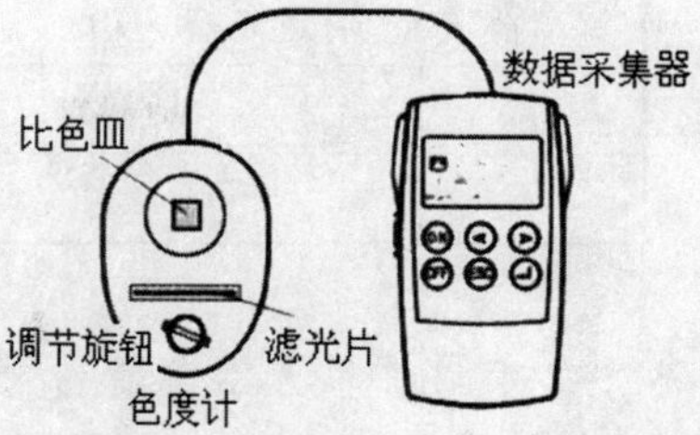

图 5-14　实验装置图

2. 绘制标准曲线

（1）取一支洁净的比色皿，装入 2×10^{-4} mol/L $[Fe(SCN)]^{2+}$ 标准溶液，测量并记录其透光率。

（2）重复上述操作 3 次，取平均值，计算每种浓度溶液对应的 lg（1/*T*）并填入表 5-7 中。

（3）按照上述方法分别测定 2×10^{-4} mol/L、4×10^{-4} mol/L、6×10^{-4} mol/L、8×10^{-4} mol/L、1×10^{-3} mol/L $[Fe(SCN)]^{2+}$ 标准溶液的透光率。

（4）利用计算机或坐标纸绘制 lg（1/*T*）-*C* 曲线，即标准曲线。

表 5-7　实验数据记录与处理

浓度/10^{-4} mol/L	透光率（*T*）				lg（1/*T*）
	1	2	3	平均值	
2					
4					
6					
8					
10					

3. 口服液中铁含量的测定

（1）取 1 支口服液（10 mL），倒入烧杯中，加入 10 mL 浓硝酸，充分搅拌后转移到 100 mL 的容量瓶中定容。

（2）取 10 mL 已处理好的样品溶液，滴加几滴饱和 KSCN 溶液（与配制标准溶液时加入的 KSCN 溶液的量相同），混匀。

（3）在洁净的比色皿中装入待测液，测量其透光率，计算出 lg（1/T），在标准曲线上查出对应的 Fe^{3+} 的浓度，再根据 Fe^{3+} 浓度计算出 1 支口服液中铁元素的含量并填入表 5-8 中。

表 5-8 实验数据记录与处理

透光率（T）				lg（$1/T$）	Fe^{3+}浓度	铁含量
1	2	3	平均值			

4. 食物中铁元素含量的测定

（1）称取红枣 25 g，用手将其撕成小块，放入坩埚中用电炉灼烧，使之完全炭化。

（2）用 3 mL 2 mol/L 的硝酸溶液溶解，过滤，再用少量稀硝酸洗涤滤渣 2～3次，将溶液转移到 100 mL 的容量瓶中定容。

（3）取 10 mL 已处理好的样品溶液，滴加几滴饱和 KSCN 溶液（与配制标准溶液时加入的 KSCN 溶液的量相同），混匀。

（4）在洁净的比色皿中装入待测液，测量其透光率，计算出 lg（$1/T$），在标准曲线上查出对应的 Fe^{3+} 的浓度，再根据 Fe^{3+} 浓度计算出红枣中铁元素的含量并填入表 5-9 中。

表 5-9 实验数据记录与处理

透光率（T）				lg（$1/T$）	Fe^{3+}浓度	铁含量
1	2	3	平均值			

五、注意事项

（1）由于 $FeCl_3$ 溶液有明显的黄色，会影响数据的测量，因此本实验使用 $Fe(NO_3)_3$ 配制标准溶液。如果溶液酸性不够强，Fe^{3+} 会水解生成有色物质，影响溶液透光率的检测以及 Fe^{3+} 与 SCN^- 的配位反应，因此要用硝酸对标准溶液和待测样品溶液进行酸化。

（2）饱和 KSCN 溶液的用量相对于 Fe^{3+} 是过量的，因此 $[Fe(SCN)]^{2+}$ 的浓度近似等于 Fe^{3+} 的初始浓度。注意样品溶液与标准溶液中加入的饱和 KSCN 溶液的量应该是相同的。

（3）色度计测得数值的单位为"%"，将数据代入公式进行计算时应注意，例如读数为 80.1%，则应代入 0.801 计算。

（4）食物样品应充分炭化，如果食物灰渣浸取液过滤后仍显色，说明炭化不充分，会影响后面的检测，可用活性炭脱色处理。

（5）补铁剂中铁元素一般以二价态存在，常添加维生素 C 等还原剂以防止铁元素被氧化，因此应加入足量的硝酸使氧化反应进行彻底。用双氧水也可以氧化二价铁。另外，双氧水和浓硝酸都可以氧化 SCN^-，为了除去过量的双氧水可做加热处理；若使用的浓硝酸在定容时被稀释，不会氧化 SCN^-。

六、思考与作业

（1）在配制试样溶液之前为何要对补铁剂和红枣进行处理，这样处理的基本原理是什么？

（2）结合中学实际，你准备如何组织学生开展“测定含铁物质中铁元素的含量”综合探究活动？

第六章　实验 CAI 课件的制作

随着现代信息技术的发展，教学手段的现代化正在改变着传统的黑板加粉笔的教学模式。将现代信息技术引入教学过程中，会极大地调动学生学习科学文化知识的积极性，使教学过程变得生动活泼、丰富多彩。特别是一些过去用语言难以描述清楚的微观世界中物质结构及化学反应的过程，经计算机模拟动画的演示，就会使学生“一目了然”，极大地解放了教学的“生产力”。同时，多媒体的使用，使课堂教学容量增大，教学效率也有显著提高。但用多媒体来完成实验教学内容，只能让学生了解一些实验现象和原理，不能给学生带来实验体验和技能。“百闻不如一见”，学生看老师亲手做实验与在多媒体上看鼠标操作的实验，是有本质的不同的。因此，为了全面落实国家课程改革的精神，培养国家未来各个方面的人才，教学中我们要创造条件，尽可能让更多的学生亲自动手做实验，用多媒体播放的只是那些有毒不便做的化学实验。

第一节　多媒体化学实验教学

一、实验目的

(1) 掌握运用多媒体软件模拟化学实验的制作技能。

(2) 学习与研讨利用多媒体技术进行化学实验教学的方法与技巧。

二、实验仪器

多媒体 PC 及相关设备。

推荐配置：

硬件：PentiumⅢ 以上 PC、128M 以上内存、256 色以上显示卡、声卡、光驱。

软件：在 Windows XP 操作系统下使用的 Authorware、3DS MAX、Flash、PowerPoint 等软件。

相关设备：数码相机、摄像机、刻录机、扫描仪等。

三、实验内容

由于实验条件的限制，现有的中学化学实验并未能完全地发挥其教学作用。

而现代信息教学技术的发展正好弥补了这一缺陷，将多媒体技术应用于化学实验教学中，能最大限度地发挥实验的教学作用。目前可以应用到化学实验教学中的多媒体教学技术主要有：演示实验的摄像、投影技术和多媒体模拟化学实验。

1. 演示实验的摄像、投影技术

演示实验可提高学生对化学的学习积极性和参与程度，体现实验过程的真实性、科学性，让学生信服，是培养学生观察能力的重要途径，也为引出课题、问题，进行讨论、探索、发现创造了条件。一般情况下，为了提高演示实验的可见度，传统的方法一般是放大实验仪器，抬高实验装置，增加实验药品的用量巡回展示实验结果，然而实验仪器的放大是有限的，巡回展示实验结果又浪费时间，且有些现象要么是在实验中瞬间产生，要么是要花费相当长的时间才能显现出来，以致影响教学效果。采用摄像、投影技术，可克服上述缺陷，大大提高演示实验的效果且可以作为素材保存反复使用。

步骤：利用摄像机对演示实验的实验现象进行拍摄，再上传到计算机上利用绘声绘影等视频制作软件对录像进行剪辑、放大等处理，也可以从视频中截图制成图片文件等，再借助多媒体投影仪进行投影教学，演示实验现象。

2. 多媒体模拟化学实验

目前以计算机为中心的多媒体技术具有处理文字、图像、图形、音频和视频等多种媒体信息的功能，其良好的交互优势和视听优势，能将许多不能或不易做的实验通过计算机模拟得以完成。现在基于 Windows 平台的多媒体软件制作工具有很多，国外的有：Authorware、Flash、3DS MAX、Director、VB、VC + +、PowerPoint 等；国内的有：方正“奥思”、洪图、北大“青鸟师友”、银河多媒体开发工具 MDK 等。

（1）常用的多媒体课件制作软件选介[51~52]。

①PowerPoint 是一种专用于制作演示。用的多媒体投影片/幻灯片的工具（国外称之为多媒体简报制作工具），它以页为单位制作演示文稿，然后将制作好的页集成起来，形成一个完整课件。利用 PowerPoint，可以非常方便地制作各种文字，绘制图形，加入图像、声音、动画、视频影像等各种媒体信息，并根据需要设计各种演示效果。

优点：简单易学。PowerPoint 是以页为单位制作一张张幻灯片，然后再组合成一个完整演示文稿或课件。在其中可以方便地制作文字、图形，导入图像、声音、动画、视频影像等多媒体素材，并可设计各种演示效果，能实现鼠标操作和自动播放演示文稿，易学易用，开发时间少而效率高。

缺点：交互性差。虽然在 PowerPoint 中可以插入声音、图像和 Flash 动画，但是由于其并不是针对于制作多媒体课件而开发，缺少专门的交互、运动、条件判断和循环功能，所以，在实现对象的动态交互功能上较差。

②Authorware 是一种基于流程图的可视化多媒体开发工具，它事实上是多媒体创作工具的国际标准。其编辑制作过程是：用系统提供的图标先建立应用程序的流程图，然后通过选中图标，打开相应的对话框、提示窗及系统提供的图形、文字、动画等编辑器，逐个编辑图标，添加教学内容。整个制作过程以流程图为基本依据，非常直观，且具有较强的整体感，笔者通过流程图可直接掌握和控制系统的整体结构。Authorware 提供的系统图标和不同的交互方式，被认为是目前交互功能最强的多媒体创作工具之一。

优点：流程线强。流程线是这款软件独有的特点，在流程线中一个图标代表一个物件，用户可在各类图标中加入文字、图片、声音、动画等各种媒体，还可很容易地加上按钮等以便交互控制。流程线就像简单的电路图，将一个一个图标堆叠在流程线上就组成程序，程序的执行一般规律性是：由上而下，由左而右。交互性强。它可让不会编程的用户方便地将一大堆元素有机地组合在一起，无须编程即可制作具有交互功能的多媒体产品。

缺点：制作烦琐。正因为 Authorware 基于流程开发，容易将结构构造复杂化，不利于总体内容的组织和管理，修改时较为复杂与不便，所以制作过程会相对地费时费力。制作动画的能力不强。Authorware 本身制作动画的能力相对 Director 和 Flash 来说较弱，虽然它能调用在 Director 及 Flash 中制作的动画，并支持动画中的交互功能，但打包时还要将所插入的动画捆绑，这样打包后的文件比较大，不利于传播。

③Flash 是一款功能十分强大的二维矢量动画制作软件。它具有强大的矢量图形制作和动画编辑能力及音频编辑能力，支持 Alpha 通道的编辑，提供遮罩、交互功能，并采用了数据流的技术。Flash 采用时间线和帧的概念实现动画过程，在动画制作方面功能强大，深受专业和业余爱好者的青睐。Flash 是目前最好的动画设计软件之一。

优点：网络传输速度快。Flash 动画的流式播放技术使得动画可以边播放边下载，从而缓解了网页浏览者焦急等待的情绪。动画品质高。Flash 动画是由交互式矢量图形组成的动画，动画大小可以随用户的屏幕大小而自如缩放，不影响播放质量。另外，它在生成亮丽夺目的图形和界面的同时并不会使文件体积过大，且能独立于浏览器之外进行播放。导入导出文件格式多样。Flash 不但可以把多种格式的音乐、动画、声效导入其中并进行各种交互方式，还可以将制作好的文件导出为 . avi、. gif、. html、. mov、. smil 和可执行文件 . exe 等多种格式。

缺点：对用户的美术基础要求较高。制作 Flash 动画的过程并不难学，但是如果没有好的创意所制作出的课件就不能引人注目。对影像文件的支持不够。因为 Flash 主要是用来制作网页动画的，而不是专门用来制作课件的，所以对影像文件（.mpg，.dat，.avi）是不支持的。观看时必须有 Shockwave 插件的支持。当然新版的浏览器都已经自带了该插件，但是不排除在旧的系统中无法正常播放。

（2）多媒体计算机化学课件的设计与制作步骤[53]。

①选择能充分发挥 CAI 优势的教学课题，确定教学目标。

②研究该课题的教学方法，确定 CAI 课件的教学模式。

③研究教材内容，创作设计 CAI 课件的脚本。

④搜集媒体素材，制作合成课件。

⑤修改调试运行，试用鉴定推广。

（3）化学实验课件开发实例——硫酸的工业制法[54]。

课件内容："硫酸的工业制法"课件，以《高中化学课本（第一册）》第三章第三节为基础，根据教学大纲要求制作，系统地介绍了硫酸的工业制法的原理、工业流程和设备简图。

制作软件：Authorware、Windows 自带画图工具。

设计框架：课件的总体框图见图 6－1，局部框图见图 6－2。

评价：本课件在结构上采用模块结构，其框架也是利用 Authorware 制作课件时最为常用的，具有很好的交互性，使用起来简单灵活。加上 Authorware 是为不具备程序设计经验的非专业人士研制的，功能强大，使用简单，可以最大限度地满足自己的要求，轻轻松松开发出自己需要的软件。

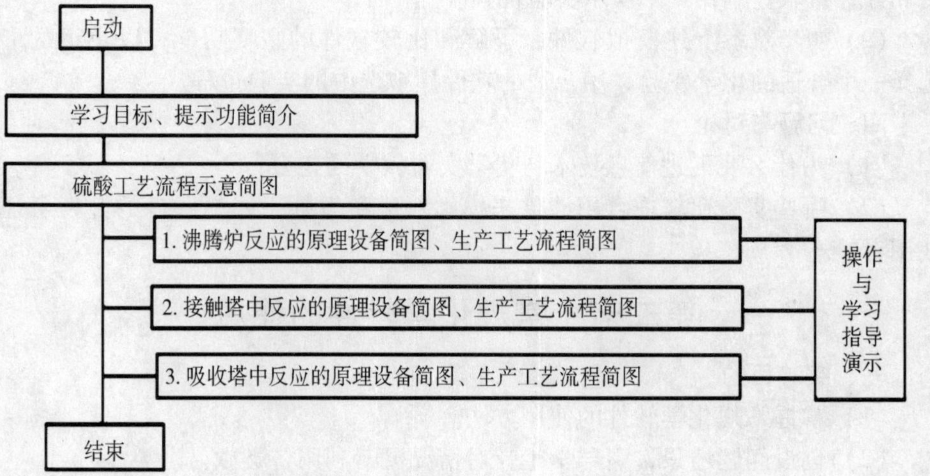

图 6－1　"硫酸的工业制法"总体框图

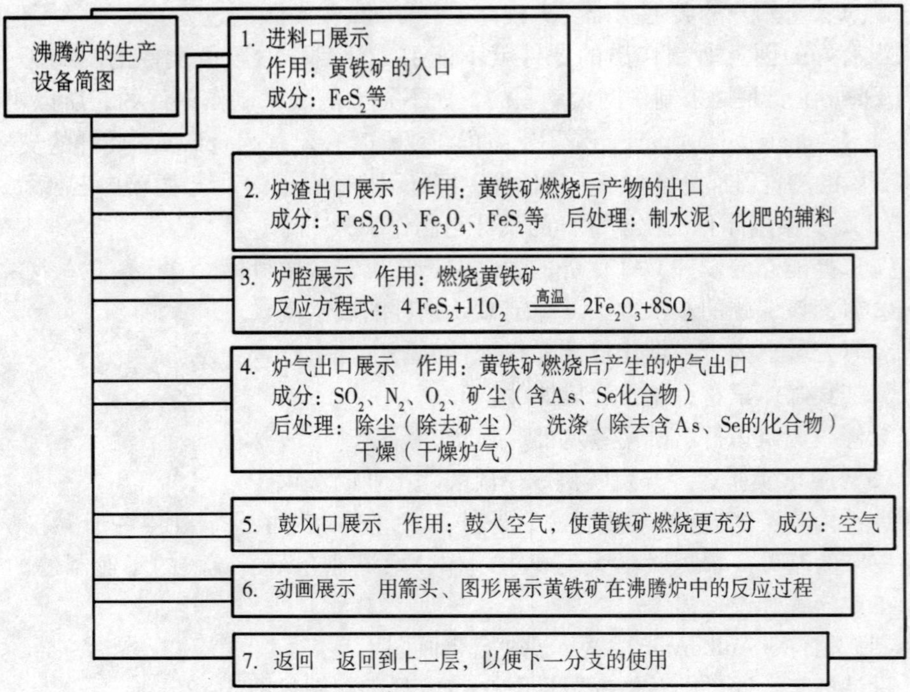

图6－2 “硫酸的工业制法”局部框图

3. 实验要求

(1) 以小组的形式，选择合适的中学化学演示实验为主要内容，利用摄像机和计算机软件制作一个演示实验视频。

(2) 初步熟悉上述模拟软件，了解和比较软件的主要功能；以小组的形式选择一个合适的化学实验，用合适的软件模拟选中的实验过程。

四、问题与讨论

(1) 为什么要促进信息技术与化学实验教学的整合？

(2) 哪些实验比较适合用课件来模拟？化学教师主要是课件的开发者还是使用者？

第二节 常规化学软件的使用

一、实验目的

(1) 掌握常规化学软件的使用方法。

(2) 创设问题情景，引导学生针对情况灵活利用各类软件。

二、实验仪器

计算机：CPU：Pentium IV；内存：512MB 或更高；硬盘空间：40GB 以上。

软件：化学品电子手册、化学数据速查手册、超级化学助手、化学金排、ACD/ ChemSketch、ChemWindow。

三、实验内容

1. 数据查询软件

(1) 化学品电子手册。

化学品电子手册收集了化学各领域常用化学品的中文名称、英文名称、分子式或结构式、物理性质、用途和制备方法等。手册采用全模糊检索技术，检索简便，是一个不可多得的数据查询软件。

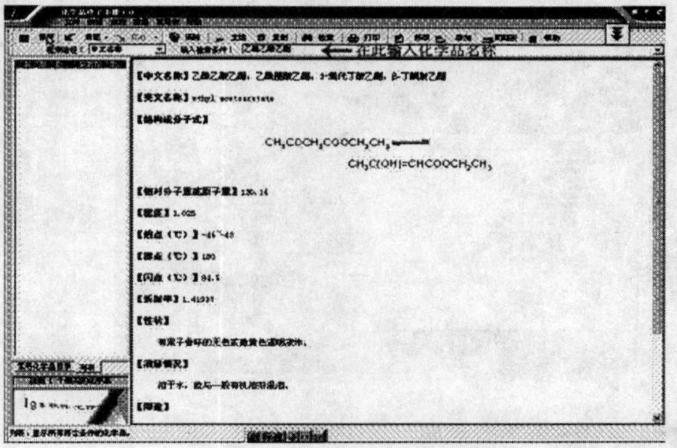

图 6－3　化学品电子手册主窗口

化学品电子手册主窗口如图6－3，该软件主要分成三个区域，顶部为菜单栏与检索功能条，左边为检索条件相关信息列表，右边为检索所得化学品的性质。

操作方法：先选择检索途径，再输入检索条件，按回车，即可获得所需化学品的性质，简单方便。根据需要可切换检索途径，检索途径有中文名称、英文名称、密度、熔点、沸点、折射率等。

(2) 化学数据速查手册。

化学数据速查手册无须安装，可快速找到所需数据，解决工作和学习中遇到的数据问题。软件运行后弹出的主页面有四个按钮，它们是“化学数据速查手册”、“运行软件”、“化学信息”和“退出”，使用者可根据需要点击相关按钮，进入相关页面。

① 化学数据速查手册。

在此页面你可看到内容丰富的数据条目，可根据需要任意点击相关条目，即可由下一级页面获得大量的数据内容。其中“化学信息”主题是该版块中信息内容最丰富的部分，包括化学软件、反应机理、装置图示、虚拟化学、化学常识和化学资源六大部分内容，每部分不仅分别包括大量详细信息，还可提供相关资源进一步链接。安装 VRML 插件后，可在其 VRML 浏览器下浏览每一种分子的空间立体结构。

② 运行软件。

该版块主窗口如图 6 – 4 所示，你可根据使用需要点击相关条目。点击附件程序，弹出计算器、单位换算软件，再根据需要点击相关内容。点击帮助，弹出关于本软件和帮助信息，再点击需要帮助的相关内容。该数据表视图有一特殊功能，你可对数据内容根据自己的需要进行添加和修改。数据表视图左上方的“ + ”是为了在数据表中增加新的记录而设置的，单击“ + ”可以在当前表的最后一行增加一条新的记录。如果双击表中的单元格可以更新数据库。

点击化学元素周期表的元素，可立即得到该元素的中英文名称、元素符号、原子序数、原子量、原子半径和电负性等信息（如图 6 – 5 所示）。

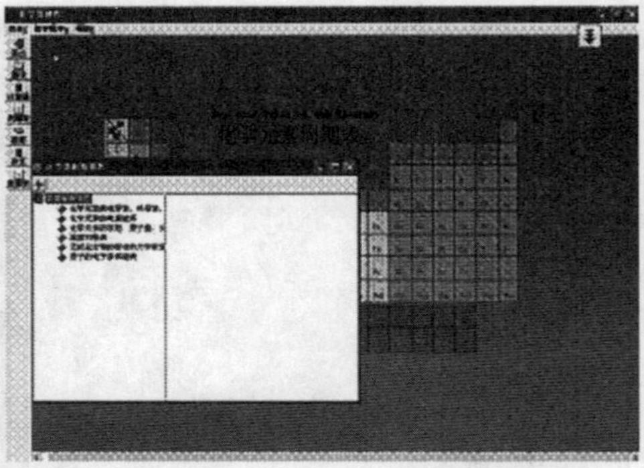

图 6 – 4　化学数据速查手册运行软件主窗口

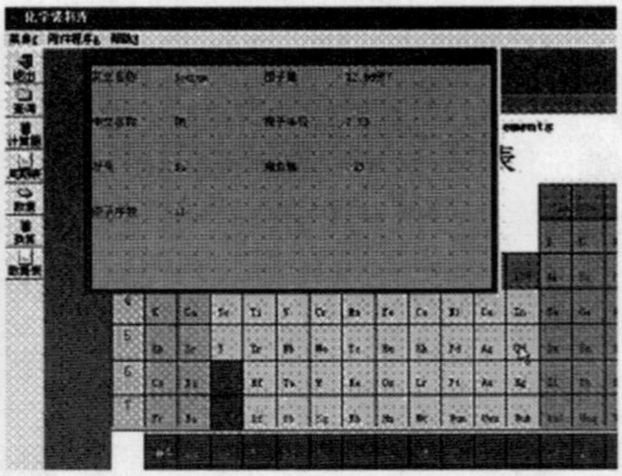

图 6 – 5　化学数据速查手册化学资料库主窗口

③化学信息。

该版块主要是介绍一些功能强大的化学软件，还介绍了一些简单的分子结构，原子结构的三维示意图，同时展示了生动形象的化学反应 Flash 示意图，并且收集了一些化学常识，如一些化学家简介和常见有毒物质。

2. 备课软件

（1）超级化学助手。

超级化学助手套用 Word 2003 模板生成一个超级化学助手模板，界面如图 6 – 6所示。对于习惯 Word 的使用者来说，即用即会。超级化学助手集成了大部分中学课程中的化学仪器、成套的实验装置，所有仪器允许组合和修改，可以对其进行拆卸和装配，有利于备课和组合进行实验的图示；无机物化学名称、分子式、离子式、有机物分子式等可以自动更正；软件包含大量的常用符号、有机物结构式、结构简式、苯环结构（图形）、苯环符号、高聚物、取代基模型等，让你轻轻松松输入图形和公式。

软件主窗口如图 6 – 6 所示，该图空白处演示将一些零散仪器装配成固体 – 气体发生装置。进入超级化学助手主窗口，与原 Word 窗口工具栏对比多出了 3 条工具栏，超级化学助手的特色也在于此，利用它们可以迅速地制作化学装置图、分子结构图。

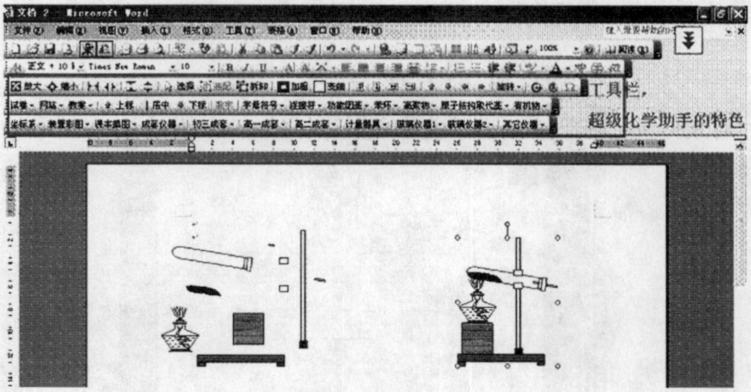

图 6-6　超级化学助手主窗口

①装置工具：

预置了中学常见化学装置、仪器图片，点击它们，在空白区域会插入对应图片。利用接下来介绍的图形处理工具，可以把内置的图片组装、装配成使用者需要的装置。

②试卷、教案撰写工具：

包括了教师常用撰写试卷、教案的格式，可以方便套用，省去重复输入的烦恼。

③特殊字符工具：

可以插入特殊的字符，方便对数字的上标、下标等进行处理。

④有机结构分子：

包含了常见有机分子结构图和分子式、原子结构图，点击即可插入，也是一个方便实用的功能。

⑤图形处理工具：

该工具栏主要是对插入的图片进行加工处理，满足使用者的需要。可以对图片进行放大、缩小、伸缩处理，最具特色的是可以对图片进行拆卸、装配，利用内置的图片组合成新的图片，达到“一图多用”的效果。

（2）化学金排。

化学金排是专门为化学教师定制的基于 Word 平台的一套专业排版辅助软

件，该软件可以轻松实现化学中常用的同位素输入、原子结构示意图、电子式、电子转移标注、有机物结构式、有机反应方程式、反应条件输入、化学常用符号输入、化学仪器、化学装置、图片图形调整等许多实用功能，同时该软件还提供一套方便易用的题库系统。软件主窗口如图 6－7 所示。

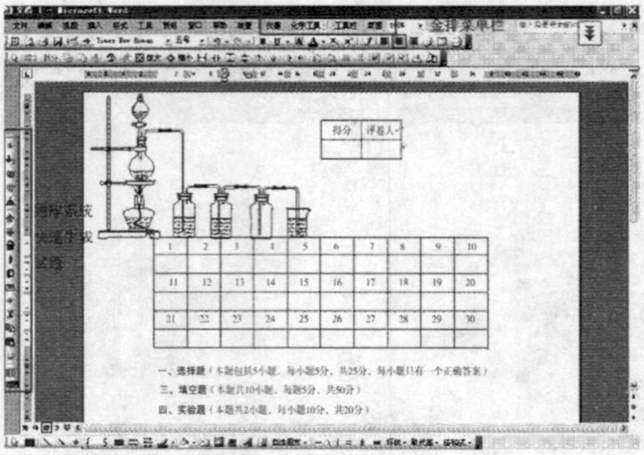

图 6－7　化学金排主窗口

化学金排的特色：题库系统，套用试卷格式，可以快速地制作试题；独创的化学文章输入窗口，在该窗口中输入化学式、化学方程式、离子方程式时，不用考虑大小写和上下标问题，全部由软件中的智能识别替换系统自动完成；智能方程式配平。

① 方程式配平器（如图 6－8 所示）。

方程式配平器有两个功能：方程式配平：在文本框中输入需要配平的方程式，点击配平按钮即可；式量求算：在文本框中输入该分子（原子）的化学式，点击求式量按钮即可。

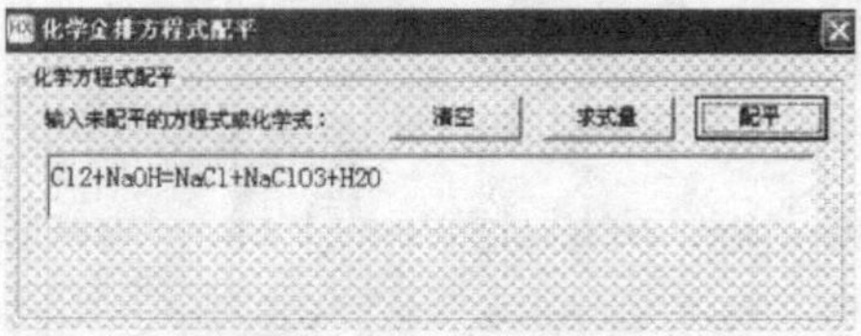

图 6－8　化学金排方程式配平器主窗口

②化学金排。

化学金排主窗口如图 6－7 所示。与原 Word 窗口菜单栏对比你会轻易发现菜单栏中多出了“仪器”、“装置”、“化学工具”、“图符 & 工具栏”、“版面”等菜单，打开这些菜单的下拉菜单，你会发现它们都包含了非常丰富的内容。

文字输入（化学输入框）。在化学输入窗中输入化学内容，不仅可以识别化学式（所有的有机物和 80 万种以上的无机物），还可以对化学文章中的单位、符号等进行大小写与上下标的识别，而且对于试题的输入，还可实现自动排版，解决 Word 输入试题选项不易对齐的问题，在化学输入窗中还可以非常方便地输入分数、根式，比用公式编辑器方便快捷得多。运行化学金排，切换到大写状态，在化学输入窗中输入化学方程式后按回车，你需要的方程式会自动出现在 Word 窗口，根本不用上下标及大小写的转换。若方程式带有反应条件，有两种方法可以输入：第一种是在输入窗输入没有条件的化学方程式，按回车后到 Word 窗口选中“=”，然后点击“条件”菜单中对应的反应条件即可；第二种是在输入窗中直接输入“条件”菜单中该条件对应的字母代码（例如“点燃”的代码是“JDDR”），按回车后将自动生成所需条件。如果找不到现成条件你还可以自定义。输入技巧：Ⅰ．输入化学式时可以省略其中的括号，如硫酸铁可输入为 FE_2SO_{43} 等。Ⅱ．输入离子符号时，可以用 L 来代替离子符号中的“+”、“-”，甚至可以省略电荷数（如硫离子可输成 S_2L 或 SL）。Ⅲ．输入“+”号时，可用“\”代替，也可用 JZ 代替；“-”号可用 JF 代替。Ⅳ．输入气体、沉淀时箭头符号可分别用“^”和“&”代替，也可用 JS、JX 代替。Ⅴ．如果你不习惯使用化学输入窗，可以直接在大写状态下在 Word 窗口中输入，当整篇文档完成后化学输入窗可以实现批量更正。方法是：把整篇文档复制到输入窗后按回车。

图形图片功能。化学金排集合了中学化学常见的各种装置、仪器、分子结构图，只要在栏目上点击一下，在空白区域就会自动插入对应图片。对于不常见的图片，利用化学金排可以对图片进行拆分、组合的功能，组合满足自己需要的图片。

例子：用化学金排组合一套木炭与浓硫酸加热反应并验证产物的实验装置图（如图 6-9）。

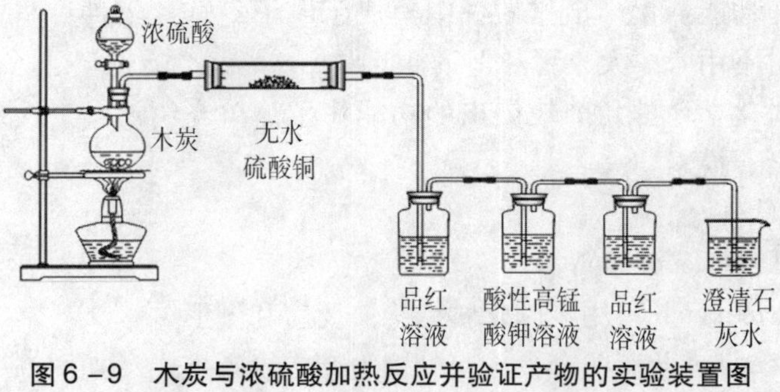

图 6-9　木炭与浓硫酸加热反应并验证产物的实验装置图

上述装置中包括固-液加热气体发生装置、硬质玻璃管、洗气瓶及尾气、吸收装置。各个部分在“装置”菜单中全部都有，点出后可以快速组合，结合“旋转”、“缩放”功能，最终可达到满意效果，若要组合更复杂的装置，可动用“仪器”菜单中丰富的化学实验“零部件”自由组合。至于各部分的文字注释可通过点击“绘图有机”工具栏中“无边框文本框”：

文本框弹出后把其中的“文字”二字改成你想要的字，然后拖到目的地，再与装置图组合起来就行了。

题库功能。利用化学金排输入的试题可以带答案，试题可以增删，试题顺序可以任意调整，而题号则可自动调整。可将已有试题文件中的单个试题及其答案很容易地传到新试题中，很好地解决了试题重复使用的问题；可以将网上的试题自动转化为题库格式。金排题库系统格式：试题的题号用或生成，试题的答案放在试题中或试题后，并且用答来标记！读者可试着打开“化学工具”中的“金排格式示例题库”，在该文件中可以看到简单答案的制作方法，可以试试删除试题，调整试题顺序，可以试着用左边的试题管理按钮对试题进行显示隐藏答案，也可以试着按有答案试题和无答案试题分别打印输出。

计算功能。化学金排提供了一个计算器，除了能完成普通的行式计算器功能外，该计算器最出色的特点是：行式输入符合数学计算习惯，而不是计算机计算习惯，而且对于有输入错误的表达式，该计算器能精确地指出出错的位置，以及出错的原因，经过修改后可以继续计算。

课件制作功能。化学金排软件中集成了电子幻灯片组件，与 PPT 相比，制作化学课件时不用考虑大小写和上下标问题。

上面只对化学金排几个较突出的功能作了简单介绍，对于该软件的掌握还需读者去探索、摸索。

3. 画图软件

(1) ACD/ ChemSketch。

ACD/ChemSketch 可用于画化学结构、反应和图形。

ACD/ChemSketch 有两个界面，分别为结构绘画模式（如图 6 - 10 所示）和画图模式（如图 6 - 11 所示）。结构绘画模式突出结构式、分子式的绘制，界面上的按钮以元素、分子式、结构式及一些表示三维的键为主。画图模式侧重于图形的绘制，界面上的按钮主要是线条、图形和排列方式。在各模式窗口左上角有两个按钮

，可随时进行切换。

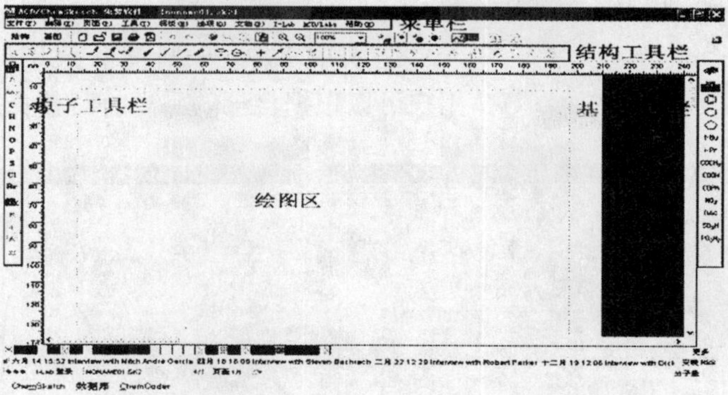

图 6－10　ACD/ChemSketch 的结构绘画模式

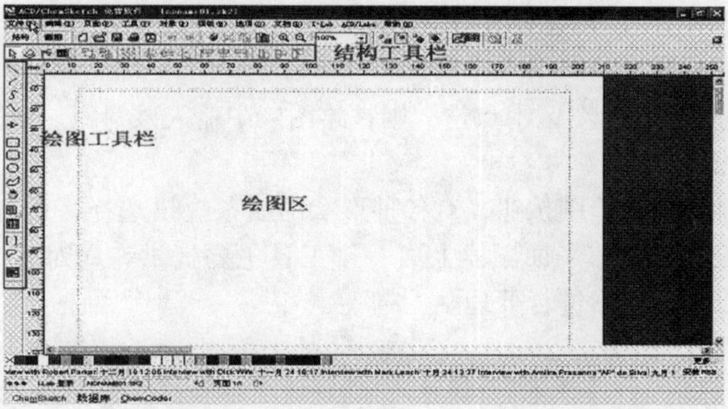

图 6－11　ACD/ChemSketch 的画图模式

① 结构绘画模式。

中间为绘图区，在这里画分子结构。最上面的部分为菜单栏。菜单栏中的帮助菜单对该软件的使用有很详细的说明。在绘图区的左右及上方各有一排工具按钮，绘图时，利用这些工具按钮，可以极大地方便分子式的绘制。

左面为基础元素输入工具栏，点击弹出元素周期表，选中元素后双击即可在绘图区插入该元素，选中工具栏元素（C、H、N、O 等），在绘图区中点击或者拖动鼠标，则在绘图区输入相应元素的氢化物或同系物。比如你按下 C 之后在绘图区上绘图，如果按一下你就看到一个 CH_4，按两下就是 C_2H_6，三下是 C_3H_8，四下是 C_4H_{10}，五下是 C_5H_{12}，而 ACD/ChemSketch 还有自动检测功能，当你点击超过六下时，结构式是不会再发生改变的，因为这种结构不存在，这样可以避免很多错误。

上面一排按钮为结构工具栏，包括一些碳链图标 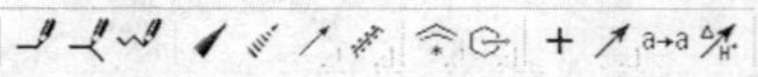，表示空间的键，一些箭头及旋转方式（如图 ），用户可以根据自己的需要自行选择合适的图标。

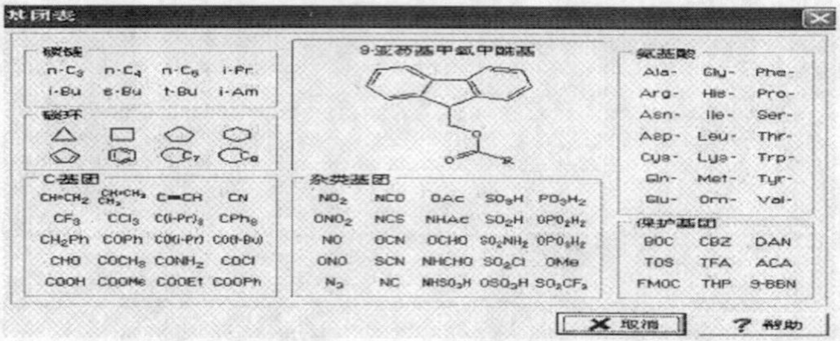

图 6－12　ACD/ChemSketch 的基团表

最右面为有机官能团输入工具栏，点击各基团（或点击  弹出基团表，如图 6－12 所示），在绘图区中点击，则在绘图区中输入该基团。

② 画图模式。

左边一排工具为绘图按钮，有各种形状的线条提供选择，还可以插入图形、表格，从而绘出复杂的平面图。上面一排工具主要提供一些对齐方式和翻转方式，方便对绘画区图案进行处理。

下面以绘：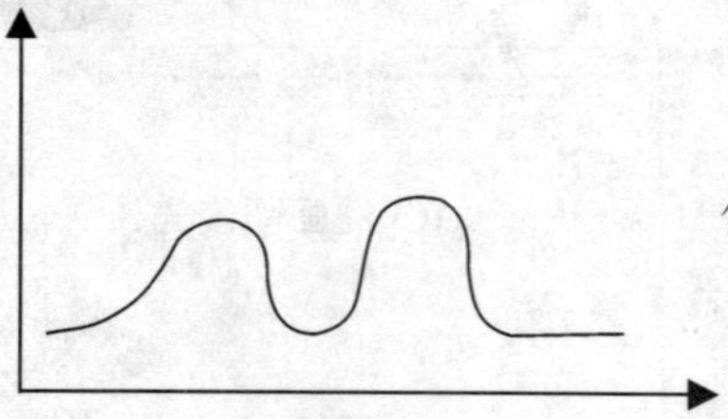 化学反应能量图为例，看画图模式下 ChemSketch 的运用。

选择左边工具栏上的按钮 （多线工具）。

从曲线起点向右拖动鼠标，画出水平线 1 。

鼠标移至水平线右上方，画出水平线 2，得 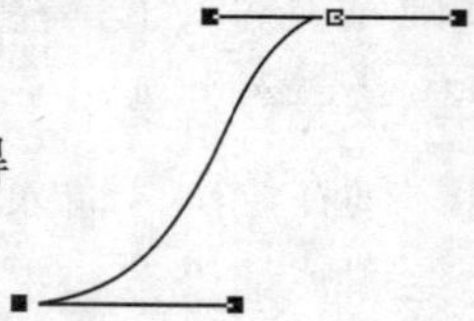，此时已出现曲线的一端。

将鼠标移至右下方，画出水平线3，得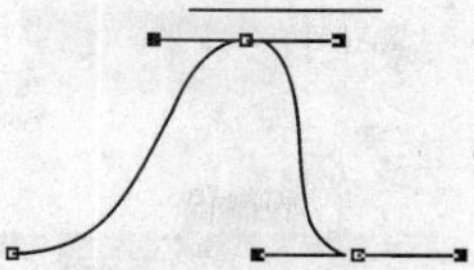。

同样的方法可得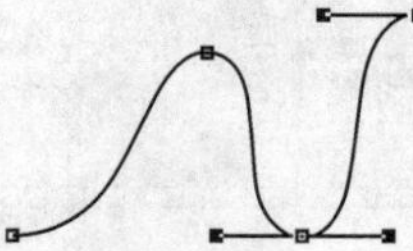和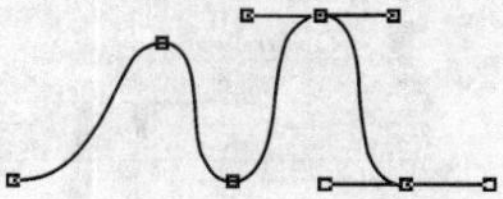，此时曲线已描画出，将鼠标停留原处双击，得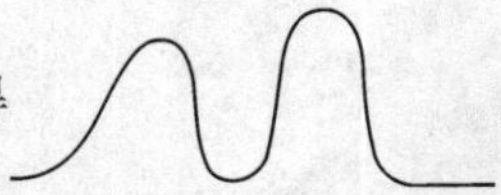。

选中箭头按钮，绘制水平和垂直两条坐标轴，调整位置可得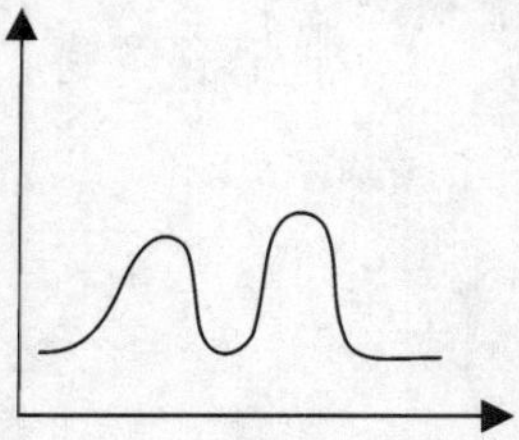。

如对画出来的曲线不满意，可以通过节点工具对曲线形状进行修改。修改后可得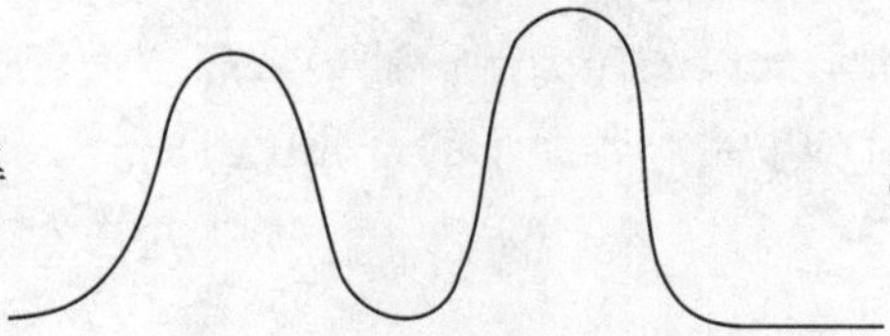。

如果还需要文本说明或添加坐标刻度，可以分别选择文本工具和直线工具对图形进行修改。

基团、元素之间方便地进行连接，结构模式与绘画模式简易地切换，组合复杂的化学图，只要简简单单的几个按钮就可以完成，这就是 ACD 的魅力所在。

（2）ChemWindow。

ChemWindow 界面如图 6 - 13 所示，是绘各种分子结构及化学图形的软件。有 4 个功能模块：① 分子结构绘制，包括化学键绘制、各种环结构绘制、化学反应机理的表示、相应文字说明、电子云表示等功能；② 化学实验装置图绘制，包括各种接口的玻璃仪器的图形模板；③ 化工工艺流程图绘制，具有各类化工设备的示意图形库；④ 提供大量的各种复杂分子结构通用模板，直接提取应用。

ChemWindow 的工具一般以图片形式显示，初学者很容易入门；只要在工作栏上点击右键，就会有常见按钮供你选择；图片可不断地重叠；只要选中图形拉远鼠标或拉紧鼠标图形就会自动放大缩小；按下，软件会识别你输入的分子式而加以区分上下标。

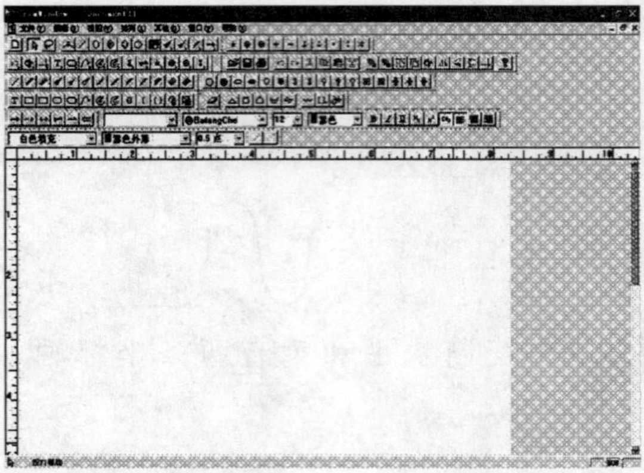

图 6－13　ChemWindow 界面

②菜单栏介绍。

ChemWindow 的菜单栏看似简洁，但内在的功能非常好用。“视图”的下拉栏如图 6－14 所示，用户可以在此调出所有的工具栏。

“分析”的下拉栏如图 6－15 所示。以苯环为例，选中苯环，之后选择下拉栏的“计算质量”，可得苯环的相对分子量、各原子的百分比组成。

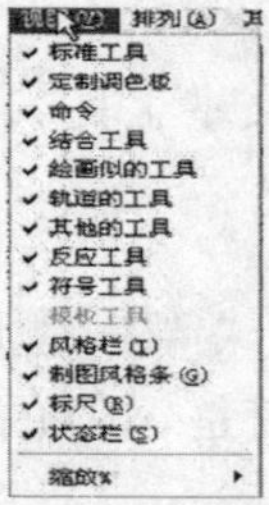

图 6－14　丰富的内置功能

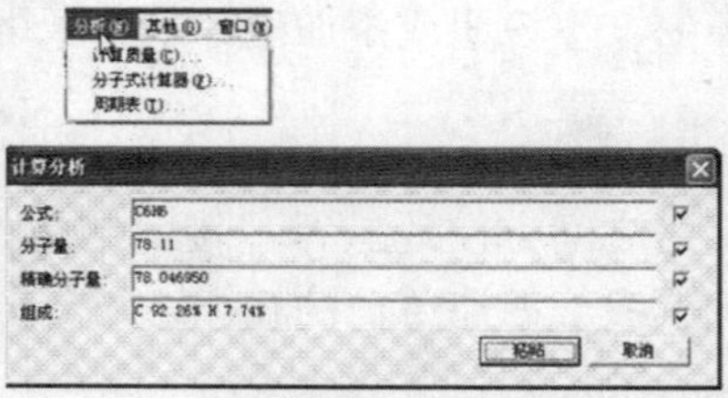

图 6－15　苯环分析数据

下拉栏第三个选项是元素周期表，点击任一元素，就会显示出该元素的原子序数、可能存在的价态和原子量。点击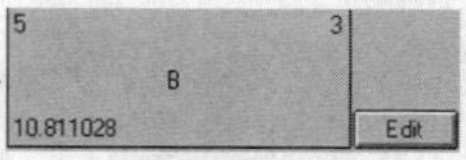中的任意按钮，将会显示出该元素同位素的情况，也可以对其进行修改。

“排列”下拉菜单的选项可以对图片进行组合、缩放、旋转，方便我们构图。

②工具栏介绍。

键工具：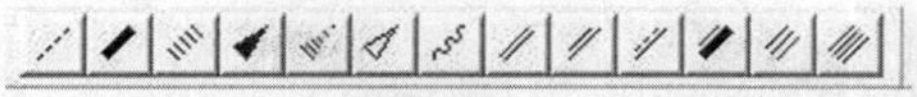。在操作时有多种方法产生化学键：鼠标单击工具栏上所需键型，在文本区单击鼠标左键将产生化学键，且新产生的键将出现在能量最低的方向；采用拉伸方式产生键，同时按住键盘 Shift 键则产生任意长的键，按住 Ctrl 键可任意改变键的方向，或选定该键，按住鼠标左键拖动也可实现；在单键中央单击可依次产生双、三、单键；点击单键，按住 Alt 键并单击则产生短线双键。长链多键可按住鼠标依据右方显示的数字表示键的个数。

环工具。Ⅰ模版工具：。从按钮中的图形可以看出用它能画出三角形、四边形、船形等。用法是鼠标单击工具栏上所需图形，在工作栏单击鼠标左键即可。Ⅱ其他工具：。其中是橡皮擦工具，也有一些环工具，还夹杂着链工具、括号工具和一些三维结构表示方法。

反应式工具：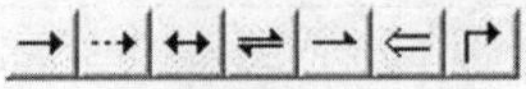。这里主要是反应式中常用到的箭头。

轨道工具：。这些都是现成的表示轨道的工具，用户只要轻轻一点就可以实现轨道的绘制，免去了自画自组装的麻烦。

符号工具：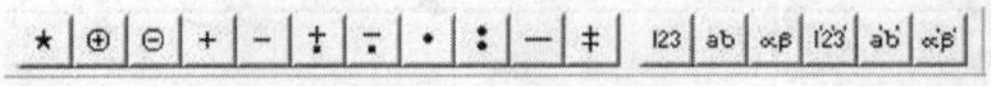。这些都是化学中常用的符号，有表示电子的，也有表示正负电荷的。

绘图工具：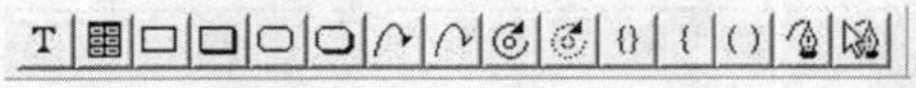。第一个按钮是文本工具，你可以在工作栏任意地方插入文本。第二个按钮是表格工具，表格的大小是一定的，你选中该工具后，在工作栏上点住鼠标左键轻拉，你拉开的区域越大，表格的数目就越多。接下来四个都是四方形符号。第八、九个为箭头符号。而最后两个是钢笔工具，用来描绘线条。

文本样式：

。这个跟 Word 里文本样式工具基本一样，用来规定字体大小、颜色、排列等。

图形工具：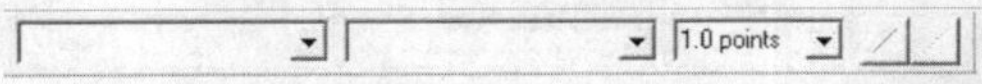

。点击倒三角形按钮得颜色、线条大小下拉条，用户可以自由选择形状或线条填充的颜色，可以修改线条的粗细。

标准工具：。第二个按钮

是鼠标键，选图形时先点这个鼠标，然后在绘图区域拉伸选中图形。第十个按钮是模板工具，有许多图案模板供选择。如：

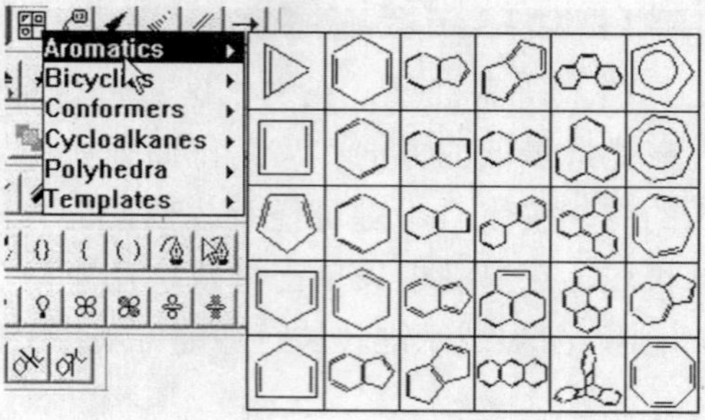

按钮具解说功能，点击按钮之后，工作栏右边会出现

，你可以根据需要选择图案，如选择棉花团图案，效果如下图。

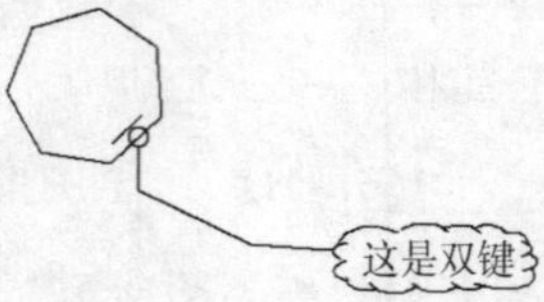

命令工具：。其中，是组合工具，可将两个或多个分散的图形组合成一个，方便管理。是打散图形，功能和组合工具相反，将一个组合图形打散成多个图形，方便修改。为旋转工具。分别具有垂直旋转和水平旋转功能。点击对齐按钮后出现对话框（如图6－16所示），你可以自由选择左对齐或者右对齐等。可用来画标线。

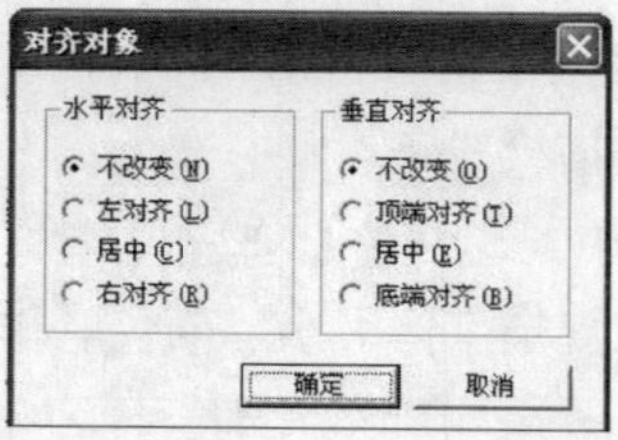

图6－16　对齐方式

在ChemWindow中，你不需要自己真正去绘制什么，因为在各个模板或工具

栏里已有各种各样的配件，你需要做的只是将这些配件装拼出你想要的东西。

四、实验要求

（1）利用化学品电子手册查询以下物质的化学性质：

①2－羟基－4－甲氧基二苯甲酮；　②尿嘧啶；　③退热冰

（2）利用超级化学助手仪器的拆卸、装配功能，组合有机化学中减压蒸馏的装置图。

（3）利用化学金排按要求制作一份化学试卷。要求：①使用化学金排的题库系统，套用试卷格式，规格严谨且正确。②利用化学金排自带的仪器装置图组合成自己需要的装置。

（4）用化学金排绘制下列图形：

① 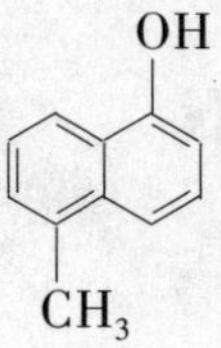

② 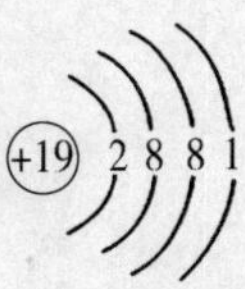

③ 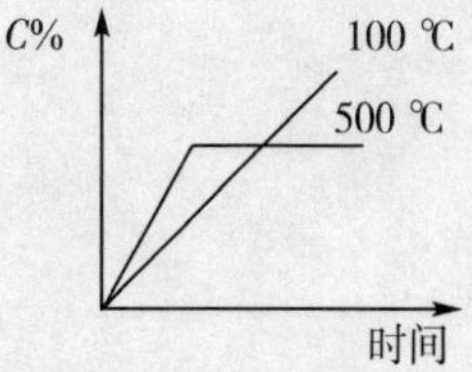

（5）应用 ACD/ChemSketch 软件可以方便、快捷、无误地绘制各种分子式，尤其是特别复杂的芳香族结构式，下面大家应用 ACD/ChemSketch 绘制铁试剂分子式，如下：

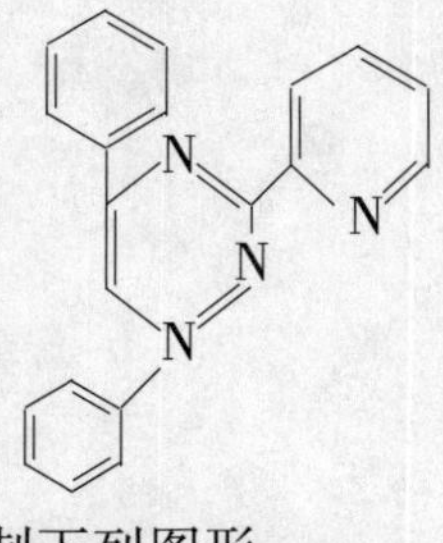

（6）应用 ChemWindow 绘制下列图形：

① 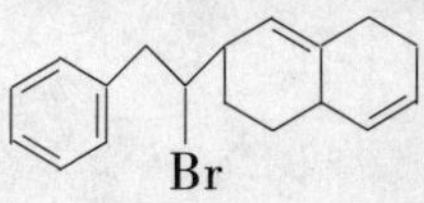

② 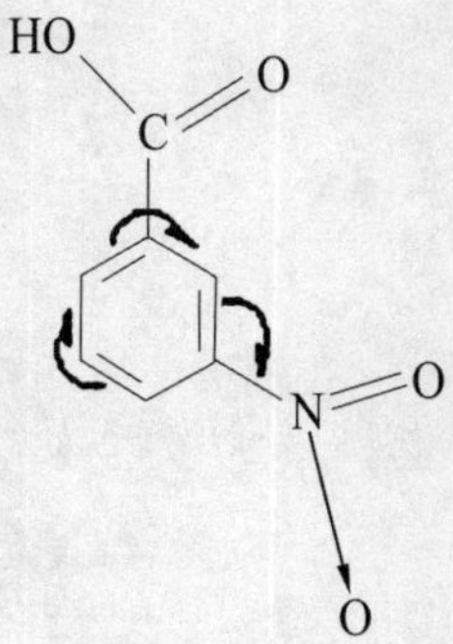

五、问题与思考

通过本实验的学习，要求同学们能掌握上述软件的基本使用方法，利用这些软件来解决自己学习当中遇到的化学问题，诸如一些化学数据的查询、教案备课、化学图片的制作。在掌握这些软件的基础上可以自学其他软件，与此互补，取得更大进步。对于软件的学习笔者提出自己的一些建议：软件的使用关键在于使用者本身，介绍和教程只是引领你入门的东西，看看就好，最重要的还是自己要多用，亲身去实践。

附　录

附录1　常用酸碱溶液的浓度及配制

溶液	密度/($g\cdot cm^{-3}$)	质量分数/%	物质的量浓度/($mol\cdot L^{-1}$)	配制
浓盐酸	1.19	38	12	
稀盐酸	1.10	20	6	浓盐酸：水＝1∶1（体积比）
稀盐酸	1.0	7	2	6 $mol\cdot L^{-1}$盐酸：水＝1∶2（体积比）
浓硫酸	1.84	98	18	
稀硫酸	1.18	25	3	稀硫酸：水＝1∶5（体积比）
稀硫酸	1.06	9	1	3 $mol\cdot L^{-1}$硫酸：水＝1∶2（体积比）
浓硝酸	1.41	68	16	
稀硝酸	1.2	32	6	浓硝酸：水＝8∶9（体积比）
稀硝酸	1.1	12	2	6 $mol\cdot L^{-1}$硝酸：水＝3∶5（体积比）
冰醋酸	1.05	99.8	17.5	
稀乙酸	1.04	35	6	冰醋酸：水＝27∶50（体积比）
稀乙酸	1.02	12	2	6 $mol\cdot L^{-1}$醋酸：水＝1∶2（体积比）
浓氨水	0.91	28	15	
稀氨水	0.96	11	6	浓氨水：水＝2∶3（体积比）
稀氨水	1.0	3.5	2	6 $mol\cdot L^{-1}$氨水：水＝1∶2（体积比）
浓氢氧化钠	1.44	41	14.4	
稀氢氧化钠	1.1	8	2	氢氧化钠 80 g/L
石灰水	1.0	0.15	0.02	饱和石灰水澄清液

附录2　几种常见的气体干燥剂

干燥剂	可干燥气体									
H_2SO_4	N_2	O_2	H_2	CH_4	CO_2	CO	SO_2	HCl	Cl_2	
$CaCl_2$	N_2	O_2	H_2	CH_4	CO_2	CO	SO_2	HCl		
P_2O_5	N_2	O_2	H_2	CH_4	CO_2	CO	SO_2			
CaO	N_2	O_2	H_2	CH_4						NH_3
KOH	N_2	O_2	H_2	CH_4						NH_3

附录3　气体在水中的溶解度

气体	*T*/℃	溶解度/(mL/100 mL H_2O)	气体	*T*/℃	溶解度/(mL/100 mL H_2O)	气体	*T*/℃	溶解度/(mL/100 mL H_2O)
H_2	0	2.14	N_2	0	2.33	O_2	0	4.89
	20	0.85		40	1.42		25	3.16
CO	0	3.5	NO	0	7.34	H_2S	0	437
	20	2.32		60	2.37		40	186
CO_2	0	171.3	NH_3	0	89.9	Cl_2	10	310
	20	90.1		100	7.4		30	177
SO_2	0	22.8						

附录4　常用的气体净化剂

气体	所含杂质	净化剂	气体	所含杂质	净化剂
O_2	Cl_2	NaOH 溶液	CO	CO_2	石灰水
H_2	H_2S	$CuSO_4$ 溶液	N_2	O_2	加热铜网
CO_2	HCl	饱和 $NaHCO_3$ 溶液	CO_2	CO 或 H_2	CuO
CH_4	C_2H_2	溴水	H_2S	HCl	饱和 NaHS
Cl_2	HCl	饱和食盐水	NO	NO_2	水

附录5　常见化合物的俗名和主要化学成分

类别	俗名	主要化学成分
硅化合物	石英	SiO_2
	水晶	SiO_2
	打火石、燧石	SiO_2
	玻璃	SiO_2
	砂石	SiO_2
	橄榄石	Mg_2SiO_4
	硅锌石	Zn_2SiO_4
	硅胶	SiO_2
钠化合物	食盐	$NaCl$
	硼砂	$Na_2B_4O_7 \cdot 10H_2O$
	苏打、纯碱	Na_2CO_3
	小苏打	$NaHCO_3$
	海波	$Na_2S_2O_3 \cdot 5H_2O$
	红矾钠	$Na_2Cr_2O_7 \cdot 2H_2O$
	苛性钠、烧碱、苛性碱、火碱	$NaOH$
	芒硝	$Na_2SO_4 \cdot 10H_2O$
	硫化碱	Na_2S
	水玻璃	$Na_2SiO_3 \cdot nH_2O$
钾化合物	钾盐、碱砂	K_2CO_3
	黄血盐	$K_4Fe(CN)_6 \cdot 2H_2O$
	赤血盐	$K_3Fe(CN)_6$
	苛性钾	KOH
	灰锰氧	$KMnO_4$
	钾硝石、火硝	KNO_3
	吐酒石	$K(SbO)C_4H_4O_6$

（续上表）

类别	俗名	主要化学成分
铵化合物	硝铵、钠硝石	NH_4NO_3
	硫铵	$(NH_4)_2SO_4$
	卤砂	NH_4C
钡化合物	重晶石	$BaSO_4$
	钡石	$BaSO_4$
	钡垩石	$BaCO_3$
锶化合物	天青石	$SrSO_4$
	锶垩石	$SrCO_3$
铬化合物	铬绿	Cr_2O_3
	铬矾	$Cr_2K_2(SO_4)_4 \cdot 24H_2O$
	铵铬矾	$Cr_2(NH_4)_2(SO_4)_4 \cdot 24H_2O$
	红矾	$K_2Cr_2O_7$
	铬黄	$PbCrO_4$
钙化合物	电石	CaC_2
	白垩	$CaCO_3$
	石灰石	$CaCO_3$
	大理石	$CaCO_3$
	文石、霞石	$CaCO_3$
	方解石	$CaCO_3$
	萤石、氟石	CaF_2
	熟石灰、消石灰	$Ca(OH)_2$
	漂白粉、氯化石灰	$Ca(OHCl) \cdot Cl$
	生石灰	CaO
	无水石膏、硬石膏	$CaSO_4$
	烘石膏、熟石膏、巴黎石膏	$2CaSO_4 \cdot H_2O$
	重石	$CaWO_4$
	白云石	$CaCO_3 \cdot MgCO_3$

（续上表）

类别	俗名	主要化学成分
锰化合物	硫锰矿	MnS
	软锰矿	MnO_2
	黑石子	MnO_2
铝化合物	矾土	Al_2O_3
	刚玉	Al_2O_3
	铝胶	Al_2O_3
	红宝石	Al_2O_3
	明矾、铝矾	$K_2Al_2(SO_4)_4 \cdot 2H_2O$
	高岭土	$Al_2O_3 \cdot 2SiO_2 \cdot 2H_2O$
	铵矾	$(NH_4)_2Al_2(SO_4)_4 \cdot 24H_2O$
	明矾石	$K_2SO_4 \cdot Al_2(SO_4)_3 \cdot 2Al_2O_3 \cdot 6H_2O$
	群青、佛青	$Na_2Al_4Si_6S_4O_{33}$或$NaXAl_4Si_6S_4O_{23}$
	绿宝石	$3BeO \cdot Al_2O_3 \cdot 6SiO_2$
铁化合物	铁丹	Fe_2O_3
	赤铁矿	Fe_2O_3
	磁铁矿	Fe_3O_4
	菱铁矿	$FeCO_3$
	滕氏盐	$Fe_3[Fe(CN)_6]_2$
	普鲁氏盐	$Fe_4[Fe(CN)_6]_3$
	绿矾	$FeSO_4 \cdot 7H_2O$
	铁矾	$Fe_2K_2(SO_4)_4 \cdot 24H_2O$
	毒砂	$FeAsS$
	磁黄铁矿	FeS
	黄铁矿	FeS_2
	摩尔盐	$(NH_4)_2SO_4 \cdot FeSO_4 \cdot 6H_2O$

（续上表）

类别	俗名	主要化学成分
镁化合物	白苦土、烧苦土	MgO
	卤盐	$MgCl_2$
	泻利盐	$MgSO_4 \cdot 7H_2O$
	菱苦土	$MgCO_3$
	光卤石	$KCl \cdot MgCl_2 \cdot 6H_2O$
	滑石	$3MgO \cdot 4SiO_2 \cdot H_2O$
锌化合物	锌白	ZnO
	红锌矿	ZnO
	闪锌矿	ZnS
	炉甘石	$ZnCO_3$
	锌矾、白矾	$ZnSO_4 \cdot 7H_2O$
	锌钡白、立德粉	$ZnS \cdot BaSO_4$
铅化合物	黄丹、密陀僧	PbO
	红铅、铅丹	Pb_3O_4
	方铅矿	PbS
	铅白	$2PbCO_3 \cdot Pb(OH)_2$
汞化合物	甘汞	Hg_2Cl_2
	升汞	$HgCl_2$
	三仙丹	HgO
	辰砂米砂	HgS
	雷汞	$Hg(CNO)_2 \cdot 1/2H_2O$
铜化合物	铜绿	$CuCO_3 \cdot Cu(OH)_2$
	孔雀石	$CuCO_3 \cdot Cu(OH)_2$
	胆矾、铜矾	$CuSO_4 \cdot 5H_2O$
	赤铜矿	Cu_2O
	方黑铜矿	CuO
	黄铜矿	$CuFeS_2$

（续上表）

类别	俗名	主要化学成分
砷化合物	砒霜	As_2O_3
	雄黄	As_2S_2 或 As_4S_4
	雌黄	As_2S_3
锑化合物	锑白	Sb_2O_3 或 Sb_4O_6
	辉锑矿	Sb_2S_3
	闪锑矿	Sb_2S_3
有机化合物	电石气	C_2H_2
	蚁醇、木醇、木精	CH_3OH
	酒精、火酒	CH_3CH_2OH
	福尔马林、福马林	HCHO
	蚁酸	HCOOH
	醋、醋精、乙酸	CH_3COOH
	石炭酸	C_6H_5OH
	玫瑰油	苯乙醇
	火棉胶	硝化纤维
	石油醚	汽油的一种（沸程 30 ℃ ~70 ℃）
	凡士林	液体和固体石蜡烃混合物

附录 6　常见无机离子的颜色

颜色	离子
红	$[Fe(NCS)_n]^{3-n}$、$[Co(H_2O)_6]^{2+}$、$[Co(NH_3)_5(H_2O)_6]^{2+}$、$[Cr(NH_3)_3(H_2O)_3]^{3+}$
橙	$Cr_2O_7^{2-}$、$[Co(NH_3)_6]^{3+}$、$[Cr(NH_3)_4(H_2O)_2]^{3+}$、$[Cr(NH_3)_5(H_2O)]^{2+}$、$[Fe(CN)_6]^{3-}$
肉	$[Mn(H_2O)_6]^{2+}$
黄	$[CuCl_4]^{2-}$、$[Cr(NH_3)_6]^{3+}$、CrO_4^{2-}、$[Fe(CN)_6]^{4-}$、$[Co(NH_3)_6]^{2+}$、I^{3-}
绿	$[Cr(H_2O)_5Cl]^{2+}$、$[Cr(H_2O)_4Cl_2]^{+}$、CrO^{2-}、MnO_4^{2-}、$[Fe(H_2O)_6]^{2+}$、$[Ni(H_2O)_6]^{2+}$
蓝	$[Cu(H_2O)_4]^{2+}$、$[Cu(NH_3)_4]^{2+}$、$[Cr(H_2O)_6]^{2+}$、$[Co(SCN)_4]^{2-}$、$[Ni(NH_3)_6]^{2+}$
紫	$[Cr(H_2O)_6]^{3+}$、$[Cr(NH_3)_2(H_2O)_4]^{3+}$、$MnO_4^{-}$、$[Fe(H_2O)_6]^{3+}$、$[CoCl(NH_3)_5]^{2+}$、$[Co(NH_3)_4CO_3]^{+}$、$[Co(CN)_6]^{3-}$

附录 7　常见无机化合物的颜色

颜色	化合物
黑	Ag_2S、Hg_2S、HgS、PbS、Cu_2S、CuS、FeS、CoS、NiS、CuO、NiO、Fe_3O_4、FeO、MnO_2、金属的沉淀
褐	Bi_2S_3、SnS、Bi_2O_3、PbO_2、Ag_2O、CdO、CuBr
红	HgS、Sb_2S_3、Fe_2O_3、HgO、Pb_3O_4、HgI_2、$FeCl_3$（无水物）、$K_3Fe(CN)_6$、$Ag_2Cr_2O_7$、某些重铬酸盐、碘化物和钴盐
粉红	亚锰盐、水合钴盐
黄	As_2S_3、As_2S_5、SnS_2、CdS、HgO、AgI、PbO、多数铬酸盐、铁盐、某些碘化物
绿	镍盐、水合亚铁盐、某些铜盐如 $CuCO_3$、$CuCl_2$、某些铬盐
蓝	水合铜盐、无水钴盐
紫	高锰酸盐、一些铬盐
橘红	Sb_2S_5、Sb_2S_3、多数重铬酸盐

附录 8　几种元素的焰色反应

元素	火焰颜色	元素	火焰颜色
Na	黄	Ba	黄绿
K	紫	Cu	绿
Sr	猩红	B	绿
Ca	砖红	Pb、Sb	淡蓝

附录 9　特殊化学药品的保存

试剂类型	常见试剂	保存
易挥发	浓盐酸、浓氨水、丙酮、乙醇、乙醚、甲醇、甲醛、苯等	严密盖紧，置阴凉处
易潮解或易水解	氯化钙、氯化锌、氯化亚铁、氯化铁、硝酸铵、硝酸钠、硫化钠、五氧化二磷、无水氯化铝等	盖紧，蜡密封
见光易分解	浓硝酸、硝酸银、双氧水、碘化钾、溴化钾、氯化亚汞、亚铁盐、亚硝酸盐、氯水等	用棕色瓶盛放，置阴凉、避光处

（续上表）

试剂类型	常见试剂	保存
易燃液体	石油醚、氯乙烷、乙醚、乙醛、汽油、松节油、二硫化碳、甲醇、乙醇、苯、甲苯等	阴凉通风处，与其他可燃物、易发生火花的器物和氧化剂（氯酸钾、高锰酸钾、过氧化钠等）隔离存放
易燃易爆固体	钾、钠、钙、氢化钠、磷化钙、碳化钙、硅化镁等	钾、钠放在盛煤油的瓶里，其他装瓶后密封放在干燥器里
	硝化纤维、苦味酸、雷汞等	保存在阴凉干燥处
	白磷	瓶装，浸没在水里
	红磷、硫、镁粉、锌粉、铝粉、萘、樟脑等	保存在阴凉处并和氧化剂分开存放
剧毒品	氰化钾、氰化钠、氧化砷、白磷、氯化汞	保存在阴凉干燥处，跟酸类隔离，专柜加锁、专人负责
强氧化剂	过氧化钠、过氧化钾、过硫酸盐、硝酸铵、硝酸钠、硝酸钾、硝酸铅、高锰酸钾、重铬酸钾、氯酸钾等	保存在阴凉通风处，跟酸类、木屑、硫粉、金属粉、硫化物、糖类等易燃物分开存放
强腐蚀剂	浓硫酸、发烟硝酸、浓盐酸、氢氟酸、氢溴酸、醋酐、液溴等液体；氢氧化钠、氢氧化钾、硫化钠、无水氯化铝、三氯化磷、苯酚等固体	保存在阴凉通风处，跟其他药品隔离放置。用抗腐蚀材料做器架，其中发烟硝酸和液溴的瓶外垫沙放置

附录10　实验室常用的灭火器及其使用范围

灭火器类型	药液成分	适用范围
泡沫灭火器	$Al_2(SO_4)_3$ 和 $NaHCO_3$	适用于油类起火
二氧化碳灭火器	液态 CO_2	适用于扑灭电器设备、小范围油类及忌水的化学物品着火
四氯化碳灭火器	液态 CCl_4	适用于扑灭电器设备、小范围的汽油、丙酮等失火。不能用于扑灭活泼金属钾、钠的失火，因 CCl_4 会强烈分解，甚至爆炸。电石、CS_2 的失火也不能使用它，因为会产生光气一类的毒气
干粉灭火器	主要成分是碳酸氢钠等盐类物质与适量的润滑剂和防潮剂	扑救油类、可燃性气体，电器设备、精密仪器、图书资料和遇水易燃烧物品的初期火灾
1211 灭火器	CF_2ClBr 液化气体	特别适用于扑灭油类、有机溶剂、精密仪器、高压电器设备的失火

附录11　常见化学毒物的急性致毒作用及救治方法

分类	名称	主要致毒作用与症状	救治方法
酸	硫酸、盐酸、硝酸	接触：硫酸局部红肿痛，重者起水泡、呈烫伤症状；硝酸、盐酸腐蚀性小于硫酸	先用布将酸液擦净，再用大量水冲洗，然后用2%碳酸氢钠水溶液冲洗，最后清水冲洗
		吞服：强烈腐蚀口腔、食道、胃黏膜	初服可洗胃，时间长忌洗胃以防穿孔；应立即服7.5%碳酸氢镁悬液60 mL，鸡蛋清调水或牛奶200 mL
碱	氢氧化钠、氢氧化钾	接触：强烈腐蚀性，化学烧伤	迅速用水、柠檬汁、稀乙酸或2%硼酸水溶液洗涤
		吞服：口腔、食道、胃黏膜糜烂	禁洗胃或催吐，给服稀乙酸或柠檬汁500 mL，或0.5%盐酸100～500 mL，再服蛋清水、牛奶、淀粉糊、植物油等
有机化合物	石油烃类	吸入高浓度汽油蒸气，出现头痛、头晕、心悸、神志不清等	移至新鲜空气处，重症可给予吸氧
		汽油对皮肤有脂溶性和刺激性，皮肤干燥、皲裂，个别引起红斑、水泡	温水清洗
		石油烃能引起呼吸、造血、神经系统慢性中毒症状	医生治疗
		某些润滑油和石油残渣长期刺激皮肤可能引起皮肤癌	涂5%炉甘石洗剂
	苯及其同系物	吸入蒸气及皮肤渗透	皮肤接触用清水洗涤
		急性：头晕、头痛、恶心，重者昏迷抽搐甚至死亡	人工呼吸、输氧、医生处置
		慢性中毒：肝、心、肾损害	

（续上表）

分类	名称	主要致毒作用与症状	救治方法
气体	氮氧化物	呼吸系统急性损害 急性中毒：口腔、咽喉黏膜、眼结膜充血、头晕、支气管炎、肺炎、肺水肿 慢性：呼吸道病变	移至新鲜空气处，必要时吸氧
	二氧化硫、三氧化硫	对上呼吸道及眼结膜有刺激作用；结膜炎、支气管炎、胸痛、胸闷	移至新鲜空气处，必要时吸氧；用2%碳酸氢钠洗眼
	硫化氢	眼结膜、呼吸及中枢神经系统损害 急性：头晕、头痛甚至抽搐昏迷；久闻不觉其气味更具危险性	移至新鲜空气处，必要时吸氧；生理盐水洗眼

附录12　常见仪器简单绘图法

1. 常见仪器分步画法

名称	画法			名称	画法		
	第一步	第二步	第三步		第一步	第二步	第三步
试管				集气瓶	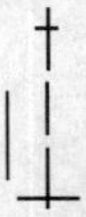	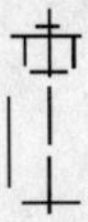	
烧杯				酒精灯			
烧瓶				漏斗			
长颈漏斗				铁架台和铁圈铁夹	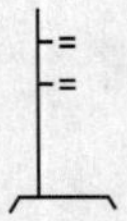	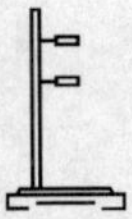	

（续上表）

名称	画法			名称	画法		
	第一步	第二步	第三步		第一步	第二步	第三步
导管	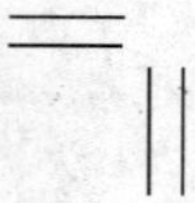			带管塞子			
水槽		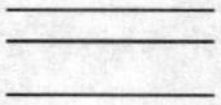	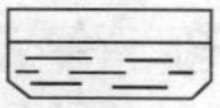	蒸发皿			
导管接头	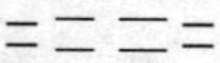	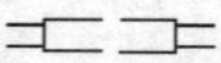		锥形瓶			

2. 成套仪器的画法

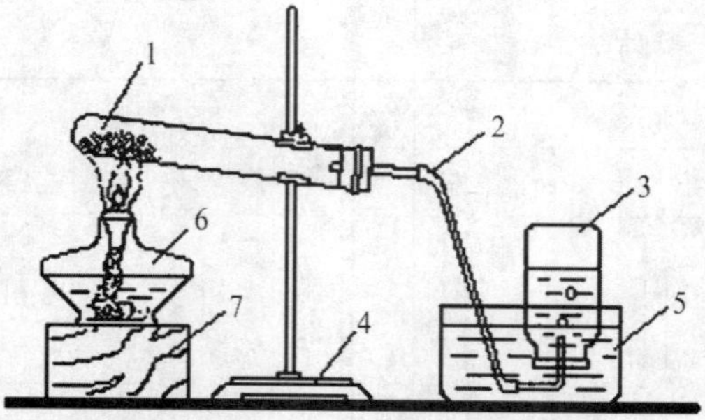

1. 试管；2. 导管；3. 集气瓶；4. 铁架台；5. 水槽；6. 酒精灯；7. 木垫

参考文献

［1］李平，蔡秀慧．中学化学实验研究新编［M］．长春：东北师范大学出版社，1999

［2］蔡亚萍．中学化学实验设计与教学论［M］．杭州：浙江教育出版社，2005

［3］段玉峰．综合训练与设计［M］．北京：科学教育出版社，2001

［4］熊言林．化学实验设计的内容与思考［J］．化学教学，2008（2）：2～5

［5］梁慧姝，郑长龙．化学实验论［M］．南宁：广西教育出版社，1996

［6］郑长龙等．化学实验教学新视野［M］．北京：高等教育出版社，2003

［7］钱再，瞿兵．化学实验创新技法［J］．化学教学，2000（9）：6～9

［8］熊宗齐，吴启发．趣味横生的酸碱反应实验［J］．化学教学，2007（6）：8～9

［9］蒋念龙，姜妹月．过氧化钠制备的实验改进［J］．化学教学，2007（6）：9～10

［10］杨基松．几个创新设计和改进实验的介绍［J］．化学教学，2007（5）：8～10

［11］邹标．中学化学综合实验设计研究［D］．福建师范大学硕士学位论文，2003

［12］薛亮．化学实验教学设计研究［J］．科学教育，2007，13（6）：37～38

［13］曹志兵．以实验为基础的“硫酸的氧化性”教学设计［J］．化学教学，2008（10）：40～42

［14］魏东．《二氧化碳的实验室制法》教学设计［J］．化学教学，2003（4）：29～31

［15］赵冬梅．“二氧化碳的实验室制法”教学案例［J］．化学教学，2009（5）：41～43

［16］王臻．盐类的水解探究式教学设计［J］．数理化研究，2009（3）：41～42

［17］李勤伟．氯气——多媒体教学设计［J］．中小学电教，2004（11）：41～42

[18] 黄璞. 化学新课程中微型实验探究活动的设计［M］. 北京：化学工业出版社，2005

[19] 熊言林. 化学教学论实验［M］. 合肥：安徽大学出版社，2004

[20] 王程杰. 中学化学实验研究［M］. 上海：华东师范大学出版社，2005. 235～238

[21] 陈秀玲，胡章记. 氢气制取实验的改进［J］. 邢台师范高专学报，1999（4）

[22] 课程教材研究所，化学课程教材开发中心. 义务教育课程标准实验教科书·化学（第二版）［M］. 北京：人民教育出版社，2006

[23] 张立言. 高中化学教案（一年级）［M］. 北京：北京师范大学出版社，1999

[24] 王治江，熊言林. 另类喷泉实验例谈［J］. 化学教学，2003（10）

[25] 马建峰. 化学实验教学论［M］. 北京：科学出版社，2006

[26] 李广洲，陆真. 化学教学论实验［M］. 北京：科学出版社，2006

[27] 毛海荣. 无机化学实验［M］. 南京：东南大学出版社，2006

[28] 李铭岫. 无机化学实验［M］. 北京：北京理工大学出版社，2004

[29] 薛金星. 中学教材全解之高中化学［M］. 北京：北京教育出版社，2004

[30] 谭静. 苯的溴代反应实验改进［J］. 实验教学与仪器，2000（10）

[31] 杨乐，卢善富. 苯的溴代反应实验改进［J］. 化学教学，2002（7）

[32] 晏胜秀，刘开尧. 乙醇与钠反应实验教学方法的探索与改进［J］. 化学教学，1999（12）

[33] 施锦军. 对"确定乙醇结构式"实验的改进［J］. 化学教学，2003（5）

[34] 人民教育出版社，课程教材研究所，化学课程教材研究开发中心. 普通高中课程标准实验教科书·化学（必修2）［M］. 北京：人民教育出版社，2004

[35] 刘积福. 乙醇氧化制乙醛探究实验设计原创题［EB/OL］，http：//www. pep. com. cn/gzhx/gzhxjs /jxyj/ghsytj/200903/t20090302_ 554282. htm

[36] 宫兴康. 对乙醇氧化成乙醛实验改进的尝试［EB/OL］，http：//www. docin. com/p－7404165. html

[37] 张学铭等. 化学小辞典［M］. 北京：科学技术出版社，1984

[38] 吉林师范大学等五校. 有机化学（上册）［M］. 北京：人民教育出版社，1983

[39] 文庆城，李凤. 中学化学物质结构学习过程模型建构［J］. 教学与管

理，2006（9）

［40］刘光利．分子模型、晶体模型的制作［EB/OL］，http：//xkwq. e21. cn/e21sqlimg/files/fff2006011015

［41］沈戮，李春辉．微型化学实验与科学探究［M］．香港：中国评论学术出版社，2005

［42］沈戮．一组微型化学实验的设计［J］．内蒙古民族大学学报，2009，15（4）：100～103

［43］刘予生．自制微型化学实验装置——氯气的制备及性质［J］．内蒙古民族大学学报，2009，15（4）：175～176

［44］孙涛．乙炔制备及性质检验一体化实验设计［J］．内蒙古民族大学学报，2009，15（4）：177

［45］潘耀团，王向军．两则中学微型化学实验案例的设计［J］．内蒙古民族大学学报，2009，15（4）：173～174

［46］唐劲军，沈星灿，黄都等．谈西部少数民族地区中学微型化学实验教学资源的开发与利用［J］．内蒙古民族大学学报，2009，15（4）：31～33

［47］王磊，魏锐，范林．传感技术——化学实验探究手册［M］．北京：北京师范大学出版社，2007

［48］钱扬义，陈健斌，吴宗志等．应用“手持技术”测定不同物质溶解于水时溶液的温度变化——现代高科技与学科实验教学的整合研究［J］．中学化学教学参考，2004（4）：25～26

［49］陈承声，区永麟．利用手持技术探究过氧化氢的分解［J］．广东教育学院学报，2007，27（3）：59～63

［50］魏锐，王磊，刘强等．含铁物质中铁元素含量的测定——基于传感技术的实验设计［J］．化学教育，2006（7）：50～51，54

［51］胡艳春．多媒体课件制作的常用工具［J］．河南机电高等专科学校学报，2003，11（4）：29～31

［52］周晓燕．常用多媒体课件制作平台的比较与分析［J］．科技资讯，2006（31）：109

［53］邵正亮．化学课件制作方法［J］．中学化学教学参考，2001（5）：44～45

［54］林雁，王伟群．利用多媒体应用软件开发化学实验教学软件的尝试［J］．化学教育，2000（2）：23～24